映画「ちいさな独裁者」より

映画になった驚愕の実話

INTRODUCTION

本書は、実際に起きた事件や事故をベースにした映画と、作品の題材となった史実の顛末を辿った1冊である。映画と事実はどこが違うのか。劇中で描かれなかった本当の動機、犯行の詳細、事件関係者の過去とその後。事件が映画に、映画が事件に及ぼした予期せぬ影響。全てを知ればわかるはずだ。

真相はそうだったのか!

鉄人ノンフィクション編集部

主人公を演じたフランシス・マクドーマンド。映画「スリー・ビルボード」より

キャシー・ペイジ殺害事件

スリー・ビルボード

娘を殺された父親が立て看板で犯人を告発

2017年度のアカデミー賞において、フランシス・マクドーマンドが主演女優賞、サム・ロックウェルが助演男優賞に輝いた「スリー・ビルボード」。物語は米ミズーリ州を舞台に、何者かに娘を殺された主婦が町の外れに3枚の広告看板を設置するところから始まる。いつまでも捜査が進まず、犯人が捕まらないことに業を煮やし、警察署長に抗議のメッセージをぶつけたのだ。が、それを快く思わない警察や住民と

主婦の間に大きな溝が生まれ、次々不穏な事件が発生。やがて事態は予想外の方向へと向かい始める……。

まさに映画的なストーリーに思えるが、実はモチーフとなる事件がある。1991年にアメリカで起きたキャシー・ペイジ殺害事件だ。娘を殺された父親は映画と同じく3枚の看板を設置、犯人と思しき元夫を告発し続けている。

1991年5月14日早朝、テキサス州ヴィドール町の自宅から100メートルと離れていない道路脇に停められていた車の中で、当時34歳だった女性キャシー・ペイジが遺体で発見された。

一見、自損の交通事故死に思われたが、死因は違った。検視の結果、レイプされたうえに絞殺されていたことが判明。さらに殺害現場が車中ではないことも明らかとなった。

映画では、殺害された娘の事件について詳細は語られない。母親が看板を設置したのが事件から7ヶ月後だと説明があるだけだ。

対し、キャシーの事件ではすぐに容疑者が浮かぶ。彼女の元夫スティーブ・ペイジだ。

スリー・ビルボード

2017／アメリカ　監督：マーティン・マクドナー
娘を亡くした母親が警察を批判する巨大な3枚の看板広告（スリー・ビルボード）を設置したことから予期せぬ事件が起こるクライムサスペンス。フランシス・マクドーマンドが自身2度目のアカデミー主演女優賞を受賞。警察署長役のウッディ・ハレルソンと巡査役のサム・ロックウェルがともにアカデミー助演男優賞候補となり、ロックウェルが受賞を果たした。

若い頃から持ち前の美貌で町中の男性を虜にしていたキャシーは、1981年に地元の保険セールスマン、スティーブと結婚。エリンとモニカという2人の娘に恵まれたものの、常にケンカが絶えず、夫婦関係は悪化する一方。長い話し合いの結果、キャシーは離婚を望み、スティーブが家を出ていくことが決まった。事件が起きたのはその翌日のことだった。

スティーブが怪しまれたのは、当日の彼の不審な様子である。警察がキャシーの死を告げても特に驚いた様子を見せない。また、鼻を怪我し、血の付いた自分の服を隠していた姿を第三者に目撃されていた。さらに疑惑を深めたのは、自分の両親や兄弟までを動員し、自宅カーペットを掃除していたことだ。

法医学的証拠によるとキャシーは左利きの犯人に絞殺されていた。スティーブは右利きだと主張したが、後に両利きであることが判明。また、犯人を探さないでほしいと警察に訴えていたとの証言も得られた。状況は真っ黒だった。

ところが、当日の午前2時まで、キャシーが10キロ離れたホテルで別のボーイフレンド

殺害されたキャシー・ペイジ（当時34歳）と、彼女の遺体が残されていた車（上）

と会っていたことが判明。後にこのボーイフレンドはアリバイが成立したが、警察は証拠不十分としてスティーブの逮捕を見送る。事件後、地元ではもみ消しのためスティーブが顔なじみの警官に賄賂を送ったとの噂がまことしやかに流れたらしいが、いずれにしろ真相は闇に葬られる。

劇中、娘を殺された母親ミルドレッド（演：フランシス・マクドーマンド）が警察の捜査を促すため設置した3枚の看板には次の文言が記されている。

「娘はレイプされ、焼き殺された」

「未だに犯人が捕まらない」

「どうしてなの、ウィロビー署長?」

この、ミルドレッドの突飛とも思える行動のモチーフになったのが、キャシー

©2017 Twentieth Century Fox

上／母親が地元警察に直接抗議に行っても溝は深まるばかり。左が差別主義者の警察官を演じたサム・ロックウェル。映画「スリー・ビルボード」より。　下／1991年当時、被害者キャシーの父ジェームズと姉のダイアンが地元のヴィドール警察に抗議に出かけた際の1枚

の父親ジェームズ・フルトン（２０１９年８月現在86歳）だ。娘を殺した犯人は明らかなのに、なぜ警察は捕まえないのか。

抗議に出かけても門前払いを食らわす警察に業を煮やしたジェームズは１９９３年、テキサス州ヴィドール町郊外のI－10ハイウェイ脇に３枚の立て看板を設置する。

「警察が事件を終わらせた」

「告白を待っている」

「あなたにも起こり得る」

警察署長に向けてというより、町の人々へ事件が決して他人事ではないと訴え、そして何よりスティーブに自白を迫るメッセージだった。

それが影響したのかどうかは不明ながら、スティーブは刑事事件では起訴されなかったものの、２０００年の民事陪審は、彼がキャシーの死に責任を負っていると判断。父ジェームズとキャシーの姉、そして娘たち遺族に15万ドル（日本円で約１千５００万円）の支払いを命じた（控訴審で確定）。

映画は、看板で名指しされた警察署長が末期ガンで亡くなった後、ミルドレッドと敵対していたディクソン元巡査（演：サム・ロックウェル）が協力。犯人を突き止めた２人が家族に別れを告げ、決死の覚悟で逮捕に出向くシーンで終わる。

一方、キャシー・ペイジ殺害事件は、発生から28年経った２０１９年８月現在も犯人は

Steve Page
Brutally Murdered his Wife in 1991
The Attorney
Should Investigate
James Fulton - Her Father

VidoR PoLiCE Botched UP ThE CASE
AITING FOR
NFESSION
This Could

上／娘殺害から30年近くが経った現在も事件を告発し続ける父ジェームズ。看板の上の人物が犯人と目される被害者の元夫スティーブ・ペイジ。 下／父ジェームズが最初に掲げた3枚の看板。これまで設置費用は20万ドル以上にもなるという

実際に3枚の看板を見た監督が映画のモチーフに

逮捕されず、父ジェームズら家族は、看板の文言を変更しながら、事件の捜査再開と、犯人の自首を訴え続けている。

これまで彼が投げかけてきたメッセージの数々は強力だ。

「娘は死にかけている間にレイプされた」

「スティーブ・ペイジは1991年に妻を残酷な方法で殺害した」

「警察はこの事件を解決したくない。私は彼らが賄賂を受け取ったと信じています。司法長官が調査すべきです」

本作のマーティン・マクドナー監督は、20年前にテキサスを旅した際、実際にジェームズの看板を目にし、映画の着想を得たそうだ。

監督・主演を務めたクリント・イーストウッド。映画「運び屋」より

運び屋

末端価格13億円のコカインを輸送中、87歳で逮捕

老人レオ・シャープがメキシコ麻薬カルテルの手下になった理由

巨匠クリント・イーストウッドが主演&監督を務めた映画「運び屋」は、メキシコの麻薬カルテルの手先となり、大量のコカインをアメリカに持ち込む運び屋となった90歳の老人の生き様を描いた人間ドラマだ。

主人公は、若い頃から仕事にかまけて家族と別居。90に手が届く歳になって商売に失敗し、一文無しになる。そんなとき知り合いのメキシコ人から紹介された仕事が、ドラッグの運び屋だった。
まるで小説のようなこの物語には実在のモデルがいる。２０１１年、デトロイトに向かうハイウェイで末端価格13億円、１０４キロのコカインをトラックで運んでいたところをＤＥＡ（麻薬取締局）に逮捕されたレオ・シャープだ。

イーストウッドが映画の着想を得たのは、２０１４年6月11日付の『ニューヨーク・タイムズ・マガジン』（日刊新聞『ニューヨーク・タイムズ』の日曜版の別冊）に掲載された1本の記事だ。内容は、２０１１年10月21日、覆面パトカーに乗ったＤＥＡ捜査官12名が１０４キロのコカインを運んでいた男を摘発したというもの。その運び屋が、当時87歳だったレオ・シャープだった。

映画のとおり、シャープは若い頃から自分の農場でデイリリー（1日だけ開花する百合）を栽培。彼の名前を冠した品種が１８０近くも公式に登録されるほど育種家として高い評価を得ており、ブッシュ大統領に招かれ、ホワイトハウスのバラ園に彼のデイリリーを植えたこともある。

全米各地の品評会や講演会に真っ白、もし

運び屋

2018／アメリカ
監督:クリント・イーストウッド
87歳の老人がひとりで大量のコカインを運んでいたという実際の報道記事をもとに、長年にわたって麻薬の運び屋を務めていた孤独な老人の姿を描き出したヒューマンドラマ。

晩年のレオ・シャープ本人。
彼が経営していたデイリリー農場にて
ⒸEugane Richads,2014

くは真っ黒なスーツで登場し、愛好家や他の生産者たちからスター扱い。シャープが毎年発売する通信販売用のカタログは飛ぶように売れ、ミシガンシティのシャープの農場には、連日、何台ものバスが乗り付け、彼のデイリリーを買い求める客で溢れかえっていた。

１９９０年代、インターネットが普及し始め、花の売買もネット通販が主流になっていく。が、シャープは商売のデジタル化を頑なに拒んだ。結果、稼ぎは激減。それまで厚くフルカラーだった彼のデイリリーカタログは、ペラペラのモノクロ冊子になっていった。

劇中、イーストウッド演じる主人公は朝鮮戦争に出兵後、仕事や女性にうつつを抜かして妻と別居、娘たちとも疎遠な孤独な男性として描かれている。運び屋に身を落とすのは、商売に行き詰まって一文無しになった挙げ句、娘の結婚費用を捻出する必要に迫られたからだ。対し実際のシャープは、第二次世界大戦で従軍後、3歳年下の女性と結婚。映画のように別居することも妻が病死することもなく、2016年にシャープが亡くなった後、妻は3人の娘とともにハワイに移住、穏やかに暮らしている。

ただし、シャープの生い立ちについてはこれ以上、詳しいことはわかっていない。逮捕当時、シャープは認知症が進んでいたため、事件や私生活について明確な供述ができなかったからだ。映画の主人公の描写は、イーストウッド自身や彼の父親の生き様をもとにしたフィクションだ。

中でも事実と大きく違うのは、シャープの麻薬カルテルとの関わり方だ。劇中では本人が自覚しないうちに犯罪に荷担させられ、短い期間だけ働いていたように描かれている。ところが裁判でシャープの代理人を務めた弁護士によれば、彼が悪事に手を染めたのは2000年の76歳頃。自分の農場で働いていたメキシコ人を介し、世界最大の麻薬組織「シナロア・カルテル」に自ら近づいたという。最初は船で現金をアメリカからメキシコに運搬する仕事を請け負い、幹部連中の信頼を得たところでコカインの運び屋に昇格。少なくとも10年間はカルテルの犯罪に手を染めていたようだ。

麻薬カルテルがシャープのような老人を運び屋に雇ったのは、彼が合法的な身分証明書を持ち、犯罪組織と無関係の人物に見えたからだ。こうした例は他にもあり、例えば、シャープの前にDEAチームが逮捕した運び屋は、ウォルター・オグデンというオクラホマに住む57歳の男性だった。彼は発掘会社の重機オペレーターだったが、事故で車椅子生活に。その後、運び屋になり、日本円にして2億円以上の報酬を得ていたそうだ。

シャープの逮捕に至る経緯は、おおむね映画で描かれたとおりだ。ＤＥＡの特別チームがカルテルの組織員であるコカインの売人を協力者に仕立て、半年間かけて組織の帳簿係ラモン・ラモスに辿り着き、毎月２００キロ以上のコカインを運んでいた通称「タタ」(スペイン語で「おじさん」の意味)の摘発を目標に定める。

劇中でブラッドリー・クーパー演じるＤＥＡのチームリーダーのモデルは、実際にシャープを摘発したジェフ・ムーア捜査官だ。彼は２０１１年4月頃から半年間にわたってハイウェイでシャープを待ち伏せ、同年10月21日、インターステート・ハイウェイ94号線で部下とともに彼を逮捕する。

裁判で、脅されて運び屋になったという弁護側の主張

これが逮捕瞬間の映像だ!

海外のニュースサイトで公開されているシャープ逮捕瞬間の動画

に対し、検察はシャープとカルテルのボスがハワイで休暇を過ごすスナップ写真を反証として提出。それが決め手になり、シャープはドラッグに関する共謀罪で有罪、２０１３年10月、懲役３年の刑が確定した。

ちなみに、劇中に登場し、主人公とも会食する組織のボスはシナロア・カルテルの頂点にいたエル・チャポことホアキン・グスマンがモデルと思われるが、シャープが実際に親しくしていたのは、シナロア・カルテルのデトロイト地区を仕切る麻薬密売ネットワークのトップに過ぎない。また作中、ボスが部下に殺害されるシーンもフィクションで、実際のエル・チャポは２０１４年にメキシコ軍とアメリカ当局の合同作戦によって身柄を拘束。二度脱獄を試みるも失敗に終わり、現在も収監の身にある。

一方、獄中にいたシャープは体調悪化で２０１５年に釈放され、２０１６年12月に92歳で死去。妻子が暮らすハワイに葬られた。

下／劇中の摘発シーン。イーストウッドは動画を参考にワザと足腰が弱そうな老人を演じたという。映画「運び屋」より。右／ャープを摘発したDEAのチーム・リーダー、ジェフ・ムーア捜査官（上）と、演じたブラッドリー・クーパー

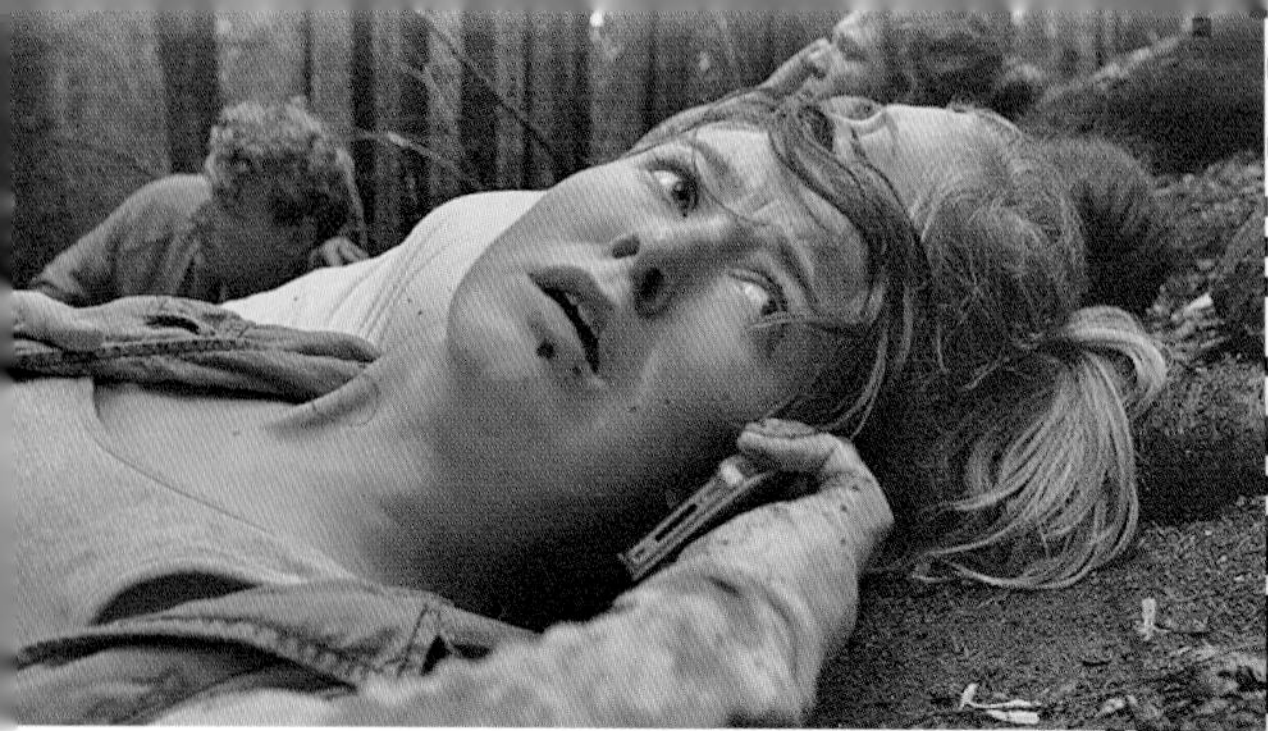

恐怖に怯えながら身を潜める主人公カヤ。
映画「ウトヤ島、7月22日」より ©2018 Paradox

ウトヤ島、7月22日

若者69人が虐殺された戦慄の72分

FILMS

ノルウェー・ウトヤ島 無差別銃乱射事件

2011年7月22日15時17分、治安が安定した北欧の福祉国家として知られるノルウェーの首都オスロの政府庁舎前で、駐車中の不審な白いワゴン車に積まれていた爆弾が爆発。凄まじい威力で周囲のオフィスビルや店舗を破壊し、8人が死亡した。

映画「ウトヤ島、7月22日」は、このオスロでの爆破事件の実際の映像を流した後、舞台をノルウェイ南部のテイーリフィヨレン湖に浮かぶウトヤ島に移す。キャンプに集まる多くの若者たち。みな表情は生き生きしている。が、ほどなくここは地獄に変わる。当時32歳のキリスト教原理主義者の男性アンネシュ・ベーリング・ブレイビクが島に乗り込み、無差別に銃を乱射、69人の命を奪ったのだ。

本作は、この悪夢のような惨劇を、事件発生から収束に要した時間と同じ尺、リアルタイムの72分間をワンカットで描いた衝撃作だ。とはいえ劇中、犯人は一瞬画面に映るだけで、全編にわたってカメラが追いかけるのは、突然降りかかった銃撃パニックに激しく取り乱しながらも、愛する妹を必死に捜し続けるカヤという少女だ。

あくまで、彼女は実在しない、映画オリジナルのキャラクターである。が、カヤがウトヤ島で体験したこと、参加者と交わす言葉は、実際の生存者の証言に基づき作成されたもので、観る者に、まるでその場に居合わせたかのような生々しい恐怖を体感させる。

当日、ウトヤ島にいた約600人の若者たちはノルウェー労働党（事件当時のノルウェー政権与党）の青年組織AUFに所属する10代の男女

ウトヤ島、7月22日

2018／ノルウェー
監督：エリック・ポッペ
2011年7月22日に起きたノルウェー連続テロにおけるウトヤ島での銃乱射事件を、生存者の証言に基づき映画化。97分間の本編のうち、事件の発生から収束までの72分間をワンカットで撮影、またカメラが常に主人公の少女に寄り添うPOV方式を採用し現場の臨場感をリアルに再現している。

で、彼らは毎年夏に開催されるサマーキャンプに参加していた。

政府庁舎爆破から数十分後の16時過ぎには、彼らの耳にも事件の一報が伝わり、島のホールで緊急の集会が開かれる。が、作中の会話のように、当初はアルカイダによるテロや、リビア内戦への軍事介入の報復を疑っていた者もおり、誰一人、自分たちが惨劇に巻き込まれるとは思ってもいなかった。

以下、劇中では描かれない犯行の詳細である。

臨時集会の最中、本土と島を結ぶボートの担当者へトランシーバーで「島に渡りたがっている警官がいる」との連絡が入る。担当者が船長とともにボートへ乗り込み本土へ。連絡どおり、桟橋には警察の制服を着た男がおり、彼は「自分は秘密警察の一員で、オスロの爆破の件で島を調査したい」と告げる。その言葉を疑うはずもなく、彼らは警官に化けたブレイビクをボートに乗せる。

17時15分、ウトヤ島到着。出迎えたキャンプのリーダーと警備員がブレイビクを不審に感じる。手に巨大なライフル銃、ズボンのポケットにも小銃。不自然なまでの重装備だった。が、彼らが声をかけた瞬間、ブレイビクは発砲し、容赦なく2人を撃ち殺す。

ここから前代未聞の大殺戮が始まる。使われた武器はルガー・ミニ14ランチライフル。弾は、体内で破裂して治癒不可能な大きい傷口を残すよう設計されたダムダム弾。ブレイビクはまるで狩りを楽しむかのように乱射しながら島を練り歩く。

一方、若者たちは最初、銃声を花火か爆竹の音と勘違いしていた。が、ほどなく自分たちが殺害の標的だとわかるや、一斉に逃げ出す。中には素早くボートや自らの泳ぎで600メートル離れた本土へ渡った者もいたが、大半は恐怖に怯えながら木陰に隠れたり、湖に面した崖を背に身を沈め、ただ時間を過ぎるのを待つしかなかった。

静まり返った島で、ブレイビクは大声で叫ぶ。

「もう安全だ。全員出てこい。俺は助けに来たんだ」

その声におびき出され、数人の若者が姿を現し、無惨にも撃ち殺される。まさに地獄絵図だった。

オスロ警察は、最初の発砲から数分後、島にいた若者からの通報で銃乱射事件が起きていることを把握していた。が、通報した若者が「犯人は複数だと思う」と答えたことで、3、4人による犯行と想定し、対テロを主任務とするデルタ隊を島に向かわせる。

オスロからウトヤ島までは約40キロ。ヘリコプターなら10分の

当日、島ではノルウェー労働党青年部の夏の恒例行事サマーキャンプが行われていた。写真は事件から4年後、2015年のキャンプの様子

距離だ。が、デルタ隊はヘリを所有しておらず、警察本部や軍隊に貸し出しを要請するも1機の空きもなく、仕方なく車で30分かけ桟橋に向かう。しかし、乗り込んだボートが定員オーバーにより浸水。結果的に島に上陸したのは、最初の通報から1時間が経過した18時25分だった。

目論見は外れ、犯人は1人だった。しかも、降伏要請にも素直に応じた。後のブレイビクの証言によれば、警察が来るのがあまりに遅く、自ら警察に電話をかけたが繋がらず、やむなく殺戮を続けたのだという。デルタ隊の到着があと15分早ければ、20人は犠牲から逃れられたとも言われている。

いったい、犯行動機は何だったのか。取り調べで彼は、当時、移民の受け入れを推進していた労働党政府への報復が狙いだったと供述した。つまり、ウトヤ島での殺戮は、将来の政治家の卵を潰すことが目的だったのだ。

10代後半から極右思想に傾倒していたブレイビクは２００９年秋頃から労働党へのテロを計画。爆弾製造、ライフル銃入手など入念な準備を進め、事件前日の7月21日、１千５１４ページの犯行声明をウェブに発表、凶行に及んだ。

裁判では「非道ではあるが必要なことだった」と無罪を主張。審理は１年以上をかけて行われ、２０１２年8月、オスロ司法裁判所は禁固最低10

湖畔で殺害された犠牲者の遺体。最年少は14歳だった

年、最長21年の判決を言い渡す。これはノルウェーにおける最高刑だった。

２０１９年8月現在、ブレイビクは刑務所の独房に収監中である。が、その待遇は信じられないもので、寝室や運動室など3部屋が与えられ、テレビやゲーム機なども利用できる環境らしい。にもかかわらず、２０１６年4月、ブレイビクは刑務所生活が非人道的として、改善を求め国を提訴し、一定の条件下での他の受刑者との交流や、ガラス越しではない弁護士との接見を勝ち得ている。寛容や思いやりに力を注ぐノルウェーにとって、大量殺人より加害者の人権に重きが置かれているようだ。

ノルウェーでは毎年7月22日、被害者のための追悼式典が実施されている。が、全国紙『アフテンポステン』が２０１８年8月に報じた記事によれば、テロの生存者に対し「あのとき、撃たれてしまえばよかったのに」「ブレイビクは素晴らしい仕事をした」など心ない発言がＳＮＳに投稿されているそうだ。ノルウェーのネットと社会で、ブレイビクの思想がまだ生きていることに震撼せざるをえない。

デルタ隊に拘束された事件当日のブレイビク。身につけている警察の制服で犯行に及んだ

ウルフ・オブ・ウォールストリート

26歳で年収4千900万ドル

投資詐欺の帝王ジョーダン・ベルフォートのヤバすぎる半生

レオナルド・ディカプリオとマーティン・スコセッシ監督が5度目のタッグを組んだ「ウルフ・オブ・ウォールストリート」は、1980年代後半から1990年代後半、世界一の金融街、米ニューヨークのウォ

主人公を演じたレオナルド・ディカプリオ（中央）は製作にも名を連ねている。映画「ウルフ・オブ・ウォールストリート」より

ール街に実在した投資詐欺ブローカー、ジョーダン・ベルフォートが無一文から巨額の富を作り、最終的に逮捕されるまでの約10年間を描いた衝撃の人間ドラマだ。

ドラッグとセックスにまみれたベルフォートと周囲の人間のクレイジーな生き様は映画用に誇張されているかのように思えるが、その大半が実話である。

「クイーンズの小さなアパートで会計士夫婦の家庭に育った。26歳のとき自分の証券会社で4千900万ドル稼いだが、週100万ドルの目標に3週間分欠けていた」

映画はディカプリオ扮する主人公ベルフォートの自信満々な独白で始まる。

劇中では省かれているが、ウォール街でキャリアをスタートさせたとき、彼は無一文だった。金

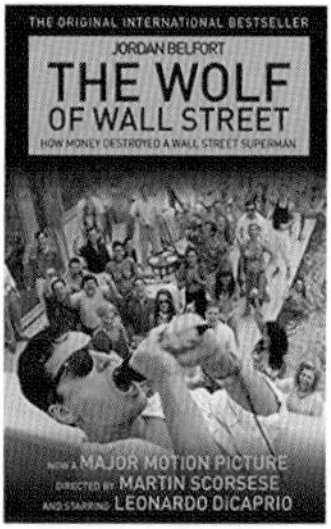

ウルフ・オブ・ウォールストリート

2013／アメリカ　監督：マーティン・スコセッシ
実在の株式ブローカー、ジョーダン・ベルフォードの回想録を原作に、金、セックス、権力、ドラッグにまみれた金融マンの狂乱ぶりを描いた実録ドラマ。

ジョーダン・ベルフォート本人。映画の終盤、ニュージーランドで講演するディカプリオを紹介する司会者役として自ら出演している

持ちになるべく大学卒業後に入ったボルチモア歯科医学校の入学式で「金を稼ぐためにここにいるなら、間違っている」という学長の言葉を聞き、1日で退学。その後、食肉運送会社を起業するが、24歳のとき倒産の憂き目にあった。22歳で結婚したテレサという美容師の妻も食べさせなくてはならない。

しかし、彼は失望していなかった。8歳のとき始めた新聞勧誘でセールスのスキルを身につけ、16歳のときにはビーチで海水浴客にアイスクリームを売り歩き、1時間で100ドル以上を稼いだ。自分にはモノを売る絶対的才能がある。彼は信じて疑わず、その勢いのままウォール街の老舗の投資銀行LFロスチャイルドの就職試験を受け、見事に合格する。歯科医学校を中退し、破産宣言をしたばかりという最悪の経歴を持つ男がよく入社できたものだが、面接した会社役員はベルフォートの迫力に「君みたいなヤツは初めてだ。君には2つの結末しか用意されていないだろう。ウォール街歴代最高のトレーダーになるか、刑務所に入れられるかの2つだ」と採用を即決したらしい。

映画はこの辺りから始まり、ベルフォートはまず、マーク・ハンナという上司（演：マシュー・マコノヒー）からウォール街の洗礼を受ける。曰く、ここで成功するには、常にリラックスすることと、頭の回転を良くするためコカインを常用すること。とんでもない上司だが、劇中のようにハンナが昼間からコカインをキメていたのも、その影響でベルフォートが後にドラッグ依存になるのも全て本当の話である。

半年間、ハンナに金融業界の裏表を教えられたベルフォートは外務員試験（投資取引をするための資格試験）に合格、晴れてトレーダーとしてデビューする。が、その日、1987年10月19日に、いわゆる「ブラックマンデー」がウォール街を襲う。1929年以来の株価大暴落だ。

果たしてベルフォートはまたも無職に。が、野望は捨てておらず、この後、求人広告で見つけた「ペニー株」を売る小さな会社に就職する。ペニー株とは、価格が1ドルにも満たない店頭株（上場しない株）のことだが、ベルフォートは、この絶対儲からない株を必ず儲かると得意の電話セールスで客に信じ込ませ、会社をボロ儲けさせる。完全な投資詐欺だ。

ちなみに、このとき会社が客から取った取引手数料は映画のとおり驚異の50％。ウォール街の相場が1％であることを考えれば異常としか言いようがない数字だが、架空の儲け話に目が眩んだ〝無教養な市井の人々〟は疑うことさえ知らなかったそうだ。

自分のセールストークに改めて自信を持ったベルフォートは26歳で独立。ペニー株を騙し売りする投資会社ストラットン・オークモント社を設立する。

このとき相棒になったのが、ダニー・ポルッシュ（役名はドニー・エイゾフ。演・ジョ

上／ベルフォートの片腕ダニー・ポルッシュ（劇中の役名はドニー・エイゾフ。右が本人。左が演じたジョナ・ヒル）。中／ベルフォートの2番目の妻で元モデルのナディーヌ（劇中の役名はナオミ。右が本人。左が演じたマーゴット・ロビー）。 下／ベルフォートが就職したウォール街の投資銀行LFロスチャイルドの上司マーク・ハンナ。退社後証券会社を経営していたが、詐欺とマネーロンダリングで逮捕され、2004年、6年半の刑に服した（右が本人。左が演じたマシュー・マコノヒー）

ナ・ヒル）だ。劇中では説明されていないが、ベルフォートより5歳年上のポルッシュはもともとバイク便ビジネスを生業にしており、従姉妹のナンシーと結婚。車椅子送迎車ビジネスを始めた頃、自宅のあるクイーンズの同じビルに住むベルフォートと妻を通じて知り合った。ベルフォートの儲け話に飛びついたポルッシュは瞬時に転職を決め2週間で株の仲買人の資格を取得、オークモント社の設立に参加し、副社長に就任する。

その他、数人の社員とともに事業を開始した同社はペニー株で瞬く間に成長。ベルフォートは26歳で年収4千900万ドルを稼ぎ、経済誌『フォーブス』の誌面にも取り上げられるウォール街の寵児となる。その一方、クエイルード（ルード）というドラッグを常用、従業員1千人にも膨らんだ社内で毎日のように乱痴気パーティを繰り返す。

この狂乱ぶりは劇中でも描かれているが、小人症の男をダーツに見立てて社員が遊んだり、豊胸手術費用の1万ドル欲しさに女性社員が丸刈りにされたり、仕事中に娼婦を呼びセックスに耽る社員が多いため「社内でのファック禁止」の貼り紙が出ていたのも全て事実というから驚く。

1991年、ベルフォートは自身か開催したプールパーティで、モデルのナディーヌ（役名はナオミ。演：マーゴット・ロビー）と知り合い一目惚れ。当時、彼女にはカーレーサーの恋人がいたが、強引に奪い妻とも離婚、同年、カリブでナオミと結婚式を挙げる。ちなみに、劇中で、挙式前夜に売春婦50人を呼び乱交パーティが行われるシーンが描かれているが、これも事実だ。

ベルフォートは美しい妻のため、ココ・シャネルが所有していた船を「ナディーヌ号」(劇中では「ナオミ号」)に改装しプレゼント。子供2人にも恵まれる。この頃がベルフォートの全盛期だった。


派手に売り上げを伸ばすと同時に悪評が絶えないオークモント社に、FBIは早くから目をつけていた。それを察知したベルフォートは金を隠すためスイスの銀行に、妻の叔母ナディーヌ名義で口座を開設する。本人名義でなければ、捜査は及ばないと考えたのだ。

しかし、FBIは電話の盗聴により尻尾を掴み、1998年、投資詐欺、資金洗浄の罪でベルフォートを逮捕。20年の懲役は免れないところだったが、捜査に協力すれば減刑するとの取引に応じ、盗聴器を身体に付け出社。結果、数々の証拠を得たFBIは同年、オークモント社に一斉捜査に入り、社員24人を逮捕する。

ベルフォートは裁判で懲役22ヶ月を命じられ服役。獄中でカナダ人コメディアンと出会い、これまでの出来事を書きとめることを勧められ、回想録を著す。これが後に『ウォール街狂乱日記―「狼」と呼ばれた私のヤバすぎる人生』のタイトルで出版され、映画の原作となる。

2000年に出所後、ベルフォートはモティベーショナル・スピーカー(自己啓発セミ

賠償金に追われながら全米を回り講演

ナー講師）に転身。現在も成功の秘訣や失敗の経験談を講演して全米を回っているが、裁判で命じられた被害者の投資家たちへの約1億1千万ドルの返済に追われる日々だという。ちなみに妻ナディーヌとは2005年に離婚、現在は3番目の妻と暮らしている。

一方、ナディーヌはベルフォートと離婚後、ニューヨークを拠点とするウィザード・ワールド社の最高責任者ジョン・マカルーソと再婚。2015年に大学院で医療心理学の博士号を取得し、現在はロサンゼルス在住である。

また、相棒のポルッシュはベルフォートより長い39ヶ月の刑期を終え2004年に出所、ナンシーと別れ、別の女性と再婚し、フロリダで医療機器の会社を共同経営していたが、2015年、会社にFBIの査察が入ったと伝えられている。

現在のベルフォート。モティベーショナル・スピーカーとして自身の体験をもとに講演している

あるスキャンダルの覚え書き

34歳の女性教師が13歳の教え子と禁断の関係に

仮釈放中にカーセックスしたことで裁判にかけられたメアリー

映画「あるスキャンダルの覚え書き」は、孤独なオールドミスの女性教師バーバラが、新しく学校に赴任してきた41歳の女性美術教師シーバに親しみを覚えるうち、彼女が教え子の15歳の男子生徒と性的関係にあることを知り、その秘密を武器にバーバラがシーバのストーカーに近い存在と化すサスペンスだ。

ジュディ・デンチとケイト・ブランシェットの二大オスカー女優の共演で話題になったこの映画は、1990代末、アメリカの女性

メアリー・ケイ・ルトーノー事件

教師が教え子の男子生徒と起こしたスキャンダルが題材となっている。ただし、映画のストーリーはあくまでフィクションで、ジュディ・デンチ扮するオールドミスの女性教師も架空の人物。実際の事件は、映画とは比べものにならないほど波乱に満ち満ちている。

事件の主役メアリー・ケイ・ルトーノーは1962年1月、米カリフォルニア州で生まれた。大学に通っていた21歳のとき、当時交際していた男性との間に子供を宿し結婚。大学を中退後、夜学で教職資格を得て教師の職に就いた。

夫婦はワシントン州郊外の一戸建に暮らし、その後、二男二女（映画は一男一女）を授かる。傍目には幸福な家庭に見えたが、浮気の絶えない夫にメアリーは悩まされ続けていたという。

彼女が後に関係を持つ21歳年下のヴィリ・フアラアウと初めて出会ったのは、ワシントン州の小学校で2年のクラスの担任になったとき。この時点では単なる教え子の1人にすぎなかった。それから4年後、彼女は6年生のクラスを持ち、再びヴィリの担任となる。12歳のヴィリにかつての幼さはなく、見

あるスキャンダルの覚え書き

2006／イギリス
監督:リチャード・エアー
2003年にイギリスで作家ゾーイ・ヘラーが発表した同名小説が原作。ベテラン女性教師（ジュディ・デンチ）が、教え子と性的な関係を持ち逮捕された親友で同僚の美術教師（ケイト・ブランシェット）の事件に関する全容を書き綴るサスペンスドラマ。

た目にも精神的にも成長していた。

実際、彼はクラスメイトの男子生徒より格段にませており、優しくて美人の担任教師に好意を抱き、メアリーに「先生、不倫したことある?」と問いかける。

このときメアリーはたしなめることなく、はぐらかしただけというから彼女もヴィリに好意を持っていたのだろう。そんな心を見透かしたように彼は大胆にも「僕は先生のことを愛してる」とストレートに告白する。運命が転がり始めた瞬間である。

交際当初のメアリー(右)とヴィリ

1996年夏、2人は体の関係を持ちメアリーは妊娠する。メアリー34歳、ヴィリ13歳。絶対に知られてはならない禁断の関係だった。が、翌1997年2月、メアリーとヴィリがやり取りしていた手紙をメアリーの夫が見つけて、関係が発覚。怒った夫が警察に連絡したことでメアリーは児童レイプの罪で逮捕される。彼女は素直に罪を認め、ヴィリとは今後二度と会わず、赤ん坊の親権を放棄するという条件を受け入れ、禁固6ヶ月の刑に服す。メアリーが獄中で長女を出産したのは逮捕から4ヶ月後の1997年6月のことだ。

通常なら、これで話は終わる。一時の気の迷いが起こした過ちとして、映画でもケイト・ブランシェットは最終的に夫のもとに戻っている。

しかし、現実の2人は違った。1998年元旦、同じ過ちを犯すことはないと判断され仮釈放となったメアリーは、1ヶ月後の2月、車の中でヴィリと関係を持ち再び逮捕される。2人は遊びではなく、本当に愛し合っていたのだ。

車内から現金6千500ドルとベビー服、パスポートを発見した警察は、彼らが海外逃亡を企てていたものとみて、メアリーの仮出所を取り消し、刑務所に戻す。

裁判では禁固89ヶ月が命じられたが、驚くのは彼女がこのとき2人目の子供を宿していたことだ。それまでメアリーに同情的だった世間はこの件で態度を一変。「とんでもないビッチ」とバッシングを浴びせる。

そんな世間の強い風当たりにも態度を曲げないメアリーに、やがてヴィリの家族も彼女を受け入れるようになり、1998年10月、彼女は次女を出産。1年後の1999年5月、正式に夫と離婚する。

5年後の2004年、メアリーは釈放され、2005年にヴィリと結婚。2人は最初に出会ったシアトルに住み、娘2人はメアリーの同僚が学校で教え、成長した。

しかし、2017年、ヴィリが離婚を申請（理由は非公開）したことで翌年2人は離婚。2020年7月、メアリーは末期ガンにより死去した。享年58。

2016年当時の一家。左から次女、ヴィリ、メアリー、長女

ゲティ家の身代金

劇中では描かれない事件の真実、関係者のその後

1973年12月15日、救出されたポールことジャン・ポール・ゲティ3世（右）と母親のアビゲイル・ハリス

ジャン・ポール・ゲティ3世身代金誘拐事件

映画「ゲティ家の身代金」は、1973年、実際に起きたアメリカの石油王ジャン・ポール・ゲティの孫ゲティ3世の誘拐事件を題材としたクライムサスペンスだ。

当時、世界一の大富豪と呼ばれたゲティ家の資産を狙った誘拐犯は、孫の命と引き換えに1千700万ドル（当時

の日本円で約50億円）の身代金を要求する。しかし、守銭奴として有名なジャンは「身代金を払うと14人いる他の孫たちに危険が及ぶ」と支払いを拒否。孫の切断された耳が送り付けられてきて初めて犯人との交渉に応じたものの、今度は身代金の額を値切ったから驚く。

映画には、説明されていないゲティ家の内情や、脚色された事実が少なからずある。まず、ゲティ家が石油産業に乗り出したのは20世紀初頭。ジャンの父親が、油田が見つかったオクラホマで石油会社「ゲティ・オイル」を創業したのが始まりである。父親の死後、ジャンは外国人が手を出していなかった中東諸国で油田を開発し、1950年には石油やホテルビジネスなど40社もの関連会社を所有。純資産50億ドル（同約1・4兆円）と推算され、経済誌『フォーチュン』で世界一の大富豪に選ばれた。

しかし私生活はめちゃくちゃで、10代の若い女性と結婚しては子供ができると離婚。これを5回繰り返して5人の子供をもうけたうえ、多数の愛人もいた。

誘拐事件が起きたとき、ジャンはすでに80歳。誘拐されたゲティ3世ことポール（当時16歳）

ゲティ家の身代金

2017／アメリカ　監督：リドリー・スコット
1973年に起こったアメリカの大富豪ジャン・ポール・ゲティの孫ポールが誘拐された事件を題材としたサスペンスドラマ。ジャン役だったケビン・スペイシーが作品完成間近にセクハラスキャンダルで降板、新たにクリストファー・プラマーを起用し再撮影したことでも話題に。

は、4番目の妻との間にできた3男ユージン（1932年生まれ）の息子である。

ジャンがアメリカで財をなしたのに、なぜ事件がイタリアで起きたのかも説明に乏しく、これは三男ユージンがゲティ・オイルのイタリア進出を任され、一家でローマに住んでいたためだ。ただし、ユージンは1964年に妻のアビゲイル（作中ではゲイル。演：ミシェル・ウイリアムズ）と離婚。事件当時、アビゲイルとポールはそのままローマに住み、ユージンはオランダ人の女優と再婚したものの、妻はヘロインの過量摂取で死亡。自身も重度の麻薬常用者となり、通常の社会生活は送れなくなっていた。

大富豪ジャン・ポール・ゲティ本人（上）と演じたクリストファー・プラマー

ポールがローマのファルネーゼ広場で誘拐されたのは、1973年7月10日午前3時。ローマの全寮制学校に通っていた彼は1971年初め、アメリカのカルト指導者チャールズ・マンソンの犯罪について書かれた書籍『ヘルター・スケルター』に触発され、学校の廊下をペンキで塗りたくり放校処分となっていた。

ただでさえゲティ家の一員として注目されているのに、派手な格好でナイトクラブに入り浸るポールは、街を歩けば皆から声をかけられる有名人。マスコミは彼を〝ゴールデン・

ヒッピー〟と呼び、格好のネタにしていた。が、ゲティ家と縁の切れていたアビゲイル母子は実際は質素な生活で、ポールは現金がなくなると得意の絵を描いてはレストランに持ち込んで食事をさせてもらっていたそうだ。

誘拐の状況は映画で描かれているとおりで、当初、友人が警察に「自作自演」と証言していたのも事実。当時、イタリアでは身代金誘拐が頻発していたため、誘拐を装えば金持ちになれるというのがポールの持ちギャグだったそうだ。しかし切り取られたポールの右耳が地元新聞社に届いたことで、誘拐が事実だと判明。ゲティ家に１千７００万ドルの身代金の要求が突きつけられる。

映画の中で一番残酷なのが耳の切断シーンだろう。嫌がるポールを誘拐犯たちが押さえつけ、白衣の医者が右側の耳を切り取る様子が長尺で映し出される。しかし、実際は医者などおらず、誘拐犯たちがポールにブランデーを飲ませると、両手をつないだ手錠を噛みしめるよう命令。背中側から無造作にカミソリでそぎ落としたという。しかも間の悪いことに、ちょうど郵便局のストライキと重なったため、誘拐犯が母アビゲイルに「耳を送った」と電話してから実際に届くまでに３週間もかかったそうだ。

右耳をそぎ落とされたポール（解放後）

映画では、ポールが1人の誘拐犯の顔を見てしまったことから殺傷事件が起こるが、実際はポールが誘拐犯の顔を見たことも、特別親しくなった相手もいなかった。

確かに連絡係の犯人はアビゲイルと親身に話をしたが、あくまで身代金を得るため。ジャンが吝嗇家《りんしょくか》なのは知れ渡っていたので、アビゲイルに頼るよりなかったのだ。

そして、アビゲイルとともにポールを救出したジャンの相談役フレッチャー・チェイス（演：マーク・ウォールバーグ）の役割も事実とは違う。映画では、ジャンが信頼して以前から身近に置いていた人物のように描かれているが、実際は誘拐事件が起きた5週間後に雇い入れた元CIAの調査員だった。

彼の交渉により、ようやく身代金は290万ドルに落ち着き、ジャンが所得控除限度額220万ドルを出し、残りは息子のユージンに年4%の利息で貸すことで話がまとまる。また、アビゲイルとチェイスが誘拐犯の裏をかいてポールを救い出す映画のクライマックスは完全な創作で、実際はチェイス1人が車で誘拐犯に身代金を届けた後、ポールは遠く離れたガソリンスタンドで解放された。誘拐から5ヶ月後、12月15日の夜明け前のことだ。

母親アビゲイルを演じたミシェル・ウィリアムズ（左）と、誘拐犯と交渉しポールを救い出す元CIA職人チェイス役のマーク・ウォールバーグ。映画「ゲティ家の身代金」より

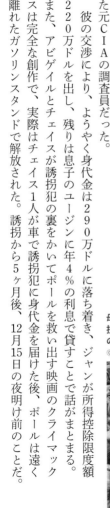

身代金の受け渡し時に警察が観光客の振りをして写真を撮るなどして誘拐犯を捜査。グループのうち9人が逮捕されたものの、有罪になったのは2人だけ。裏で糸を引いていたマフィア組織の幹部らは証拠不十分で無罪となり、身代金の大半は戻らなかった。

ジャンは劇中、事件解決時に死去する。が、実際は3年後の1976年にガンで死去。遺産の大部分はジャンが収集した美術品を管理するゲティ財団へと託されたが、これに不満な一族は、財団・兄弟同士・親子らが互いに訴えるなど、泥沼の訴訟合戦を長期間続けた。

誘拐被害に遭ったポールは、事件の翌年、ドイツ人女性カメラマンと結婚。アルコールと麻薬に溺れ、1981年、肝不全と脳梗塞を患い後遺症として頸髄を損傷、さらに視力をほとんど失ってしまう。その後、懸命のリハビリでコンサートや映画鑑賞などに出かけられるようになったものの、2011年、母親アビゲイルに介護されながら死亡した。享年54。

被害者ポールは事件後、麻薬とアルコールに溺れ54歳で死去

被害者ポール（右端）は事件後、カメラマンの女性と結婚、2人の子供に恵まれたが、酒とドラッグ依存となり車椅子の生活に

アイ,トーニャ

史上最大のスキャンダル

犯行に荷担したトーニャ・ハーディングの波乱の半生

アメリカ人女性として初めてトリプルアクセルを成功させたトーニャ・ハーディング（右。1991年2月の全米選手権）と、1994年1月の全米選手権の公式練習中に膝を殴られ負傷したナンシー・ケリガン

ナンシー・ケリガン襲撃事件

1994年1月6日、1ヶ月後のリレハンメル五輪代表選考会を兼ねた全米女子選手権の練習中、優勝候補の1人であるナンシー・ケリガン（当時25歳）が何者かに特殊警棒で襲われ膝を負傷する事件が起きた。ナンシーはやむなく大会を欠場、優勝したのは彼女のライバルであるトー

ニャ・ハーディング（同24歳）だった。

2週間後、トーニャの元夫が逮捕され、やがてトーニャ自身にも疑惑の目が向けられる。五輪出場を争っていたナンシーを蹴落とす目的で犯行に荷担したのではないか――。

2017年公開の映画「アイ，トーニャ　史上最大のスキャンダル」は、アメリカの女子選手で初めて3回転半ジャンプ「トリプルアクセル」を成功させたトーニャ・ハーディングの波乱の半生を描いた実録ドラマだ。


トーニャ・ハーディングは、1970年11月12日、米西海岸北部のオレゴン州ポートランドのトレーラーハウスで生まれた。3歳からコーチについてスケートを始めると、すぐに才能が開花、大会で優勝を重ねていく。

だが、その道のりは決して順調とは言えない。父親は体が弱く、母のラボナがウエイトレスをしながら家計を支えていたため、高価なコスチュームに手が回らない。手作りの衣装は垢抜けず、エレガントさを求められるフィギュアスケートでは減点の対象となった。

しかも母親は劇中で描かれるようなモ

アイ,トーニャ
史上最大のスキャンダル

2017／アメリカ
監督:クレイグ・ギレスピー
フィギュアスケートで2度の五輪出場を果たしながらも、ライバルのナンシー・ケリガン襲撃事件に荷担するなどスキャンダルにまみれたトーニャ・ハーディングの半生を描く。トーニャの母を演じたアリソン・ジャネイがアカデミー助演女優賞に輝いた。

ンスター級のステージママ。怒りがパワーになるはずと、おまえはダメな人間だと精神的に追い詰めただけでなく、練習場で叩いたり家でナイフを投げつけたりと、常識を完全に逸脱。そこから逃れるようにトーニャは高校を中退し、19歳のとき3歳年上のジェフ・ギルーリーと結婚するが、これがチンピラのＤＶ男だった。

トーニャは母親に虐待され、夫に暴力を受けながらもスケート界でのし上がっていく。とはいえ、当時の採点規準は滑りの優雅さが第一。育ちが悪く言動に品のないトーニャが完璧な演技を披露しても正当に評価はされなかった。そこで彼女は、女子には不可能と言われていた3回転半ジャンプ「トリプルアクセル」に挑戦し、１９９１年の全米選手権でアメリカ人女性で初めて成功させて優勝。一躍、トップ選手に躍り出る。

１９９２年2月、アルベールビル五輪のアメリカ代表として出場。得意としていたトリプルアクセルが規定・フリープログラムともに着氷に失敗し、総合4位に。１９９２年-１９９３年シーズンは不調に陥ったものの、翌年のリレハンメル五輪出場に意欲を燃やす。

そして迎えた全米選手権で冒頭の事件が起きる。襲われたナンシーは、トーニャがメダルを逃したアルベールビル五輪で銅メダルを獲得、同年の世界選手権では銀メダル、

トーニャをスパルタで鍛えた母親のラボナ・ハーディング。娘とは20年以上疎遠の状態にあるそうだ（上が本人。下が演じたアリソン・ジャネイ）

1993年の全米フィギュアスケート選手権で初優勝を飾った実力者だった。トーニャにとっては、絶対に負けられない存在だったと言っていいだろう。

事件のきっかけは、大会直前、トーニャに殺害をほのめかす脅迫状が届いたことだ。差出人は不明ながら、自分を動揺させ大会の演技で失敗させることが目的であるのは明らかだった。怯えるトーニャを見て、何を思ったか元夫のジェフがライバルのナンシーにも脅迫状を送ろうと持ちかける（トーニャとジェフは結婚翌年の1991年に離婚していたが、その後も関係が続いていた）。

ジェフは、友人であるショーン・エッカート（1967年生まれ）に相談する。この男がまた胡散臭く、自分は世界を股にかけたスパイだと思い込んだ妄想癖のある人物だった。

劇中では、相談を受けたショーンが脅迫状では不十分だと判断し、ナンシー襲撃を計画。直前にジェフには打ち明けたが、あくまでトーニャは知らなかったものとして描かれている。が、映画の冒頭

1994年2月25日、リレハンメル五輪のフリー演技で、トーニャが靴紐が切れたので再演技をしたいと審査員に泣いて訴える有名なシーン（上）。下は劇中での再現シーン（演：マーゴット・ロビー）。映画「アイトーニャ 史上最大のスキャンダル」より

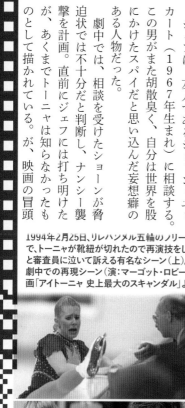

で「これはトーニャ・ハーディングとジェフ・ギルーリーの大真面目な真実のインタビューに基づいている。大いに異論はあるだろうが」と前置きされるように、映画の描写は極めて疑わしい。

元夫がセックスビデオを流出

スキャンダルの渦中に立たされたトーニャは会見を開き自分の無実を表明するとともに、全米スケート協会を訴え、剥奪の危機にあったリレハンメル五輪出場の切符を何とか手中に収める。また、ケガを負ったナンシーも特例で出場が認められ、2人してオリンピックの大舞台に立つことになった。

そして迎えた本番。1994年2月23日の規定プログラムでトーニャはミスを犯し10位。2日後のフリー演技では、最初のトリプルルッツが1回転となる失敗の直後、突然泣き出して演技を中断、リンクの縁に右足スケート靴を載せながら、審判員に靴紐が切れたことを訴えた。救済措置として靴の履き直しが許可されたものの、結局得点は伸びず8位に。一方、ナンシーは銀メダルに輝いた。

流出したトーニャのセックスビデオ

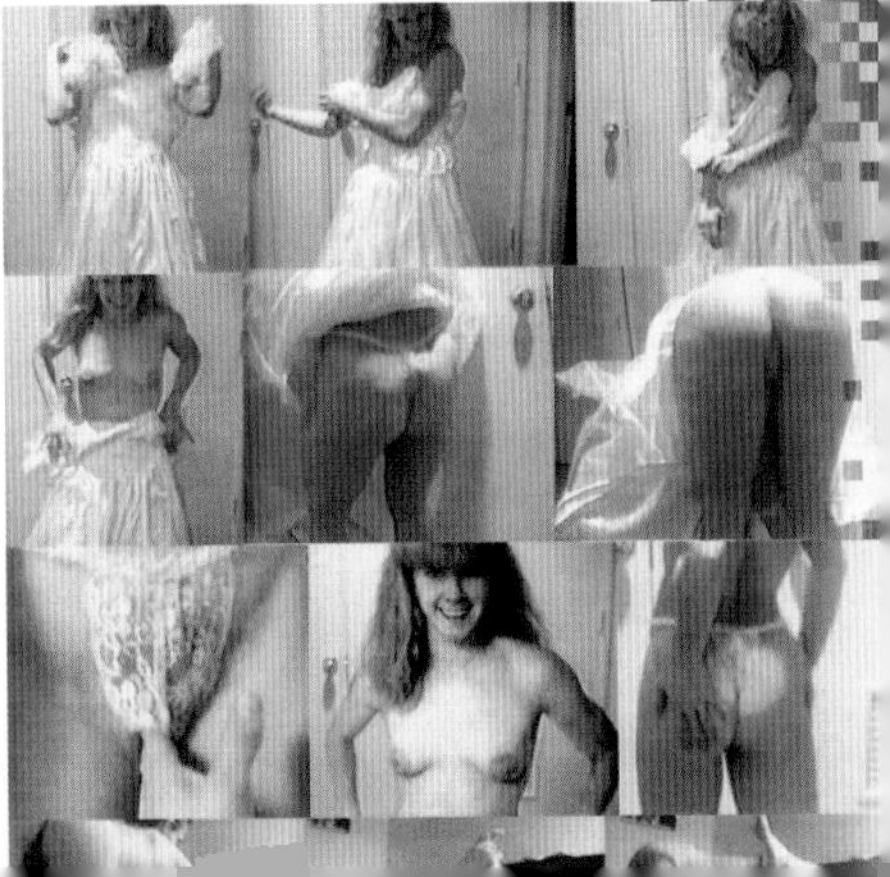

1ヶ月後の3月16日、ナンシー襲撃事件の容疑者として法廷に立ったトーニャは有罪の判決を下され、3年間の保護観察、16万ドル（約2千万円）の罰金、500時間の奉仕作業の刑罰を受け入れる。結果、1994年の全米選手権の優勝と、1999年までの公式大会出場権、コーチになる権利を剥奪。生計の手立てがなくなった彼女は、ボクシング、プロレス、総合格闘技のリングに立ったり、B級映画や音楽イベントにも出演し金を稼いだ。が、世間からはブーイングを浴びせられ続け、さらに決定的なスキャンダルに巻き込まれる。元夫のジェフが、2人のプライベートなセックスビデオを雑誌『ペントハウス』に売りつけ、トーニャのあられもない姿態が誌面を飾ったのだ。

それでも1998年にはアメリカのテレビ番組でナンシーと対面して直接謝罪。翌年にはプロスケート選手権で2位の成績を残し再出発のきっかけを掴んだものの、2000年、同棲していたボーイフレンドへの暴行容疑で逮捕。プロスケーターとしての道も絶たれてしまう。

その後もお騒がせ有名人として総合格闘技やオートレースにも手を出すがモノにならず、現在は3番目の夫と一児をもうけ、時々テレビ番組に出演しながら暮らしている。

2018年、テレビのダンス競技番組に出演したトーニャ

アメリカの大学に入学するための世界共通テストSATの試験会場の様子（実際の写真）

バッド・ジーニアス 危険な天才たち

主人公はIQ180の現役女子高生

タイ発の映画「バッド・ジーニアス　危険な天才たち」は、天才的な頭脳を持つ女子高生がチームを組み、時差を利用したカンニングでアメリカの大学進学適性試験に挑むというサスペンス劇だ。

監督は「中国で起きた不正入試事件をモチーフ

中国・SAT集団カンニング事件

にしているが、ストーリーやキャラクター、物語のテーマ、ディテールについては全て自分たちで考えた」と語っているが、その内容は実際の事件と驚くほど似ている。

映画は、貧乏な家庭に育った成績オールＡの女子高生リンが、授業料免除の特待生として進学校に転校、そこで仲良くなった裕福な家庭のクラスメイトが学校の定期テストの問題が解けず悩んでいるのを見て、答えを書いた消しゴムを渡してやるところから事が動き出す。

具体的な名前や場所は明らかではないが、映画の題材となった２０１４年に中国で起きたカンニング事件も、主人公はＩＱ１８０の女子高生だった。

ある日、彼女が学校での定期テストの最中、クラスメイトの女子がカンニングしているのに気づく。爪にびっちり物理の公式が書かれているのを目撃したのだ。

教師が近づいてくるのも忘れて夢中でカンニングしているクラスメイトに対し、彼女は咄嗟に物音を立てて教師の注意を反らし、事の発覚を妨げる。

同じ日の午後、高校卒業後の進路について、彼女の父親をまじえ教師と三者面談が

バッド・ジーニアス
危険な天才たち

2017／タイ
監督：ナタウット・プーンピリヤ
中国で実際に起こった集団不正入試事件をモチーフに、高校生による一大カンニング作戦をスリリングなタッチで描いた傑作サスペンス。

行われた。彼女は高校始まって以来の秀才。ハーバードやスタンフォードなどアメリカの超一流大学への進学も夢ではなく、彼女もまたそれを希望していた。が、ハーバード大学の学費は年間6万2千250ドル。高校も奨学金で通わせている彼女の父親に、アメリカに進学させる経済的余裕などなかった。

数日後、学校帰りの彼女の前に1台のリムジンが停まる。例のクラスメイトが助手席にいた。クラスメイトは彼女がカンニングを助けてくれたことをわかっており、「御礼に家まで送らせて」と言う。誘われるまま車に乗ると、後部座席に見知らぬ男性が1人。何でもそのクラスメイトの家庭教師らしい。

それからさらに数日経ったある日、家庭教師の男が突然、彼女の家を訪ねてくる。男は、自分が単なる家庭教師ではなく、カンニングをビジネスにしていることを告白。仕事に協力すれば、アメリカの大学に進学できるだけの金を簡単に稼げると誘ってきた。

劇中で主人公の天才女子高生リンを演じたチュティモン・ジョンジャルーンスックジン。映画「バッド・ジーニアス　危険な天才たち」より

具体的には、SAT（劇中ではSTICの名称）をオーストラリアで受け、その解答をメールで中国に送信してほしいという。

SATとは、アメリカの大学に進学するための世界共通テストで、日本のセンター試験のようなものだ。アメリカの大学は学校ごとの入学試験は存在せず、基本的に高校の成績、小論文、推薦状、中でもSATの成績が大きく合否を分ける。SATの開始日時は世界共通。男は、中国とオーストラリアの時差（中国の方が2時間遅い）を利用すれば難なく成功でき、この話に乗ってくる裕福な家庭の生徒はいくらでもいるという。

迷ったすえ、彼女は自分の夢を実現するため、危ない橋を渡ることを決意。1人でオーストラリア・シドニーに向かう（映画では、頭の良い男子生徒が同行、協力している）。

試験会場では、不正防止のため開始前に携帯電話やスマートフォンを没収され、終了まで返却されない。会場に持ち込めるのは鉛筆と消しゴムだけ。また、試験はマークシート方式（A～Eの中から選択し塗りつぶす）で、Ⅰ部65分の後、10分の休憩を挟み、Ⅱ部50分のスケジュールで実施される。

試験が始まるや、彼女は猛スピードで問題を解き、マークシートを埋めると同時に答えを暗記していく。暗記力は円周率を100桁まで覚えられるほど高かったそうだ。

劇中では、Ⅰ部のテストが終わった後の休憩時間に主人公がトイレに入り、事前にタン

試験会場には不正チェックのため
監視カメラが設置されている（実際の写真）

監視カメラの映像から犯行発覚

クに隠しておいたスマホで答えを打ち込み、タイの仲間に送信する。が、実際に事件を起こした女子高生は試験前、自分のブラジャーにもう1台のスマホを隠し、トイレに向かった。そして暗記した答えを打ち込み、送信しようとしたところ、予期せぬ事態が発生する。なんと、不正防止のため試験会場で電子機器が使えぬよう妨害電波が流れていたのだ。彼女はあえなく断念したが、このときトイレに居る時間が長すぎると、監視員が個室をノックしたのは劇中で描かれるとおりだ。

Ⅱ部の試験開始。彼女はマークシートに一切記入することなく、答えだけを暗記した。そして、突然、泣き始める。

「どうしよう。全然わからない。あんなに勉強したのに！」

大声で騒ぎ足早に会場を後にする。傍からは、あまりにテストができず投げ出したように見えたに違いない。が、全て作戦である。意図せぬ妨害電波のせいで仕事を果たせなかったため、電波の届く試験会場の外から答えを送信しようと考えたのだ（劇中の主人公はわざと嘔吐して会場を出ている）。

このとき、映画と同じように試験監視員が彼女を追いかけてきた。怪しまれている…。彼女は必死に逃げたが、心配は杞憂に終わる。監視員は、試験前に没収したスマホを返却に来ただけだった。自由の身になった彼女は、急いで解答を中国に送信する。それを受けた家庭教師の男が猛スピードで、カンニンググッズを作る。線の太さで答えが判別できるバーコードが印刷された鉛筆。一番細いのがA、太いのがE。鉛筆の芯の左から順番に答えが並んでいた（映画も同様の手口）。家庭教師は、カンニングがバレないよう、所々わざと間違えるよう指示し、待機していた受験生に鉛筆を渡した。

果たして、中国の会場でSATを受けた6人全員が合格した。が、数日後、高得点を取った者に全く同じ解答を書いた6人がいることが発覚。SATの担当者が会場の監視カメラの映像を確認したところ、彼らが試験の最中、不自然に鉛筆を見ていることが判明した。彼らは、家庭教師の言いつけを守らず、全てバーコード通りの答えを記入していた。

こうして、事件は表沙汰になる。結果、例のクラスメイトの女子を含む受験生6人はSATの試験資格剥奪、首謀者の家庭教師は懲役刑、主人公の彼女は1年間SATの受験資格を失ったそうだ。

映画になった驚愕の実話

目次

巻頭グラビア

第1章
衝撃

第2章　歴史の闇

第4章 震撼

第5章 戦争の悪夢

▶本書は弊社刊「映画になった驚愕の実話」(2019年10月発行)を
再編集し文庫化したものです。

▶本書掲載の情報は2021年1月現在のものです。

▶作品解説に付記された西暦は初公開年、国名は製作国を表しています。

▶本書では大半の記事が映画の結末に触れています。悪しからず、ご了承ください。

主要参考文献

「ウルフ・オブ・ウォールストリート」 早川書房
「完訳マルコムX自伝」 中公文庫
「済州島四・三事件 ──『島のくに』の死と再生の物語」 岩波現代文庫
「沈黙する教室」 アルファベータブックス
「技術者倫理とリスクマネジメント──事故はどうして防げなかったのか?」 オーム社
「アメリカ先住民を知るための62章」 明石書店
「FBI心理分析官─異常殺人者たちの素顔に迫る衝撃の手記」 ハヤカワ文庫NF
「ユナボマー 爆弾魔の狂気─FBI史上最長十八年間、全米を恐怖に陥れた男」 KKベストセラーズ
「モサド:暗躍と抗争の70年史 」 ハヤカワ・ノンフィクション文庫

主要参考サイト

正義への報酬　CNN　朝日新聞デジタル　朝鮮日報
The New York Times　TIME　CBC news　YouTube　ウィキペディア
BBC News　Yahoo!ニュース　毎日新聞　共同通信　京都新聞
sanspo.com　HISTORY vs HOLLYWOOD　映画.com　シネマトゥデイ　Af
その他、多くのサイト、資料を参考にさせていただきました。

第1章

衝撃

モリーズ・ゲーム

ディカプリオ、ベン・アフレックら
ハリウッドセレブが顧客に

伝説の違法
ポーカー屋オーナー
モリー・ブルームの
逆転人生

モリー・ブルーム本人（右）と
演じたジェシカ・チャスティン

２０１３年4月、招待されたセレブだけが遊べるニューヨークの違法ポーカーゲーム店がＦＢＩに摘発された。賭け金の最低額が25万ドル（日本円で約2千５００万円）、一晩で１００億円が動くこともあったというから驚きだ。顧客リストにレオナルド・ディカプリオやベン・アフレック、マット・デイモン、マコーレ・カルキンなど著名な俳優や政治家、当時ニューヨーク・ヤンキースのスター選手だったアレックス・ロドリゲスなどスポーツ選手が含まれていたため、全米どころか日本のワイドショーでも連日騒がれたこの事件で逮捕されたのが、同店の女性経営者モリー・ブルーム（当時34歳）だ。

２０１７年公開の映画「モリーズ・ゲーム」は、彼女の自伝を原作に、その栄光と転落を描いた人間ドラマである。

モリー・ブルームは、１９７８年、米コロラド州で大学教授の父親とスキーインストラクターの母親の間に生まれた。

母親は幼い頃から子供にスキーを特訓し、モリーは全米3位のモーグル選手に、弟は後にオリンピックに出場するトップアスリートに育つ。しかし２００２年、ソルトレイクシティ五輪出場をかけた大会でモリーのアスリ

モリーズ・ゲーム

2017／アメリカ
監督:アーロン・ソーキン
26歳にしてセレブが集う高額ポーカー屋の経営者となった実在の女性モリー・ブルームの激動の半生を描く。「ソーシャル・ネットワーク」「マネーボール」などの脚色を手がけたアーロン・ソーキンの監督デビュー作。

左／少女期のモリー（左）と2人の弟。3人姉弟は母親からスキーの特訓を受け、次男のジェレミー（右）は後にフリースタイルスキー男子モーグルのアメリカ代表として2006年のトリノ五輪6位入賞を果たしている。右／2002年のソルトレイクシティ五輪選考大会で転倒、モーグル・スキーヤーとしての選手生命を絶たれた

ート人生は終わる。競技中に転倒、致命的な重傷を負ってしまったのだ。

選手生命を絶たれた彼女は、新しいキャリアを切り開くため、単身ロサンゼルスに移り住む。そこで見つけた働き口が、起業家ダーリン・ファインスタインのアシスタントだった。

彼は不動産開発の事業を行う傍ら、ハリウッドにあるナイトクラブ「ザ・ヴァイパー・ルーム」（作中は「コブラ・ラウンジ」）を共同経営しており、モリーに店の手伝いを依頼する。具体的には、客のいない深夜にセレブたちを集めて行う高額な賭け金のポーカーゲームのアシスタントに就いてくれないかというものだった。

それが違法であることはモリーにもわかっており、戸惑いを感じたことも事実だ。が、客として現れたのは有名俳優や政治家、ウォール街の成功者たち。田舎から出てきたモリーは圧倒され、何より、一晩で3千ドルのチップを手にしたことで世界観が激変する。ちなみに、後

の映画化の際のインタビューで、自分が違法ポーカーゲームにのめり込んだのは、現金で100万ドルを数えたのがきっかけだと語っている。

こうしてポーカーの虜になったモリーは、実践を重ねていくなかで客にチップを賭けさせる技術を習得。特に、儲かっている客をおだて、さらに金を使わせる才能を開花させる。

もはや、ファインスタインを手伝う雑用係ではない。モリーはほどなく店の運営の全てを任されるようになり、同時にセレブたちとの交流を通じて、みるみる洗練されていく。ところが彼女は突如、店を解雇される。客に可愛がられるモリーにファインスタインが嫉妬したのだ。

もっとも、すでにポーカーゲームの運営を熟知していたモリーにとって、これはチャンスでしかなかった。2007年、高級ホテルを借り切って自分のポーカールーム会社を立ち上げたのだ。

映画は、このとき彼女を後押しした常連客を「プレイヤーX」として登場させている。モリーは現在まで明言を避けているが、状況から、この人物は「スパイダーマン」シリーズで主人公を演じてスターダムにのし上がった俳優のトビー・マグワイアと判明。彼の人脈で、モリーのクラブには、ディカプリオらハリウッドセレブだけでなく、有名なポー

違法ポーカーが行われていたナイトクラブ「ザ・ヴァイパー・ルーム」。1993年のハロウィンの朝に俳優のリヴァー・フェニックスが薬物の過剰摂取で死亡した場所で、当時は人気のある若手俳優やミュージシャンたちの溜まり場として知られていた。1993年～2004年まで共同経営者の1人にジョニー・デップが名を連ねていた

カー・プレイヤーが押し寄せるようになる。〝バイイン〟と呼ばれるゲームへの参加料は1万ドルから始まり最終的に25万ドルに達し、モリーは一晩で400万ドル以上を稼ぎ出す。が、2年後、負けの込んでいたマグワイアと手数料のいざこざから断絶。結果、他の客たちの足も遠のき始める。

ここで手を引いていればモリーの人生は安泰だった。が、彼女はニューヨークに打って出る。2009年、マンハッタンに引っ越し、有名なプラザホテルのスイートルームでゲームを再開。が、以前のようにはいかない。客として、セレブだけでなく詐欺師やロシアンマフィアなどが入り込んできたのだ。

参加費や賭け金の回収が滞ったことで、モリーはイタリアンマフィアを雇って回収を強行する。と、ロシアンマフィアが彼女に銃を突きつけ脅してきた。神経をすり減らしたモリーは薬物に溺れ、坂道を転がるように落ちていく。

2011年、ロサンゼルス時代の顧客の1人が詐欺で起訴され、騙し取った金をモリーの店で使っていたことが判明する。FBIはこの一件にモリーが荷担していたのではないかと疑い、捜査の結果、不正行為があったと判断。モリーは資産を没収され、一文無しで故郷に戻ることになる。

さらに2年後の2013年4月、マフィアとの違法ギャンブル、及びマネーロンダリングに関わったとして逮捕。有罪となれば最高10年の懲役刑が科せられてもおかしくないところ、弁護士は顧客リストをＦＢＩに渡して司法取引に応じるよう勧めたが、モリーはこれを拒否。顧客を裏切らずに収監される道を選ぶ。

ところが裁判官はモリーの潔さに免じてか、重大な罪を犯していないと結論。１年間の保護観察、２００時間の社会奉仕、20万ドルの罰金を言い渡した。

罰金の支払いにも困っていたモリーは、ここから再度逆転に成功する。２０１４年に出した自叙伝『モリーズ・ゲーム』がベストセラーとなり、同名の映画も大ヒット。またも大金を手にしたのだ。

２０１９年１月、国立薬物乱用研究所の職員の男性と婚約したことが伝えられている。

逮捕されても顧客は決して売らなかった

２０１３年４月、ＦＢＩに逮捕・起訴され裁判所を後にするモリー（当時34歳）

リング

「貞子」の母親のモデルになった3人の女性超能力者

千里眼事件の真偽と顛末

FILMS

貞子がテレビ画面から出てくるあまりにも有名なシーン。映画「リング」より

©1998「リング」製作委員会

白のワンピースを着て長い前髪で顔を覆い隠した女性がテレビ画面から這い出てくる——。公開から20年以上経った現在も語りつがれる映画「リング」の最恐シーンだ。

女性の名は「貞子」。観た者が7日後に死に至る「呪いのビデオ」の作製者で、異常な超能力を持ったジャパニーズホラー史上屈指の戦慄キャラである。

劇中で、事件を追う松嶋菜々子や真田広之らがビデオの正体を探るうち、過去に起きた一つの事件にたどりつく。貞子の母親で、昔、伊豆大島の噴火を予知したとされる山村志津子が超能力の公開実験において鉛の容器に入れられたサイコロの目を当てられなかったことから、1人の新聞記者がイカサマだと指摘。記者は貞子の呪いによって殺され、それを憂えた志津子が三原山の火口に身を投げ自殺するのだが、このエピソードは、明治時代末期に実際に起きた「千里眼《せんりがん》事件」に基づいている。

映画の原作となった同名小説の作者・鈴木光司によると、図書館で読んだ『超心理学者福来友吉《ふくらいともきち》の生涯』なる本をアイデアに、本作を書き上げたという。福来友吉（1869年生まれ）は千里眼事件を主導した東京帝国大学の助教授・心理学者で、劇中、志津子の公開実験に立ち会う超能力研究者・伊熊平八郎のモデルとされる人物だ。

1910年（明治43年）、福来はかつての教え子から、熊本県在住の御船千鶴子《みふねちづこ》という女性が優れた透視能力で、周囲から「千里眼」と呼ばれている話を聞き大きな関心を持つ。

千鶴子（1886年生まれ）は17歳の頃、義兄に催眠術をかけられ、誘導されたことをきっかけに超能力者として目覚める。日露戦争時に第六師団が、撃沈された軍艦・常陸丸《ひたちまる》にたまたま乗っていなかったことを透視で

リング

1998／日本／監督：中田秀夫
鈴木光司の同名小説を原作とする大ヒットスリラー。2019年5月公開の「貞子」までシリーズ7本が制作されている他、韓国、アメリカでリメイク版が作られている。
DVD販売元：ポニーキャニオン

言い当てたり、三井合名会社の依頼で福岡県大牟田市にて透視を行い、万田炭鉱を発見して謝礼2万円（現在の価値で約2千万円）を得るなど、常識では考えられない超能力を発揮、地元熊本で大きな話題となっていた。

福来博士と知り合った千鶴子は、共同で数々の透視実験を行う。具体的には両端をハンダ付けした鉛管の中に文字が書かれた紙を収め、その文字を透視で言い当てるというものだ。が、千鶴子の透視はいつも実験中に立会人に背を向けたり、立会人と離れた別室にて1人で行うなどのスタイルを用い、多くの学者たちがイカサマを疑っていた。

そして1910年9月、事件は起こる。東京で行われたこの公開実験は当時を代表する錚々《そうそう》たる学者や各新聞社の記者が参加。千鶴子は鉛管内の紙に書かれた「盗丸射」の三文字を見事に言い当てた。

ところが、このとき千鶴子に当てさせる文字を準備した立会人の山川健次郎（東京帝国大学元総長）は不思議に思う。自分が事前に用意した20の実験物に「盗丸射」と書かれた紙は含まれていなかったのだ。いったいどういうことなのか。

千鶴子は認める。自分が透視した文字は、前日に福来が練習用として渡していた鉛管の

千里眼ブームを主導した福来友吉博士。教鞭を執っていた東京帝国大学を解雇された後、高野山大学教授に就任。晩年は「福来心理学研究所」を設立、独自の研究に勤しみ、1952年この世を去った（享年82）

上／劇中、超能力の公開実験に挑む貞子の母・山村志津子（右。演：雅子）。映画「リング」より。右／映画の志津子像に最も近い超能力者、御船千鶴子

中身だった。これを実験の当日に「お守り」として持参し、透視を行った際にも懐中に忍ばせていたのだが、当日に渡された鉛管は透視できなかったため、実験中に練習用の鉛管とすり替えたのだ、と。

もっとも、東京で行われた2日目、3日目の公開実験で、千鶴子は透視を成功させるのだが、それは鉛管を使ったものではなく、学者や新聞の論調は一気に冷めたものになっていく。地元に帰った彼女が服毒自殺を図るのはそれから4ヶ月後の1911年1月のこと。一般には、新聞や世間からの激しいバッシングが原因とされるが、父親との金銭的なトラブルによるものという見方もある。享年24だった。

映画で描かれる貞子の母親・山村志津子は御船千鶴子がもとになっていることは間違いない。

モデルの1人、御船千鶴子は世間のバッシングを受け24歳で服毒自殺

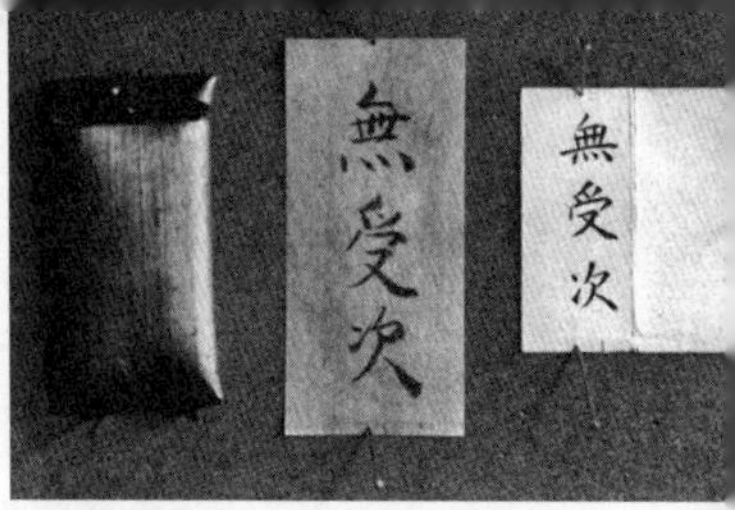

千鶴子が実験に使用していた鉛管（左）。この中に右のような文字が書かれた紙を入れ透視で的中させる

が、志津子のモデルとされる女性は他にも2人いる。

1人は長《なが》尾《お》郁子《いくこ》（1871年生まれ）、御船千鶴子が起こした千里眼ブームに乗って自薦他薦の自称超能力者が名乗り出たなかで、福来博士が本物と認めた人物だ。香川県丸亀市の判事の妻だった郁子は、災害などの予言を的中させることで地元では有名で、千鶴子に関する一連の報道を目にして同様の実験を行ったところ見事に成功。これが福来の耳に入り世間に紹介されることになる。

彼女が千鶴子と異なったのは、立会人を実験の部屋に同席させたこと、そして未現像の写真乾板に思い浮かべた文字を焼きつける「念写」ができたことだ。が、彼女にもまた疑惑が付きまとう。1911年1月、前出の山川が立ち会い、福来がオブザーバーとして参加した、透視と念写の公開実験が郁子の自宅で行われた。このとき郁子は少しでも疑われたり邪心があると精神統一ができないと、写真乾板に念写する文字を脳裏に浸透させるため一夜前に提出せよなどの条件を付けたうえ、実験時も不正開封発見のために入れた鋼鉄線がなくなる、封印が破られているなどの不正行為が発覚。しかし、これらは山川らが郁子に内密で行っていた工作だったため公にならず、実験は表向き成功と報道される。

数日後に行われた二度目の実験では、山川らが写真乾板を入れ忘れる手違いを犯し実験は不成立に終わったが、郁子の超能力を疑う学者たちは一方的に「透視と念写は全くの詐欺である」と報道陣に見解を発表。以降の実験を全て拒否した郁子はその後、胡散くさい催眠術師との不可解な関係などが取り沙汰され、信用を失墜させたまま同年2月、急性肺炎により40年の生涯を閉じる。

そしてもう1人が、「貞子」の名の由来となったといわれる高橋貞子《たかはしさだこ》（1868生まれ）だ。彼女は催眠術者の夫の指導のもと念写を成功させ、1913年（大正2年）、福来博士の被験者となる。貞子の特徴は念写の際、あたかも別の人格が宿ったかのような言動をとることで、1回目の公開実験こそ失敗に終わったものの、2回目は福来が用意し、封をしていた乾板への念写を試みて、見事「妙法」の二文字を焼きつけたという。が、懐疑的な学者からは、乾板をすり替えるトリックが使われたとする意見があったらしい。

1914年9月、福来博士は千鶴子、郁子、貞子らの実験結果をまとめた著書『透視と念写』を出版、己の説を世に問う。果たして、本書は多くの学者たちの反発と批判を招き、福来は孤立無援に。千里眼ブームは終焉を迎えた。

長尾郁子（左）と高橋貞子も志津子のモデルといわれる

スノーデン

アメリカ政府による個人情報監視の実態を暴露

元CIA職員 エドワード・スノーデンの告発と亡命

FILMS

アメリカに「国家安全保障局（ＮＳＡ）」なる政府機関があるのをご存じだろうか。約３万人の職員が国内外の通信を傍受して分析を行う、世界最大の情報機関である。

第二次世界大戦当時、真珠湾攻撃を未然に防げなかったことを教訓に１９５２年設立。長い間、存在そのものがベールに包まれていた当組織が２０１３年、世界中から突如脚光を浴びる。ＮＳＡがマイクロソフトやヤフー、グーグル、フェイスブック、アップル、ユー

エドワード・スノーデン本人。2019年8月現在、亡命先のロシアに在住。各国から殺到する取材にインターネットを通じて答えている

チューブ、スカイプ、ＡＯＬ、など民間のインターネット企業の協力を得て、国際的監視網を構築。世界中の人々の個人情報を収集していることが暴露されたのだ。

２０１６年に公開されたアメリカ映画「スノーデン」は、ＮＳＡの実態を内部告発したエドワード・スノーデンの実体験を描いた戦慄の政治サスペンスである。


エドワード・スノーデンは１９８３年、米ノースカロライナ州に誕生、祖父はＣＩＡ（中央情報局）に勤めたこともある軍人で、父親は沿岸警備隊勤務、母親は連邦裁判所職員という根っからの国家公務員の家庭に育った。

16歳のときに両親の離婚にともないメリーランド州に転居。病気のため高校を中退後、単科大学でプログラミングなどの計算機科学を学んだ。

２００３年、19歳で大学を中退し、翌年5月、対テロ戦争に備え大幅な人員増加を進めていたアメリカ軍に志願入隊。情報工学の知識を買われ、特技兵（技術担当兵）に任命されると、自ら望んでイラク戦争に派兵予定の特殊部隊の新兵となった。が、訓練中に両足骨折の重傷を負って9月に除隊。治療を終えた頃にＮＳ

スノーデン

2016／アメリカ
監督:オリバー・ストーン
2013年6月、元CIA職員でコンピュータ専門家のエドワード・スノーデンがアメリカ国家安全保障局の機密情報を英紙『ガーディアン』に暴露し、スパイ容疑で国を追われた事件を社会派監督オリバー・ストーンが描いた政治サスペンス。

Aからスカウトを受け、2005年にメリーランド大学言語研究センターの警備任務に就く。

　コンピュータ知識に長けたスノーデンの活躍は、映画で描かれているとおりだ。2006年にNSAを辞め、CIA職員としてコンピュータのセキュリティ任務に従事。翌年にはスイス・ジュネーヴでの情報収集に派遣され、コンピュータのセキュリティを担当する。

　後の情報源となる、個人情報に関する機密文書に常時接触できる立場にもあったスノーデンは疑問を持つ。自分の行為は違法ではないのか。政府が個人情報を勝手に収集して許されるのだろうか。

　割り切れない思いで2009年にCIAを辞職。NSAと契約を結んでいたPC保守会社DELLに勤め、日本の横田基地内のNSA関連施設で、高官や将校にサイバー戦争に対する防衛技術指導を担当する。

　この頃になると、アメリカ政府に対するスノーデンの反感は、より明確になっていく。

スノーデンが勤務していた国家安全保障局（NSA）。アメリカ国防総省の諜報機関である

**上／劇中でスノーデンを演じたジョセフ・ゴードン=レヴィット。映画「スノーデン」より。
左／スノーデンの告発は、英紙『ガーディアン』が大きく取り上げ、世界中に衝撃を与えた**

ＮＳＡは、特定の人物を監視するだけでなく、日常業務として世界中で使われているインターネット企業のサーバーに直接侵入。ＰＲＩＳＭと名づけた監視プログラムで、アメリカ国内はもとより、アメリカと他国間を含めた全ての通話に関するデータを取得していた。すなわち、電話やインターネットなどの音声や動画、写真、メール、文章、銀行振込、ネットショッピング、接続ログなどを収集、時系列に分析すると、その人物の行動範囲や連絡先が浮き彫りになってしまうのだ。

当然ながら、こうした政府の監視行動は違法。自由を基本理念とするアメリカ合衆国憲法に忠実であろうとしたスノーデンには到底看過できるものではなく、やがてその嫌悪は彼の中で内部告発へと変化していく。

映画の中でＮＳＡ職員が、他人の電話を盗聴するたび「ＦＩＳＡ（外国情報監視法）」を言い訳にしていた。これは、スパイ活動やテロを行う疑いのある人物に関する情報収集の手続きを定めた法律で、１９７８年に施行。２００１年の同時多発テロ後の改正で権限が大幅に拡大されたとはいえ、実行するには「外国情報活動監視裁判所（通称・秘密裁判所）」の令状が必要と定めてある。

ところが２００８年、ジョージ・ブッシュ大統領は令状を取らない盗聴を認めてしまう。暗黙のうちにＮＳＡの判断だけで、世界中の個人情報を収集することが可能になってしまったのだ。

こうした事態にノーを突きつけたのはスノーデンだけではない。情報取得の管理不備と違法な国内盗聴を理由にＮＳＡを退職した元職員数名が、国防総省監察総監室に内部告発を行った。

と、政府側は武装したＦＢＩ捜査官を彼らの家に送り、銃を突きつけ家宅捜索し、内部からＮＳＡを変えようとしていた上級幹部のトーマス・ドレイクをスパイ活動法違反などの罪で起訴。最終的には２０１１年にドレイクが軽犯罪違反を認め、決着した過去がある。

すでに腹を決めていたスノーデンは慎重に事を進めた。２０１３年6月、休暇を取って香港に渡航。あらかじめ連絡していたイギリスの日刊新聞『ガーディアン』の記者と、ドキュメンタリーカメラマンと対面。持ち出したデータとともにアメリカＮＳＡの実態を暴露したのだ。

結果、スノーデンは、アメリカ政府に機密文書を漏洩させた反逆罪など数十の容疑で指名手配され、ロシアに亡命。今のところ2020年まで期限付き（3年ごとに延長申請が必要）居住権を得ており、アメリカから渡露した恋人のリンゼイと同棲し、各国からの取材依頼にネットを通じ応じている。が、近年、SNSでロシアの腐敗についてツイートしたことで、その立場は微妙になり、プーチン大統領とトランプ大統領の関係如何では、厳刑が待つアメリカへの引き渡しもありうるという。

アメリカ政府が重点的に監視していた中には日本も含まれ、2006年頃から内閣、日本銀行、財務省などの幹部も盗聴されていたデータが公開されている。しかも、インフラやダム、病院などの通信に監視プログラムをセットすることで、日本経済と社会の支配を目的にしているという。対し、安倍（元）総理は「事実であれば極めて遺憾」と述べるのみで、抗議もしていない。

アメリカに帰れば国家反逆罪で厳罰確実

スノーデン本人と恋人のリンゼイ。

紙の月

好きな男のために1億3千万円を横領

FILMS

三和銀行オンライン詐欺事件

宮沢りえ主演の映画「紙の月」は、普段は真面目な既婚の女性銀行員が、ふとしたきっかけで男子大学生（演：池松壮亮）と肉体関係を持ち、それに溺れるように顧客の預金を次々と横領、若い不倫相手に貢ぎ、最後は東南アジアに逃亡するというサスペンス劇だ。

映画の原作となった同名小説を書いた角田光代は執筆にあたり、ベテラン女性銀行員が好意を抱く男性に貢ぐため金を詐取した、過去実際に起きた幾つかの横領事件をヒントにしたと言われている。

一つは1973年10月、滋賀銀行山科支店勤務の奥村彰子（当時42歳）が、6年間にわたり史上空前の9億

伊藤素子本人。当時の銀行およびコンピュータのチェックシステムの盲点を突き半日で1億以上の大金を詐取した巧みな手口もさることながら、その美貌に世間は注目し、服役中には数多くのファンレターが寄せられたという

円の金を着服、そのほとんどを10歳下の元タクシー運転手（当時32歳）に貢ぎ逮捕された事件。男は無類の競輪好きで、ギャンブルに使う金を要求し、彼女は男の心を繋ぎとめておくため、犯罪を繰り返していた。その間、男は別の女性と結婚、子供までもうけていたから呆れる。奥村は発覚寸前に逃亡したが、指名手配をかけられ潜伏先の大阪で逮捕、男はその数日前に贓《ぞう》物収受容疑で逮捕され、それぞれ懲役8年、10年の判決が下された。

この事件、中年女性行員が若い男に貢ぐという点で小説・映画の設定に似ているが、最後、横領した女性が東南アジアに逃亡するというところでは、１９８１年に発覚した三和銀行オンライン詐欺事件がより近く、内容もドラマチックだ。

事件の主役は伊藤素子《もとこ》（当時32歳）。京都の商業高校卒業後、三和銀行（現三菱ＵＦＪ銀行）に就職、大阪・茨木支店に配属された彼女は、恋愛に奥手で、趣味は貯金という地味な女性だった。

20歳のとき銀行に出入りする取引先の29歳の既婚男性と知り合い男女の関係に。そのまま12年間、不倫関係を続け、2度の中絶を経験している。

「妻子と別れる」と口にするものの離婚に踏み

紙の月

2014／日本／監督:吉田大八
バブル崩壊後の1994年を舞台に、銀行勤務の平凡な主婦が、不倫相手の大学生に貢ぐため巨額の金を横領、転落していく様を描く。主演の宮沢りえが2014年の映画賞を総なめにした。

切らない男との関係に疲れた頃、3歳上の南敏之という男性に出会う。南もまた既婚者だったが、身長185センチのイケメンで、旅行代理店を経営するという男に伊藤は夢中になった。セックスも「自分の体が怖くなるほど（良かった）」だったそうだ。

ブランドもので身を固め、キャデラックを乗り回す実業家の南は、実は会社の経営に行き詰まり金策に走る日々を送っていた。そんなときに出会った女性銀行員は格好のカモで、南は肉体関係を結んだ2週間後には10万円の借金を持ちかけ、彼女がこれに応じるや、セックスのたび数十万の金をせがむようになる。惚れた弱みで伊藤は金を貸し続け、ついにはキャッシュカードまで預けたそうだ。

伊藤の貯金が尽きる頃、南は銀行のオンライン詐欺を持ちかける。彼女は当初は頑なに拒否していたが、南は「2人でマニラに行って日本料理屋でも開いて暮らそう」と必死に説得。それでも決心のつかない伊藤に「裏の人間が動いているから引き返せない。おまえは俺が殺されてもいいのか」と脅しまでかけていたという。

これまで南に貸した750万円への執着、彼に捨てられたら女として終わりという焦り。伊藤は葛藤のすえ、ついに犯行を決意する。

1981年3月25日午前9時、いつもどおり出社した彼女は東京・虎ノ門支店など事前に用意していた4つの口座にオンライン端末を使って1億8千万を架空送金した後、

「歯医者に行く」と銀行を早退。伊丹空港から羽田に向かい、昼過ぎには都内の支店で1億3千万円を現金化し、待ちかまえた南に手渡して羽田空港からフィリピン・マニラに逃亡する。

「一緒に行ったら目立つ。すぐに追いかける」

南の言葉を信じて、伊藤は待ち続けた。が、1ヶ月、2ヶ月が過ぎても南は現れない。この間、南は伊藤から受け取った金で家族と豪遊していた。

国際指名手配のかかった伊藤が逮捕されるのは逃亡から半年が経った9月8日。マニラでの拘束中、彼女はメディアの取材に「好きな人のためにやりました」と答え、この言葉は当時の流行語になった。

3日後の9月11日、南も逮捕され、翌1982年7月、伊藤に懲役2年6ヶ月、南に懲役5年の実刑判決が下った。収監された伊藤は模範囚として刑を務め、1984年に仮釈放。1990年、事件を承知していた一般男性と結婚したが、その後の消息は伝わっていない。

10歳下の恋人に貢ぐため、6年間で約1,300回、9億円もの大金を勤務先の滋賀銀行から騙し取った奥村彰子（1973年の逮捕当時42歳）。彼女もまた美人行員として話題になった

アメリカン・ギャングスター

成功の経緯に大幅な脚色が

フランク・ルーカス（1930年生まれ）。1960年代後半～1970年代前半の米ニューヨーク・ハーレムでヘロインを密売し、巨額の富を得た人物である。

2007年に公開された「アメリカン・ギャングスター」は、ルーカスが築いた麻薬王国の興亡と、彼を追う実在の刑事リチャード（リッチー）・ロバーツの執念の捜査を描いた実録犯罪ドラマだ。が、ルーカスのインタビューをもとに作られた本作の内容は、事実と大きな相違点がある。

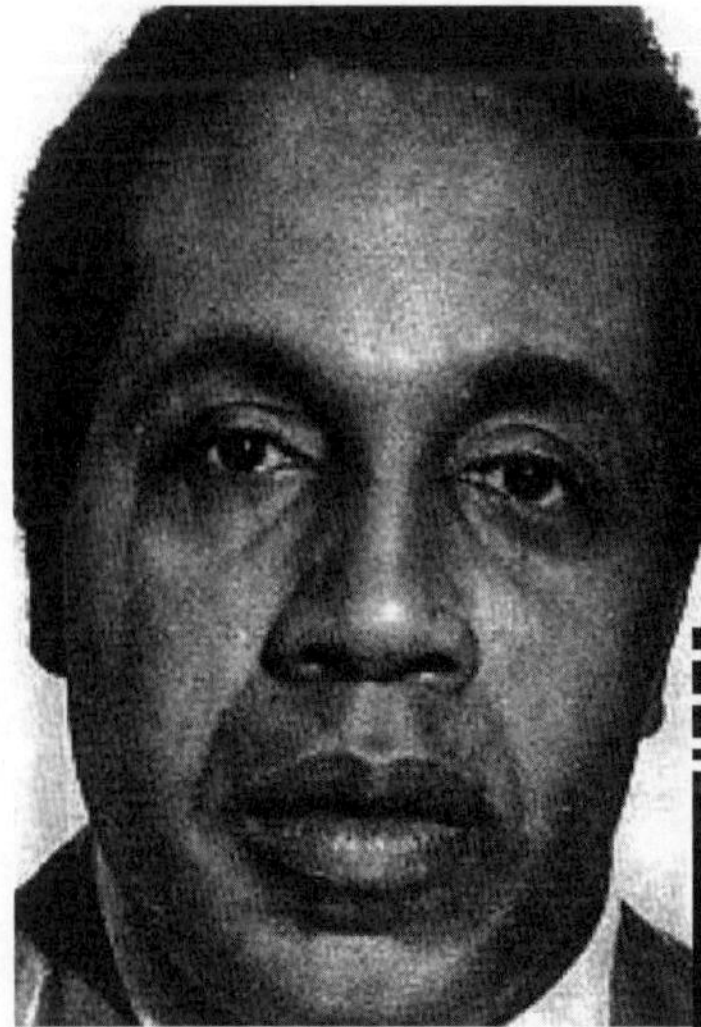

ハーレムの麻薬王に成り上がった
フランク・ルーカス本人

映画とはまるで異なるフランク・ルーカス麻薬王国の興亡

映画は1968年、当時ニューヨークで「ハーレムのゴッド・ファーザー」と称されていたエルズワース・ジョンソンがルーカス（演：デンゼル・ワシントン）の目の前で突然、倒れるシーンから始まる。彼が亡くなったことでハーレムで縄張り争いが始まり、15年間彼の運転手だったルーカスは、誰の下にもつかずに独立することを決意する——。

ドラマチックなスタートだが、ジョンソンが急死したのは幼なじみと食事中のレストランで、夫がルーカスを知っていたかさえ怪しいという。さらに、ジョンソンは1963年まで12年間刑務所に入っていたため、ルーカスが15年間運転手を務めたのは明らかに事実と異なるそうだ。

映画はこの後、自らタイに飛び、ベトナム戦争に従軍する従兄弟のアトキンソンとともに「ゴールデン・トライアングル」に出向いてヘロインを直接買い入れるルートを確立するルーカスの姿を描く。仕入れたヘロインはベトナムで死んだ兵士の棺に隠してアメリカに飛行機で密輸し、実際の売買は故郷のノースカロライナから呼び寄せた5人の弟や従兄弟が担当。「ブルー・マジック」と名づけられた純度100％のパケ

アメリカン・ギャングスター

2007／アメリカ
監督：リドリー・スコット
1960年代末から1970年代にかけて、ニューヨーク・ハーレムでフランク・ルーカスが作り上げた麻薬王国の興亡と、彼を追う警察を描いたサスペンス。

(小袋)は飛ぶように売れ、麻薬業界で一大勢力をなしていく。

劇中で描かれる、このサクセスストーリーにも大きな脚色が加えられているようだ。アトキンソンによれば実際にゴールデン・トライアングルに足を運んだ事実はなく、ヘロインの密輸もタイから家具の中に隠して送ったのだという。また純度100％をうたった「ブルー・マジック」は元々98％で、ここに混ぜ物を加えたため、実際は10％程度だったらしい。ただ、ライバルたちが売っていたブツは純度5％で、それに比べて純度は倍。質の悪いヘロインを常用していたジャンキーには効果抜群で、中には効き過ぎで命を落とす者もいたため、さらに品質を下げたそうだ。

それでも中間業者を排除し、他より品質の良いヘロインを安価で販売したことで、ルーカスは市場の支配に成功する。

逮捕した麻薬の売人たちから押収した薬物にさらに混ぜ物を加えて売りさばく警官や、売人たちを見逃す代わりに賄賂を強要する警官。映画は、ルーカスの成り上がり物語の一方

ルーカスを演じたデンゼル・ワシントン(右)。映画「アメリカン・ギャングスター」より

で、警官の腐敗ぶりも描き出す。

後にインタビューに応じたルーカス本人によると、当時は1日で100万ドル（当時の日本円で約3億円）を稼ぎ、週に20万ドル（同約6千万円）を警官に渡していたそうだが、賄賂によって守られた彼の安全かつ確実な商売は、1971年、検察局の麻薬捜査局内に特別捜査班が設置されたことで、崩壊の道を辿ることになる。

映画のもう1人の主人公というべき、リッチーことリチャード・ロバーツ（演：ラッセル・クロウ）がメンバーに加わっていたこの捜査班は、金づるを失いたくない地元警察に邪魔されながらターゲットをルーカスに絞り、1975年、ついに逮捕にこぎつける。裁判でルーカスに下された判決は、麻薬密売と流通犯罪による70年の懲役刑だった。

映画で描かれる、毛皮に身を包んでのボクシング観戦シーンは実際の話（上）。ルーカスの左隣が妻のジュリー。下は劇中カット。映画「アメリカン・ギャングスター」より

映画は、ルーカスが情報を提供したことによってニューヨークの麻薬捜査局捜査官の4分の3が有罪になり、その後、弁護士に転身したリッチーがルーカスの刑期を15年に短縮したとのクレジットで終わる。

実はこの部分も多くはフィクションだ。ルーカス逮捕の際、劇中では賄賂をもらっていた警官がいち早くルーカスの家に乗り込んで犬小屋に隠してあった金を盗んだり、自身が逮捕されそうになって自殺する警官が出てくるが、そのような事実は一切ない。

また、ルーカスが警察に提供したのは腐敗警官の情報だけではなく、麻薬の売人やマフィアたちについて100件以上の有罪判決につながる証拠で、麻薬捜査局捜査官の4分の3が有罪になった話も正しくない。

刑期が15年に短縮されたというのも間違いで、実際にルーカスが収監されていたのは1981年までの5年間で、1984年に再び薬物売買に手を出したため再逮捕。仮釈放条約違反もあり7年間服役、1991年に出所したのが事実だ。

そして、映画最大の脚色はルーカスとリッチーのキャラクターである。実際のルーカスは劇中とは異なり、文盲で暴力的でホラ吹きというのが麻薬捜査官たちの印象で、彼は数いる麻薬売人の1人にすぎなかったという。リッチーに関しても、ルーカス逮捕に際してさほど活躍したわけではなく、ラッセル・クロウが演じた人物像は、特別捜査班のメンバー全員を足して作られたらしい。

ルーカスが逮捕された後、リッチーは弁護士に転身、彼を弁護したことをきっかけに2人の親交はルーカスが亡くなった2019年まで続いた。ちなみに、1975年の逮捕でルーカスが所有していた国内外の全財産を没収され、妻のジュリー（劇中ではエヴァ）も薬物販売罪で懲役5年の刑に処せられたため、出所したときのルーカスは無一文。その後、生まれた息子レイの名付け親になったのも、彼の進学費用を出してやったのもリッチーだったという。

「この映画は虚偽に満ちている」と元麻薬取締官が製作会社を提訴

映画は、1億2千700万ドル（約100億円）を超える興行収入を上げる大ヒットとなった。が、ルーカスの逮捕に関わった元麻薬取締官が、この映画は虚偽に満ち、警官や捜査官を中傷していると製作会社のNBCユニバーサルを訴えている。最終的に却下されたとはいえ、後味の悪い結末となった。

ルーカスは2019年5月、心不全で死去。享年88。後列左が妻のジュリー、右は息子のレイ

トゥルー・ストーリー

凶悪犯が名前を騙ったことが全ての始まり

『NYタイムズ』元記者と一家殺害犯の世にも不思議な物語

記事を捏造して大手新聞『ニューヨーク・タイムズ』をクビになった記者と、家族4人を殺害した凶悪犯。2015年公開のアメリカ映画「トゥルー・ストーリー」は全く接点のなかった2人が、運命に引かれるように出会い、交流を深めていく心理サスペンスだ。「事実は小説より奇なり」を地で行く仰天物語とは？

事は2001年12月19日、米オレゴン州ニューポート近くの海域で小さな男の子の死体が見つかったことに始まる。

元記者フィンケル役のジョナ・ヒル(左)と殺害犯ロンゴを演じたジェームズ・フランコ。映画「トゥルー・ストーリー」より

すぐに身元はザカリー・ロンゴ（当時4歳）と判明。3日後には岩の入った枕カバーが足首に縛り付けられた妹のセイディ（同3歳）の水死体も発見された。

そして同月27日、彼らが住んでいたコンドミニアム近くのマリーナで2つのスーツケースが見つかる。中に次女のマディソン（同2歳）と、3人の母親だったメアリージェーン（同34歳）の死体が押し込まれていた。

警察が事情を聞こうと夫のクリスチャン・ロンゴを探したが行方は知れず、彼が深刻な借金を抱えていることも判明。真っ黒な状況証拠が揃ったロンゴは、2002年1月、逃走先のメキシコで逮捕される。

映画では描かれていないが、後に、過度の自己愛が特徴の「ナルシシズム性人格障害」と診断されるロンゴの行動は常人には理解しがたいものだった。

1974年、彼は米ミシガン州に生まれ、父親に虐待され育った。3歳のときに両親が離婚。「エホバの証人」の信者である男性と再婚した母親とともに子供の頃は熱心に教会活動を行い、19歳のときに7歳年上の教会員メアリージェーンと結婚する。

当時『ニューヨーク・タイムズ』の配送会社に勤務していたロンゴは、ほどなく独立し

トゥルー・ストーリー

2015／アメリカ
監督：ルパート・グールド
捏造記事を書いて解雇された元『ニューヨーク・タイムズ』の記者と、妻子殺害事件の容疑者との実際の交流をもとに描かれた心理サスペンス。

て建設清掃事業を立ち上げる。高い服を着て高級車を乗り回し、休日となれば外食を楽しむ暮らし。子供も3人授かり、傍から見れば立派な成功者である。

しかし、実情は火の車だった。儲けが出たのは独立直後だけ。すぐに借金まみれとなり、クレジットカードを限度額まで使い倒すと小切手を偽造。悪事がバレて逮捕されたものの保護観察処分で済んだのをいいことに、今度は父親の名前でクレジットカードを偽造して1千万円を借り受けた。

そんな生活がいつまでも続くはずがない。偽の免許証と偽造小切手でミニバンを詐取して、逃げるように一家でオハイオ州に転居。2001年12月には西海岸のオレゴン州に流れ着いた。

ここがやり直す最終のチャンスだった。が、ロンゴが一家の住まいとして借りたのは贅沢なコンドミニアム。ありついたスターバックスのアルバイトで生活が賄えるはずもない。

追い詰められたロンゴは邪悪な心に支配される。妻や子がいなければ自分は自由なのに……。映画は、この辺りから始まる。

ロンゴ一家。絵に描いたような
幸せそうな家族に見えたが……

ロンゴは事件後、メキシコのリゾート地カンクンへ逃げ、マイケル・フィンケルという偽名を名乗っていた。

これを、偶然聞きつけたのが名前を騙られたフィンケル本人だ。彼は長年『ニューヨーク・タイムズ』の記者として活躍していたが、2001年11月18日付の日曜版に、アフリカのココア農園で奴隷状態で働く少年がいるとの捏造記事を執筆、会社を解雇されていた。仕事を探していたフィンケルは、なぜロンゴが自分の名前を使ったのか不思議に思う一方で、ネタになるのではないかと、逮捕・収監されたロンゴに面会する。そこでロンゴは『ニューヨーク・タイムズ』を配送していたとき、フィンケルの記事が好きだったと告白、フィンケルに取引を持ちかける。自分の無罪を支援する『真実の物語』を執筆してくれるのであれば、独占取材権と出版権を与える、と。

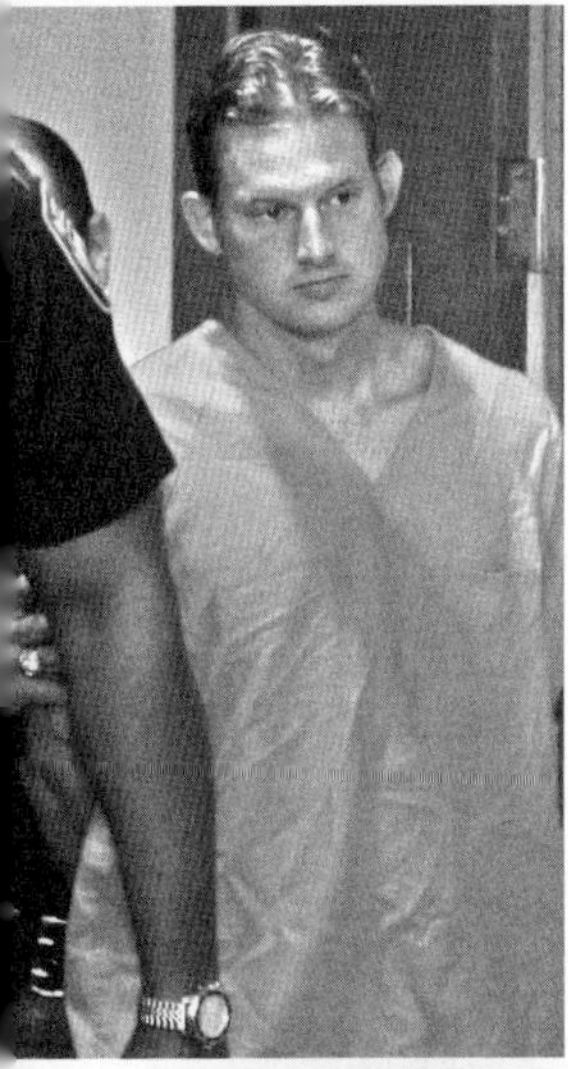

上／2006年、死刑判決が下された際のクリスチャン・ロンゴ本人。下／名前を騙られたマイケル・フィンケル

この申し出を快諾したフィンケルだったが、彼はまもなく現実を知る。ほどなく始まった裁判で、ロンゴは、年長2人の子は妻が、妻と末っ子は自身が殺したことを認めたのだ。劇中では唐突に思えるこのシーン、実はロンゴはある女性受刑囚に結婚を申し込むラブレターを送り、そこに妻と末っ子を殺害したときの様子を詳しく書き綴っていたのである。

映画では、陪審員がロンゴに有罪を下し、死刑判決が出たことで全て片が付いたように描かれているが、実際のロンゴは上訴を繰り返し、ようやく刑が確定したのは2011年、事件から10年後のことだった。

2005年、フィンケルは約束どおりロンゴの事件本『真実の物語』（映画の原作）を著し2008年にはマラリアに関する共著で「ナショナル・マガジン・アワード」を受賞するなどジャーナリストとして復帰を果たした。

一方のロンゴは、2021年1月現在、いまだオレゴン州刑務所で存命中だ。彼はフィンケルが追い出された『ニューヨーク・タイムズ』をはじめ様々なメディアに投稿。オレゴン州法で認められていない、州刑務所から臓器を必要な人に寄付する権利を勝ち取るべく主張を続けている。

しかし、この運動は己の処刑の延期目的に違いないと批判され、主張自体が受け入れられていない。2014年、オレゴン州の道端に看板を持って立ち、腎臓提供者を募ってい

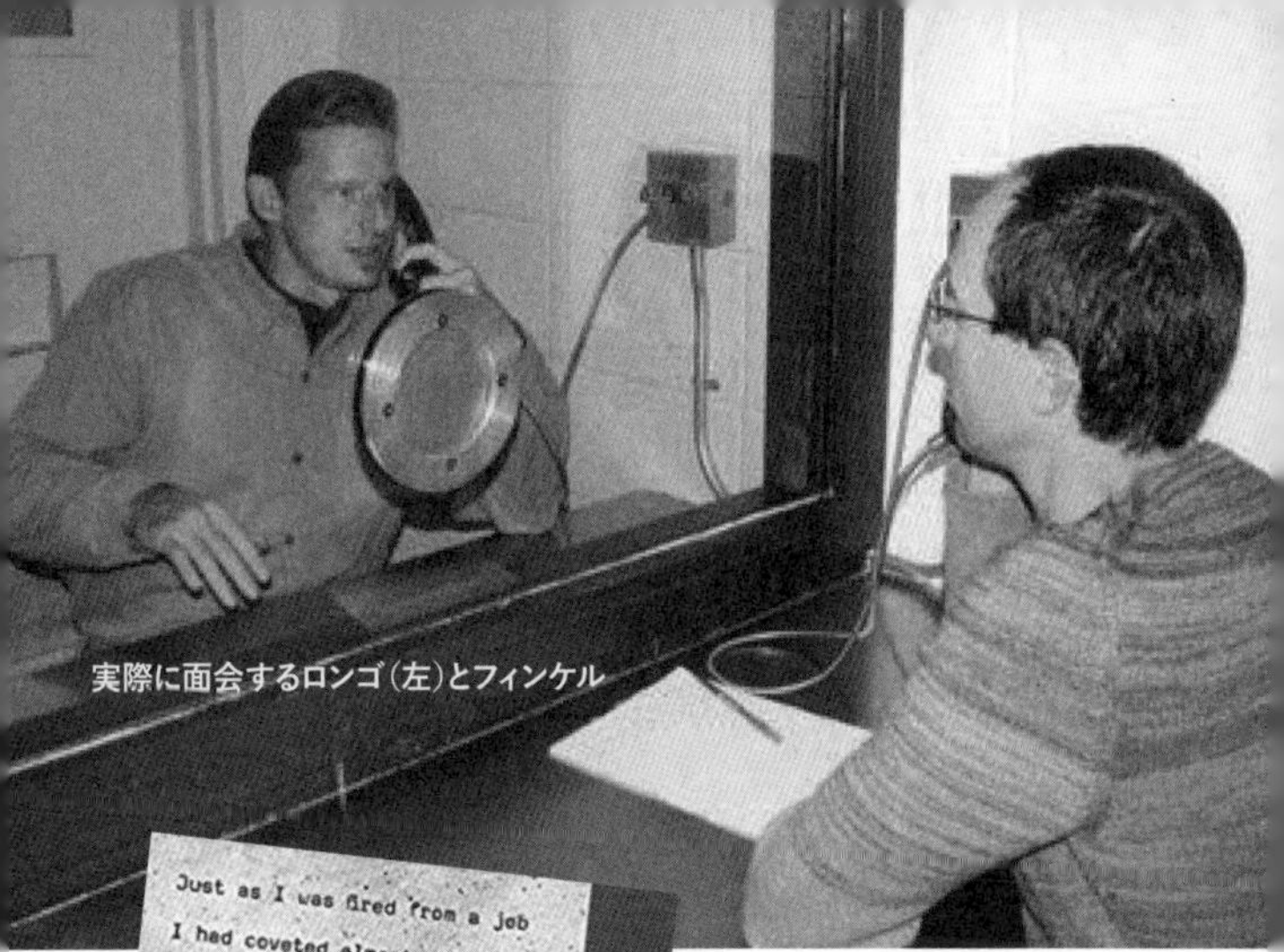

実際に面会するロンゴ（左）とフィンケル

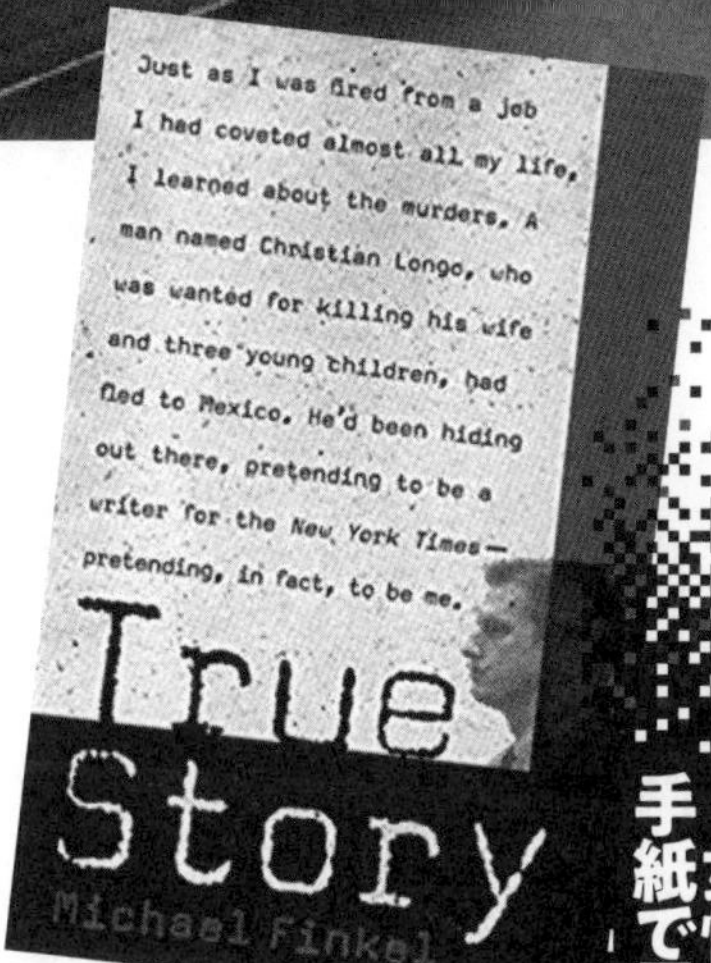
Just as I was fired from a job I had coveted almost all my life, I learned about the murders. A man named Christian Longo, who was wanted for killing his wife and three young children, had fled to Mexico. He'd been hiding out there, pretending to be a writer for the New York Times—pretending, in fact, to be me.
True Story
Michael Finkel

映画の原作となったフィンケルの著書

た男性にロンゴが自分の腎臓を提供したいと持ちかけ、拒否されているのだ。

自分の名を騙った殺人犯と出会ったことで運命が逆転した記者と、世間に認められない主張を続ける死刑囚。ロンゴとフィンケルの交流は、細々ながら現在も続いているそうだ。

女性受刑囚に手紙で罪を告白

映画の最後、グリーニッケ橋で捕虜交換の時を待つトム・ハンクス演じるドノバン弁護士。映画「ブリッジ・オブ・スパイ」より

ブリッジ・オブ・スパイ

米ソ冷戦時代に敢行された一大ミッション

FILMS

独グリーニッケ橋 スパイ交換劇の顛末

ドイツ・ポツダム市を流れるハーフエル川に「グリーニッケ橋」という橋がかかっている。冷戦時代、アメリカが支配する西ベルリンとソビエトが支配する東ドイツとを繋ぐ立地から、たびたび米ソ間のスパイ交換の場として使われた場所だ。

巨匠スピルバーグが撮った「ブリッジ・オブ・スパイ」は1962年2月、この橋で実際に行われた歴史的なスパイ交換劇の顛末と、その交渉に尽力したアメリカ人弁護士ジェームズ・ドノバン（演：トム・ハンクス）の活躍を描いた歴史サスペンスである。

映画は1957年、画家に扮したソ連のスパイ、ルドルフ・アベル（演：マーク・ライランス）をFBIが追い詰め、自宅で逮捕するシーンから始まる。

劇中では説明されないが、1953年、ブルックリンの新聞配達少年が偶然落とした新聞代の5セント硬貨が割れ、中から国家の機密情報が暗号で記された不審なマイクロフィルムが見つかるという事件が起きた。FBIはこれをソ連の諜報活動と睨み、米国内にスパイが潜入しているものとして捜査を開始、実に4年の歳月をかけてアベル逮捕にこぎ着けた。

ルドルフ・アベル、本名ウィリアム・フィッシャー。1903年、イギリスのロシア人政治難民の家庭に生まれた彼は、20代の頃からモスクワで諜報活動に従事。1948年からアメリカに潜入し、核に関する情報をソ連に流していた。

アベル逮捕後、ソ連当局はスパイ行為の関与を否定する。アベル自身も、警察の取り調べで

ブリッジ・オブ・スパイ

2015／アメリカ
監督：スティーヴン・スピルバーグ
米ソ冷戦下で起こった両国のスパイ活動を巡る実話を描いたサスペンスドラマ。トム・ハンクス主演。コーエン兄弟脚本。ソ連のスパイを演じたマーク・ライランスが第88回アカデミー賞で助演男優賞を受賞した。

公判中、法廷内で撮られた弁護士ドノバン（左）とソ連の諜報員ルドルフ・アベル（上が実際の写真、下が劇中カット）。映画「ブリッジ・オブ・スパイ」より

も裁判でもスパイ行為を徹底否定。死刑を覚悟していたが、ここで彼を弁護したのが映画の主人公でもあるドノバン弁護士だ。

ドノバンはアベルより13歳下の１９１６年生まれ。ハーバード大学卒業後、弁護士資格を取り、ナチス・ドイツの戦犯を裁いたニュルンベルク裁判にも参加したやり手である。もっともアベル逮捕当時は保険関係の案件を中心に手がけ、刑事裁判からは遠ざかっていた。

彼がアベルの裁判を担当したのは、単純になり手がおらず、政府から指定された、日本で言うところの〝国選弁護人〟だった。が、アメリカにはこの裁判に目論見があった。国家を転覆させかねないソ連のスパイにも、アメリカは法に則り弁護人をつける。つまり、世界にアメリカは正義の国だとアピールしたかったのだ。

誰もが死刑を予想した。が、ドノバンは、国に忠誠を誓うアベルの意志の強さと人柄を評価し、何とか死刑を回避すべく、最終的に「将来、アメリカ国民がソ連の捕虜になったときの交換要員」としてアベルを生かしておくよう判事に直談判して懲役30年の判決を獲得する。

当然、世論は納得せず、ソ連のスパイを弁護したドノバンも批判の目にさらされた。が、劇中で描かれる、ドノバンの自宅が銃撃されるような市民からの暴力行為は実際にはなかったそうだ。

アベル逮捕から3年後の1960年、ドノバンが減刑の切り札として用意した言葉が現実のものとなる。同年5月1日、ソ連領内の上空から弾道ミサイル配備状況などを偵察していたアメリカのロッキードU－2が、ソ連防空軍のミサイルによって撃墜、間一髪パラシュートで脱出したパイロットのゲーリー・パワーズ（当時30歳）が拘束されたのだ。

パワーズは裁判で禁固10年の判決を受けシベリア送りとなったが、このとき、アメリカ国内でパワーズに大きな非難が寄せられた事実を映画は一切描いていない。

劇中にも出てくるように、パワーズは飛行前、万が一に備え、自殺用の青酸カリをつけた針が仕込まれたコインを与えられていた。にもかかわらず、なぜ自殺しなかったのか。ソ連に知られてはいけない秘密偵察機の機体をなぜ爆破しなかったのか。

実際には、パワーズに自殺する機会はなく、機体爆破を試みるも装置が上手く作動しなかったのだが、米国民は容赦ない言葉でパワーズを責め立てた。裏を返せば、当時、さほどに米ソの関係は悪化し、互いを脅威に感じていたのだ。

U-2撃墜事件発生の数ヶ月後、ドノバンはCIA長官のアレン・ダレスから要請される。アメリカ側の捕虜アベルとソ連側の捕虜パワーズを交換するための交渉役になってくれないか。ただし、米ソが対立構造にあるなか、国が公に動くことはできない。あくまで、個

ソ連領内を偵察中に撃墜され捕虜となった米軍兵士ゲーリー・パワーズ

人の行動として交渉してほしい――。

ドノバンはこの依頼を引き受けベルリンに飛ぶ。交渉相手は東ベルリンのソ連大使館二等書記官を装っているKGB（ソ連国家保安委員会＝秘密警察）東ドイツ駐在官イヴァン・シスキンだ。

交渉はスムーズに進むはずだった。が。ここで問題が起きる。1961年8月13日、ベルリンを東西で分割する「ベルリンの壁」の建設が始まった。その数日後、西ベルリン自由大学でソ連経済学を学んでいた米イエール大学の男子大学院生フレデリック・プライヤー（当時28歳）が、教授に論文を見せるため東ベルリンを訪問。壁が完成する前に、教授の娘を西ベルリンに連れ出そうとしたところ、東ドイツの秘密警察がスパイ行為とみなし、逮捕・拘束されてしまったのだ。

米ソ両政府の目的はあくまで、パワーズとアベルの交換。東ドイツで逮捕されたアメリカ人大学院生など全く無関係だ。が、ドノバンはプライヤーも救い出すべく、この機に乗じて1対2の交換交渉に挑む。

事が簡単に進むはずはない。ドノバンがプライヤー解放のために接触した、仲介役のドイツ人弁護士ヴォルフガング・ウォーゲルはいったん解放に応じたものの、ドノバンがソ連ともパワーズの交換を交渉していることを知り、話を白紙に。ドノバンに同行したCI

「ベルリンの壁」建設中に東ドイツの秘密警察にスパイ容疑で逮捕されたアメリカ人大学院生、フレデリック・プライヤー

Aの職員もプライヤーを見捨てるよう説得する。

最後は賭けだった。1対2の交換でない限り、アメリカはアベルの解放に絶対に応じない。ドノバンの断固たる態度はアメリカの強烈な脅しとも捉えられたのだろう。1962年2月10日、ソ連はグリーニッケ橋の上でアベルと交換にパワーズを、東ドイツは東西ベルリンの境界線上に置かれていた国境検問所（通称チェックポイント・チャーリー）において、単独でプライヤーを解放した。

映画の最後、ドノバンが、ソ連帰国後のアベルが自国の情報をアメリカに漏らした罪に問われ、処刑されるのではないかと危惧するシーンが描かれる。が、ソ連当局はアベルの潔白を確信し、その後、諜報部で非合法諜報員の教育に当たらせたばかりか、彼の死（1971年11月）から19年後の1990年には、祖国へ貢献したアベルを顕彰する記念切手まで発行している。

一方、パワーズはアメリカ帰国後、ソ連に一切情報を漏らさなかったことが証明され、1963年からロッキード社にテスト・パイロットとして勤務。1970年には自身の体験を綴った回想録を出版したが、その7年後の1977年8月、NBCテレビのリポーターとしてヘリコプターに搭乗中、墜落死した(享年47)。

また、プライヤーは大学院卒業後、博士号を取得。長年経済学者として活躍し、2019年9月、86歳でこの世を去った。

映画の主人公ドノバンは、パワーズ解放から10ヶ月後の1962年12月、ピッグス湾事件でキューバの捕虜となった米国人兵士を救うべく、同国首相のフィデル・カストロと交渉し1千113人の解放に成功する。その後、ニューヨーク州教育委員会の委員長や、ブルックリンの大学の会長職などに就き、1970年1月、心臓発作で死去。53歳の若さだった。

1対2の交換に見事成功！

1962年2月10日、グリーニッケ橋で交換の時を待つアメリカ側関係者（実際の写真）

夫婦だった頃のボルマー（右）とバロウズ

バロウズの妻

アメリカ文学界の鬼才ウィリアム・バロウズ誕生のきっかけに

ジョーン・ボルマー射殺事件

ウィリアム・バロウズ。1950年代、60年代に活躍したアメリカの作家で、代表作『裸のランチ』がデヴィッド・クローネンバーグ監督によって映画化されたことでも知られる一方、私生活では同性愛やドラッグに耽った挙げ句、妻を誤って射殺した過去を持つ異端の人物だ。

映画「バロウズの妻」は、ゲイの夫を愛しながら、その最愛の相手に殺された妻ジョーン・ボルマーを軸

FILMS

に、放蕩に明け暮れるバロウズとその仲間たちの複雑な関係を描いた人間ドラマである。

映画は1944年、ニューヨークのアパートの一室で、数人の男女が酒やドラッグを楽しむ退廃的な場面から始まる。

このシーンに登場するのは全て実在の人物で、当時ハーバード大学の学生だったバロウズ、コロンビア大学のアレン・ギンズバーグとジャック・ケルアックなど、後に「ビート・ジェネレーション」と呼ばれるアメリカの文学界で異彩を放った若者たちだ。

彼らビートニク族の中心にいたのが、バーナード大学に通っていたボルマーである。彼女もまたアルコールと麻薬の常用者で、その美貌と知性から多くの文学者の卵が彼女に魅了されていた。

このグループでボルマーとバロウズは出会い、恋仲となる。とはいえ当時は2人ともに配偶者がおりW不倫の関係だった。しかも、バロウズは他に肉体関係を結ぶボーイフレンドもいる同性愛者。言い寄ってくる数多くの男性から、なぜボルマーが彼に惹かれたのか定かではないが、彼女が早くからバロウズの文学的才能を見

バロウズの妻

2000／アメリカ
監督：ゲイリー・ウォルコウ
1950年代アメリカの「ビート・ジェネレーション」を代表する作家の1人で同性愛者のウィリアム・バロウズと、彼を愛し殺された妻ジョーン・ボルマーの関係を軸に、彼らの友人を含めた複雑な人間関係を描く。

抜いていたことだけは間違いない。

1944年8月、グループのメンバー同士による殺人事件が起きる。コロンビア大学の学生で、後にUPI通信の記者となるルシアン・カーが、友人のデイヴ・カマラー（当時32歳）を刺殺したのだ。劇中で描かれるとおりカマラーは同性愛者で、容姿端麗なカーにベタ惚れ。執拗に肉体関係を迫っていたが、カーはこれを拒否し続け、やがてストーカーと化したカマラーをナイフで刺殺、その遺体をハドソン川に遺棄したのだ。

このとき、カーを擁護したのがバロウズで、彼に自首を勧めるとともに弁護士を調達。カーは素直に警察に出頭し、裁判で2年の懲役刑に処された。


1946年、バロウズとボルマーは互いの配偶者と別れ結婚、2人の子供をもうける。収入は皆無で、バロウズの父親の仕送りが彼らの生活を支えていた。

そんな貧しい暮らしでもバロウズはドラッグ使用、ゲイフレンドとの肉体関係を止められず（時期は不明ながら同性愛者の恋人にフラれたショックで指を詰めている）、挙げ句には拳銃の不法所持で逮捕。1949年、メキシコシティに一家で移住した際は仮釈放の身だった。

彼らを心配して、ケルアックや、出所したカーなど昔の仲間が夫婦のもとを訪れたのは劇中にあるとおりだ。2人はボルマーに惚れており、破滅的なバロウズと別れニューヨークに戻ってくるよう説得した。が、ボルマーは、夫がふしだらな生活を送っていることを承知の上で結婚生活の継続を望んだ。

そして、事件は起きる。1951年9月6日、ゲイのセックスフレンドとの中南米グアテマラへの旅行を終えたバロウズがメキシコシティの自宅に戻ってきた（バロウズと旅行をともにした相手は劇中に出てくるリーという名の若い男性で、後に作家となったバロウズは彼の名を取り、ウィリアム・リーというペンネームを付けている）。

このとき、夫婦にどんな会話があったかは定かではないが、バロウズがボルマーにウィリアム・テルごっこ（スイス建国にまつわる伝説の英雄ウィリアム・テルが14世紀初め、オーストリアの悪代官に捕まり、放免の賭けとして自分の子供の頭の上に置かれたリンゴをクロスボウで撃ち落としたとされる逸話を真似た遊び）をしようと持ちかけ、彼女がこれに応じる。酒のグラスを頭に乗せたボルマーに銃を向けるバロウズ。果たして、発射された弾はグラスではなく体に命中、ほどなく彼女は出血多量で死亡した。

ボルマーを演じたコートニー・ラブ（右）と、バロウズ役のキーファー・サザーランド。映画「バロウズの妻」より

「ウィリアム・テルごっこ」による過失致死!?

殺人容疑で逮捕されたバロウズは、あくまで誤って起きた過失と主張、裁判で懲役2年の判決を受け服役する。が、その後、2人の関係から、バロウズがわざと撃ち殺したのではないか、ボルマーが故意に動いて自ら弾に当たったのではないかな ど、様々な憶測が流れた。真相はわからない。ただ一つ確実なのは、映画の最後に字幕で説明されるとおり、この事件がバロウズの作家活動スタートのきっかけになったという事実である。

1953年、出所したバロウズは、刑務所で書き留めた自伝的小説『ジャンキー』でアメリカの文学界にデビューする。が、全く評判にならず、同年モロッコに移住し、作家活動に専念する一方、15年以上浸っていたドラッグと決別を果たす。

そして1959年、友人ギンズバーグらの熱心な勧めと手助けにより『裸のランチ』を発表。一貫したストーリーは存在せず、執筆中の作者と同じ麻薬中毒者、麻薬の売人、同性愛、人種差別などが「カットアップ」（文章や言語をランダムに切り刻んで新しいテキストに作り直す文学的技法）で描かれた同作

バロウズの友人で、ともにコロンビア大学に通っていたルシアン・カー（左）とアレン・ギンズバーグ

は、批評家からこき下ろされ、不道徳な内容から発禁処分になるなどしたことから逆に話題を呼び、後にビートニク文学の最高傑作と評される。

その後もバロウズは意欲的に作品を発表、1960年代にはヒッピー文化にも影響を与える存在となったが、自身は長年絶っていたコカインを65歳から再び使用。その異端の人生はしだいに神格化され、1997年8月、83歳でこの世を去った。

バロウズの親友だったギンズバーグは、全米各地を放浪した体験をベースに、荒廃した世代を描いた詩集『吠える』を1956年に発表し、ビートニク文学の中心的人物として活躍。バロウズと同じ1997年4月、肝臓ガンで息を引き取った（享年70）。ちなみに、2013年に公開された「キル・ユア・ダーリン」は、ギンズバーグの青春時代を映画化した伝記ドラマで、バロウズとの交流や、同じコロンビア大学に通っていたカーが起こした殺人事件などが描かれている。

そのカーは、UPI通信に47年間勤務。ニュースデスクとして活躍して1993年に現役を引退。2005年1月、ワシントンDCのジョージ・ワシントン大学病院で骨肉腫により死亡した（享年79）。

晩年のバロウズ。生涯、銃の愛好者だった

バラキ

マフィア組織の秘密を洗いざらい暴露

FILMS

「血の掟」を破った男、ジョゼフ・バラキ

1963年10月、米上院議会で証言台に立つジョゼフ・バラキ本人。当時59歳

1972年公開、チャールズ・ブロンソン主演の「バラキ」は、1963年、ニューヨークのシチリアン・マフィアの実態を公の場で暴露した、実在の元幹部ジョゼフ・バラキの証言を忠実に作品化した実録マフィア映画だ。組織の秘密を守ることを絶対の掟とするマフィア社会において、バラキが取った行動はあまりに衝撃的だった。

本作でも描かれているとおり、マフィア社会では、組織に入る際、親分と子分が互いの親指に針を刺して血を出し、それを重ね合わせる。これはファミリーへ

の忠誠を誓わせるための儀式で、いったんメンバーとなった者は、どんなことがあっても組織の秘密厳守が求められる、いわゆる「血の掟」（通称オメルタ）だ。

掟には、他にも「ファミリーの仲間の妻に手を出してはいけない」「警察関係者と交友関係を築いてはいけない」等の規約があり、これを破った者には容赦ない制裁が加えられる。では、バラキはなぜ掟を破ったのか。

1904年9月、イタリア移民の子供としてニューヨークに生まれ、若い頃から窃盗を生業にしていたバラキが、マフィアの道に入るのは1928年、23歳のとき。刑務所で知り合ったギャングの仲介でトミー・ガリアーノ（後のNY5大ファミリーのルッケーゼ一家のボス）の配下に入り、キャリアをスタートさせる。

ガリアーノはジョー・マッセリア（イタリア系マフィア全体のボス）陣営のガエタノ・レイナの部下だったが、レイナの死後、マッセリアの敵であるサルヴァトーレ・マランツァーノに寝返ったため、バラキもこれに追随。ヒットマンとして多くの暗殺に関わる。

やがてマランツァーノはめきめきと頭角を現してきた部下ラッキー・ルチアーノを危険視して消そうとするが、ルチアーノ

バラキ

1972／イタリア・フランス
監督:テレンス・ヤング
オメルタ(血の掟)を破り、現役のマフィア幹部で初めてマフィアおよびコーサ・ノストラの実態をアメリカ議会で暴露したジョゼフ・バラキの証言を基にしたピーター・マーズのベストセラーを映画化。

に先手を打たれ、1931年9月、警察官に化けたヒットマンに殺害される。

その後、バラキは、ルチアーノ一家のナンバー2、ヴィト・ジェノヴェーゼ配下の組員として麻薬ビジネスに関わるようになる。ジェノヴェーゼは、映画「ゴッドファーザー」でマーロン・ブランドが演じたドン・コルレオーネのモデルとなった大物で、バラキは1932年、かつてのボスであるレイナの娘と結婚式を挙げた際、仲人を務めてもらうほどの寵愛を受ける。

ちなみに、映画でジェノヴェーゼの愛人に手を出した組員がペニスを切られ、トドメにバラキが銃で射殺する場面があるが、これも史実のとおりだ。

スロットマシン、ナンバーズ賭博、高利貸しなど非合法ビジネスで稼ぎ、組織の実力者として確固たる地位を築いていたバラキは1959年、麻薬密輸の罪で懲役15年の刑を受け、アトランタの刑務所に収監され

右／バラキを演じたチャールズ・ブロンソン（左）とジェノヴェーゼ役のリノ・ヴァンチェラ。映画「バラキ」より。左／バラキが長年忠誠を誓った親分ヴィト・ジェノヴェーゼ。映画「ゴッドファーザー」でマーロン・ブランドが演じたファミリーの大幹部のモデルになった

ジェノヴェーゼのボス、ラッキー・ルチアーノ。アメリカの犯罪シンジケート「コーサ・ノストラ」の発案者・実力者で、マフィア史上最強の大物

る。このとき一緒に逮捕、ムショ送りとなったのが親分のジェノヴェーゼだ。

映画でリノ・ヴァンチェラ演じる獄中のジェノヴェーゼは、自分の逮捕を部下の密告によるものと疑い、バラキの上司であるトニー・ベンダーの殺害を指示し1962年4月に実行。バラキもまた密告者の1人として疑惑をかけられる。が、後のバラキの証言によれば、これは完全な濡れ衣で、劇中にも出てくるとおり彼は監獄でジェノヴェーゼの牢屋を訪ね、改めて組織への忠誠を口にしている。が、親分の疑いは解けない。

組織から殺人命令が出ているバラキは、塀の中とはいえ完全に追われる身。いつ殺されるかという恐怖と緊張で、1962年6月には、ジェノヴェーゼが送り込んだ刺客と思い込み、組織とは全く無関係の囚人を殺してしまう。

限界まで追い込まれたバラキは、FBIとの司法取引により、マフィア内部の情報をリークする代わりに、証人保護プログラム（いわゆる「お礼参り」を国が守る制度）

で己の身の安全を求めて、1963年10月、ワシントンでの米上院議会で証言台に立ち、それまで「血の掟」により不明点の多かったマフィア社会の歴史、仕組みを洗いざらい告白する。マフィアの正式構成員による証言は、史上初のことだった。

もっとも、バラキが知っていたのは、ニューヨーク地区と組織の末端に限られたことだったが、マフィア上層部の怒りは頂点に達し、刑務官を買収して飲み物に毒を入れたり、刑務所に殺し屋を送り込んだりと、バラキ暗殺に躍起となる。しかし、結局計画は完遂されることなく、バラキは厳重に管理された独房でその後の人生を送り、1971年4月、テキサス州の拘置所で心臓発作により死亡した。享年66。一説によれば、議会で証言したことで仮釈放を約束されていたが、当時の司法長官のロバート・ケネディが暗殺され（1968年6月）、次の司法長官ニコラス・カッツェンバッ

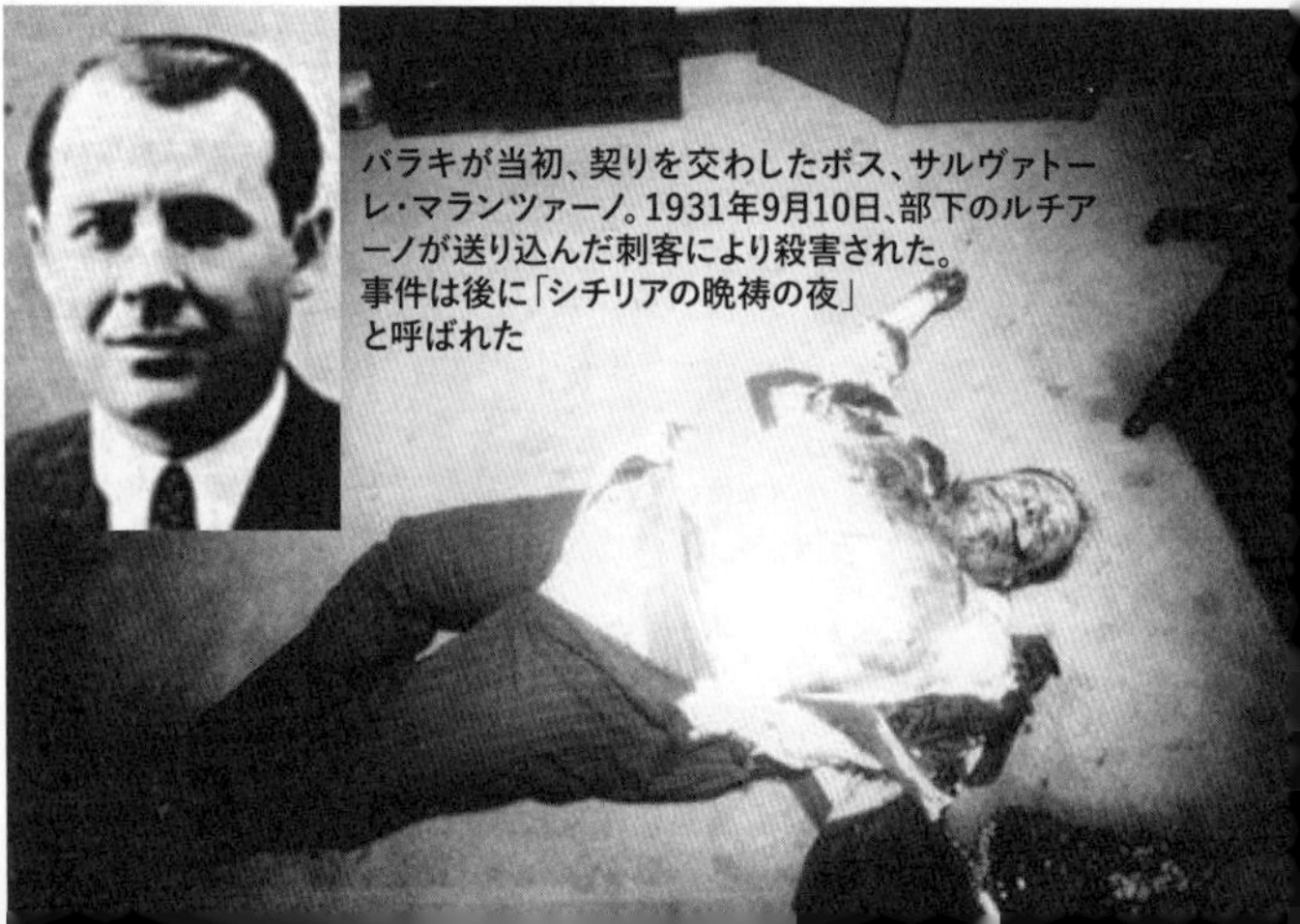

バラキが当初、契りを交わしたボス、サルヴァトーレ・マランツァーノ。1931年9月10日、部下のルチアーノが送り込んだ刺客により殺害された。事件は後に「シチリアの晩祷の夜」と呼ばれた

クがこれを無視したため、失意で首吊り自殺を図ったとの噂もある。

映画「バラキ」は、作家ピーター・マーズが獄中のバラキに面会、聞き取り取材を行い著した『マフィア／恐怖の犯罪シンジケート』を原作としている。1968年に出版された本は全米でベストセラーとなり、すぐに映画化も決定したが、この時点ではバラキ本人もジェノヴェーゼも獄中にあったため、彼らの死（ジェノヴェーゼは1969年に死亡）を待ってから制作がスタートした。

ニューヨークでのクランクインは1972年3月。しかし、ほどなくマフィアから脅迫・妨害に遭い、スタッフは18日間でニューヨークを追い出される。その後はローマのスタジオで撮影されたものの、この間も脅迫は続いたという。

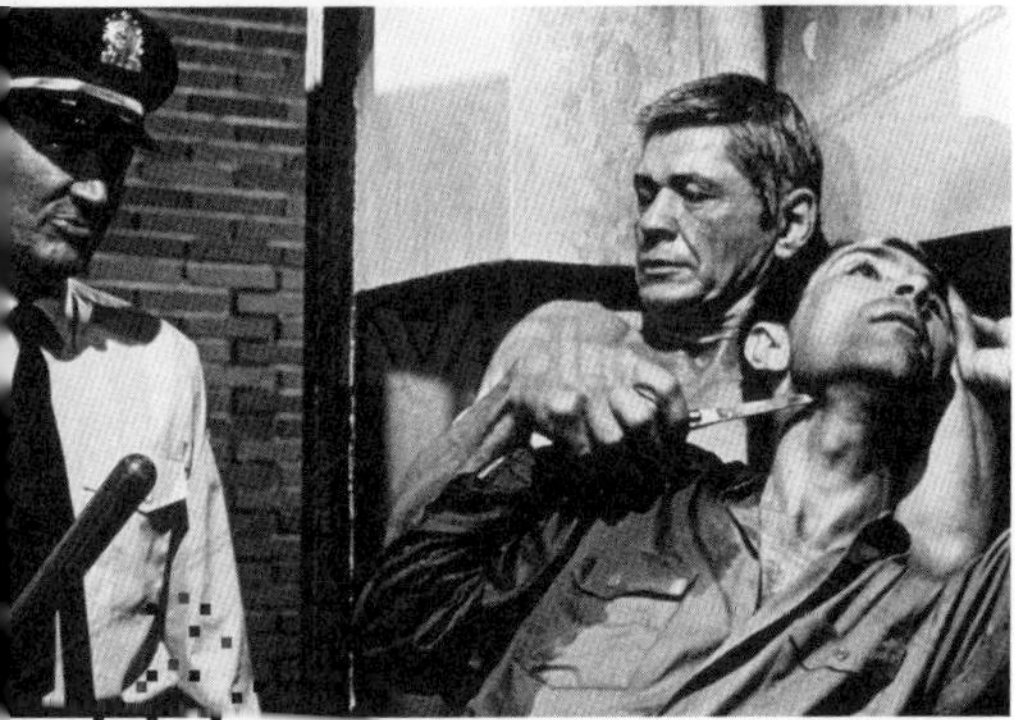
バラキは獄中でも命を狙われ続けた。映画「バラキ」より

獄中に送り込まれる刺客に怯えFBIと司法取引

ブラック・クランズマン

悪名高き白人至上主義団体との闘い

FILMS

上／主人公ロン・ストールワースを演じたのは、名優デンゼル・ワシントンの息子ジョン・デヴィッド・ワシントン（右）。相棒の白人刑事は「スター・ウォーズ」シリーズ新3部作への出演で知られるアダム・ドライバーが。映画「ブラック・クランズマン」より。下／悪名高き白人至上主義団体KKK。三角の白頭巾姿が特徴

KKKの悪事を暴いた黒人刑事ロン・ストールワースの潜入捜査

２０１８年公開のアメリカ映画「ブラック・クランズマン」は、黒人刑事が白人至上主義の秘密結社「ＫＫＫ」（クー・クラックス・クラン）に入会。身代わりの白人刑事の協力を得て、組織の悪事を暴き出すクライムサスペンスだ。

劇中の主人公にはモデルがいる。黒人が刑事になることさえ珍しかった1970年代のアメリカで、危険な潜入捜査を敢行した実在の警察官ロン・ストールワースだ。

ストールワースは1953年、イリノイ州シカゴに生まれ、テキサス州エルパソで育った。高校では生徒会や学生自治委員会のメンバーとして活躍、かなりの人気者だったという。1972年夏、映画の舞台となるコロラド州コロラドスプリングスに家族で転居、同年11月に警察の士官候補生となり、識別局と記録局に勤務し、1974年、正式に警察官に任命される。コロラドスプリングス署で初の黒人警察官だった。

ストールワースが制服姿でパトカーに乗って10ヶ月が経った頃、黒人たちが自らの力で人種差別を打破しようとする「ブラック・パワー」の指導者ストークリー・カーマイケルが地元のナイトクラブに到来。署長は黒人たちの暴動を恐れ、ストールワースに観客になりすまして監視するよう命じる。ちなみに映画では、この任務中にストールワースがパトリスという女性活動家に出会い、愛を育んでいく過程が横軸として描かれるが、そんな事実はない。

その後、覆面麻薬捜査の任務に就いてい

ブラック・クランズマン

2018／アメリカ
監督:スパイク・リー
1970年代の米コロラド州コロラドスプリングスで、黒人初の警察官となったロン・ストールワースが白人至上主義団体KKKの地方支部へ潜入、活動内容や極秘計画を暴く姿を描く。2014年にストールワースが発表した同名の自伝が原作。

たストールワースは１９７８年10月、地元新聞のある広告に目を止める。ＫＫＫがメンバーを募集していたのだ。

ＫＫＫは、南北戦争を戦った南軍の兵士たちによって１８６５年にテネシー州で結成された。当初は「交遊会」にすぎなかったが、やがて各地に支部が誕生するようになると政治活動を開始。政府による、南部に対する占領統治への抗議が目的だったが、これに反奴隷解放も加わり、会員らが「黒人を懲らしめる」「しつけ直す」との理由で頭からスッポリ覆う三角の白頭巾を身につけ町を巡回しはじめる。

時代によって紆余曲折があるものの、最も過激化したのはオクラホマ州で、１９２３年だけでＫＫＫによる暴行事件が約２千５００件発生。殺人や放火、レイプは当たり前、縄で両手を縛って列車に轢かせるなど、その行為は残虐を極めたという。

この頃がＫＫＫの全盛期で、１９２０年代に５００万人いたとされる会員数は以後、減少の一途を辿る。第二次世界大戦後に息を吹き返したというものの、１９７０年代には３千人にまで減っていた。

それでも、ＫＫＫは犯罪行為も厭《いと》わぬ差別者集団。ストールワースは新聞広告を見て、その実態を調べるべく潜入捜査を試みる。

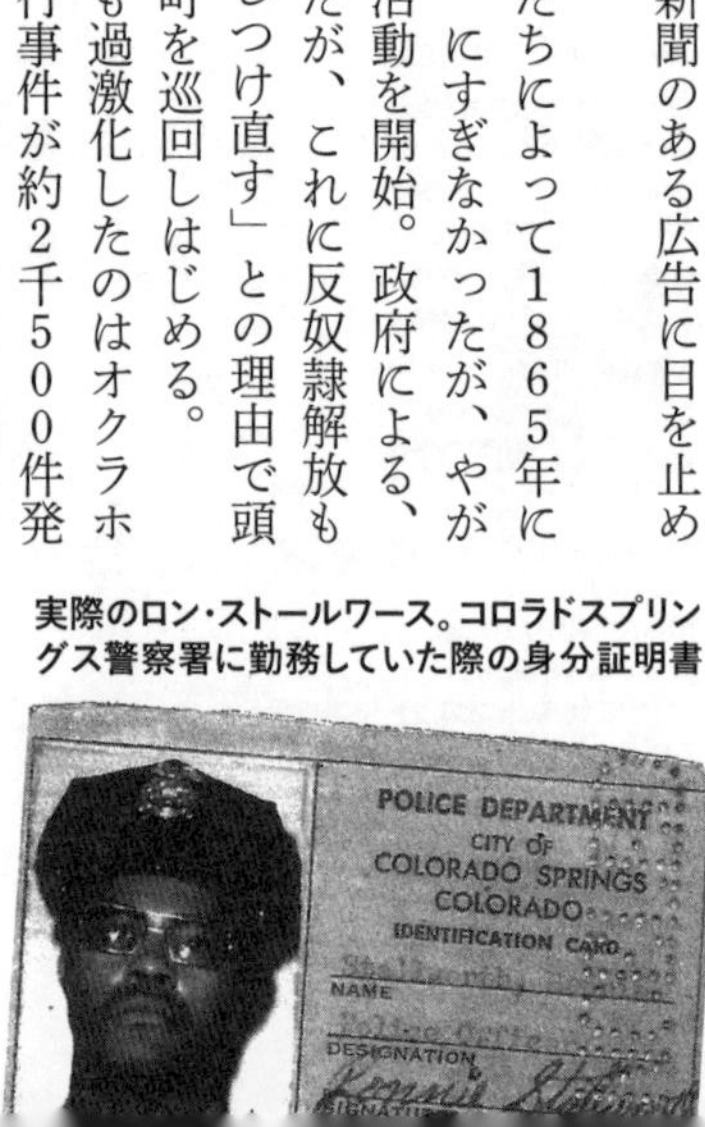

実際のロン・ストールワース。コロラドスプリングス警察署に勤務していた際の身分証明書

ストールワースの身代わりで実際にKKK活動に参加した白人刑事フリップ・ジマーマン本人(右)。上は劇中での潜入シーン。右から3人目がジマーマン役のアダム・ドライバー。映画「ブラック・クランズマン」より

身代わりの白人刑事が集会に参加

映画ではストールワースが直接、ＫＫＫの事務所に電話をかけたことになっているが、実際は新聞広告に書かれていた私書箱に手紙を送り、後日、会の担当者からストールワースに電話が入った。

入会動機を尋ねられ彼は答えた。

「妹が黒人男性とデートしています。そいつが妹の白い体に黒い手で触ると思うと…。私は何かしたいんです！」

ストールワースがコンタクトを取ったのは、ＫＫＫの新たな支部を作ろうとしていた退役軍人たちだった。彼らは何度も電話で話すうちにストールワースを気に入り事務所に一度訪ねてくるよう誘う。が、黒人であるストールワースが出向けるはずがない。そこで、彼は同僚の白人刑事フリップ・ジマーマンに身代わりになってもらうことにする。

劇中でアダム・ドライバーが演じるジマーマンに関し

ての詳細は不明である。彼がストールワースの相棒として捜査に協力し、すでに警察を引退したことは確かだが、本当の名前も、現在どこで何をしているのかもわかっていない。

ともあれ、ジマーマンを身代わりに立てたことで会員になることを許されたストールワースは、KKKの会員証がなかなか届かないのに業を煮やし、直接、当時KKKの最高幹部だったデービッド・デュークに電話をかけ、発行を促す。映画でも描かれたこのシーンは史実どおりで、ストールワースが「もしかしたら組織の中に白人になりすました黒人がいるかもしれないですね」とカマをかけたところ、デュークは「そんなことはあり得ない。黒人が白人のフリをしても話し方でわかる」と断言したという。

ストールワースが、コロラドスプリングスを訪れたデュークのボディガードを務めたという劇中のエピソードも本当の話だ。まさに潜入捜査中の1979年1月の出来事で、食事をして一緒にポラロイド写真を撮ったのだという。KKK絡みの訪問でもないのに、ストールワースが警察官として自分を護衛してくれたことに対し、デュークは深く感謝したそうだ（一緒に撮った写真は後にストールワースが紛失、残っていない）。

KKKの最高幹部だったデービッド・デューク（1950年生まれ）。1989年、白人至上主義を謳い、ルイジアナ州下院議員に転身した。ホロコースト否認論者でもある

KKKから発行された会員証を手にする現在のストールワース。

映画最大の見どころは、身分を偽ったジマーマンが地元のＫＫＫ会員とともに儀式や会合に参加し、最終的に彼らが企てた爆弾テロを未然に防ぐアクションシーンだが、その多くはフィクションである。劇中のようにジマーマンが会員になる際に嘘発見器にかけられた事実はないし、爆弾テロも起きてはいない。

ストールワースとジマーマンによる9ヶ月間に及ぶ潜入捜査の成果は、幅広く収集されたＫＫＫの会員情報だ。さらに、黒人の家の前に燃える十字架を立てる〝クロス・バーニング〟や、ゲイバー襲撃などの計画を事前に知り、パトカーを差し向けることで未然に防いでいる。

映画は、ストールワースがデュークに、自分が黒人の刑事であることを明かして終わるが、これも事実ではない。実際のストールワースは、２０１４年に自伝本を書くまで、デュークはもちろん誰にも潜入捜査の件を話したことはないそうだ。

ストールワースは１９８０年まで警察に勤務した後、ワイオミング州やユタ州の公安局で20年近く働き、現在は故郷のテキサス州エルパソで妻とともに暮らしている。

トランシルヴァニア大学 ビンテージ本 強奪事件

アメリカン・アニマルズ

クライム映画を参考に犯行を計画

2004年、アメリカで大学生4人が高額のヴィンテージ本を大学の図書館から強奪するという事件が発生した。彼らは「オーシャンズ11」「レザボア・ドッグス」などのクライム映画を教科書に強盗を計画、実行。当初の目論見とは異なり、あっけなく逮捕される。

映画「アメリカン・アニマルズ」は、この事件を再現しつつ、実際に犯行に加わった本人たちが出演、当時の事情や気持ちを解説するドキュメンタリー・ドラマである。

事件の舞台になったのは、米ケンタッキー州レキシントンに校舎

老人に扮装した大学生4人が白昼堂々図書館で強盗を働いた。映画「アメリカン・アニマルズ」より

を構えるトランシルヴァニア大学だ。1780年創立の伝統校で、多くの政治家を輩出した名門として知られる。

2004年、この大学に入ったスペンサー・ラインハードは、参加した大学案内ツアーで、図書館の特別ゾーンに時価1千200万ドル（日本円で約13億円）と評価されたジョン・J・オーデュボンの大型画集『アメリカの鳥類』（1838年頃の出版）をはじめ、レアなビンテージ本が何冊も収蔵されていることを知る。

スペンサーが、これを近くの大学にスポーツ奨学生として通う親友ウォーレン・リプカに話したことに特別意味があったわけではない。2人は8歳から同じサッカークラブでプレイした仲で、最初は単なる世間話でしかなかった。

それが、なぜビンテージ本の強盗に発展するのか。劇中でスペンサーはアーティストになりたいと思っていたからと語り、ウォーレンは特別でありたい、世界に爪痕を残したかったと話す。犯行の動機としては曖昧だが、要は退屈な日常に風穴を開けたかったのだろう。

いずれにせよ、2人は動き出す。スペンサーは試験勉強の合間に図書館を調査し、貴重本を女性司書が管理しているこ

アメリカン・アニマルズ

2018／アメリカ
監督：バート・レイトン
2004年、米ケンタッキー州の大学生4人が、大学図書館から高額のヴィンテージ本を盗んだ実際の事件を映画化。スタイリッシュな映像と音楽、事件の当事者たちを劇中に登場させる特異な手法で話題となった。

とを把握する。一方のウォーレンは、盗んだ本をどう金に換えるかに頭を悩ませ、最終的にオランダに裏社会のバイヤーがいることを知る。そこで「出所のわからない貴重本を持っているが、興味があるか」と打診したところ、先方からアムステルダムまで来るよう返信が。指示どおりオランダに出向いて4人の男たちに会ったものの本を持参しなかったことを怒鳴られ、さらには、合法的なオークション業者による価格評価がないことには取引できないと教えられる。

それでも2人はサッカークラブの仲間で、ケンタッキー州内の大学に通うエリック・ボーサクと、エリックのバイト仲間のチャズ・アレンを引き入れ、本格的に計画を練り始めた。

スペンサーは、図書館の特別ゾーン内部の詳細なスケッチを描き、図書館内のスタッフがどんな動きをするのかチェック。寄宿舎の屋根から図書館を見張り、何時間も先生と学生、そして保安員の行動を確認した。インタ

実際に事件を起こした4人。左から、ウォーレン・リプカ、エリック・ボーサク、スペンサー・ラインハード、チャズ・アレン。写真は映画制作にあたり再会した際に撮影された1枚

ーネットが得意なエリックらは、「競売業者評価」「スイスの預金口座」などの用語を検索しつつ、「オーシャンズ11」や「スナッチ」などの犯罪映画からノウハウを取得。「レザボア・ドックス」からは仲間を色で呼び合うことを学び、スペンサーをグリーン、ウォーレンをイエロー、エリックをブラック、チャズをピンクと決める。そして彼らは結論づける。本を盗む最良の方法は、昼間、訪問者のふりをして堂々と図書館に出向くことだ、と。

犯行決行日、外での見張りは面が割れてる可能性のあるスペンサー、司書の拘束役はウォーレン、重い本の運び役はエリック、そして逃走車の運転手がチャズと役割を分担した4人は、特殊メイクで老人の姿に扮して図書館へ向かった。

ところが、事は全く計画どおりには進まない。司書はスタンガンを当てても叫び続けるだけ。狙

4人が犯行の参考とした1992年のアメリカ映画「レザボア・ドッグス」。素性を知らない6人がコードネームとして「色」を使って互いを呼び合い、宝石強盗を計画するクエンティン・タランティーノ監督の傑作クライムムービー

映画「レザボア・ドッグス」を真似て犯行仲間を色の名前で呼称

いの『アメリカの鳥類』は特別な鍵が必要で運び出せず、地下室から逃げ出すはずが肝心の出口が見つからず、仕方なく1階に戻って持ち出した本を落としながら、からくもチャズの車に乗り込む始末。それでも手当たり次第に放り込んだバックパックの中には、チャールズ・ダーウィン著『自然選択による種の起源について』の1859年初版本（約2万5千ドル）などおよそ75万ドル（約8千万円）相当の本が詰め込まれていた。当然ながら、犯行には多くの目撃者がいた。にもかかわらず、変装が功を奏してか、なかなか足はつかなかった。

しかし、警察はひょんなところから手がかりをつかむ。犯行後、スペンサーは裏社会のバイヤーに言われたとおり、盗んだ本の評価額を知るべく、高級スーツに身を包み世界最大のオークションハウス、ニューヨークの「クリスティーズ」を訪ねたのだが、その態度を怪しんだ担当者が、警察にスペンサーのことを連絡。彼がその場で記した電話番号とメールアドレスを教えたのだ。

実際に盗まれたうちの1冊

時価13億円相当の『アメリカの鳥類』は特別ゾーンの厳重なケースに収蔵されていた

2005年2月11日、SWATチームが、4人が作戦本部として使っていたバンガローの正面玄関を破壊。寝ていたウォーレンとチャズの身柄を確保するとともに、レキシントン警察とFBI捜査官20人が盗まれた本や、強盗の計画書、かつら、衣装、スタンガンを押収した。同時に、エリックとスペンサーもそれぞれの家で逮捕となった。

警察の取り調べでは、ウォーレンがグループの首謀者と見なされ、他の3人には、自分らが有利になる証言を行うよう促されたが、彼らはこれを拒否。裁判では、盗んだのが貴重本で被害額が高額だったこともあり、4人そろって7年の懲役刑を言い渡された。

現在すでに全員が刑期を終え釈放されており、スペンサーはコロンビア在住。好きな絵を描き、現地で結婚した奥さんと1歳の娘と暮らしているそうだ。ウォーレンはフィラデルフィアで作家を目指すとともに、刑務所改革の支持者として活動中。エリックとチャズは2人ともロサンゼルスで暮らし、事件の回想録を綴っているそうだ。

逮捕時の写真（下）。左から、チャズ、スペンサー、ウォーレンの3人。新聞でも大きく報じられた

ビリオネア・ボーイズ・クラブ

南カリフォルニアの若者が企んだ悪徳商法の結末

アンセル・エルゴート（中央）が若きカリスマ詐欺師ジョーを、右隣のタロン・エガートンが親友ディーンを演じた。映画「ビリオネア・ボーイズ・クラブ」より

投資詐欺クラブ「BBC」殺人事件

2018年のアメリカ映画「ビリオネア・ボーイズ・クラブ」は、1980年代初頭、南カリフォルニアに実在した詐欺的投資グループを描いたクライムサスペンスだ。

資産家の子供が通う高校のクラスメイトだったジョー・ハントとディーン・カーニーがセレブな友人を巻き込んで結成したのが映画のタイトルにもなっている投資クラブ「ビリオネア・ボーイズ・クラブ」（以下、

ＢＢＣ）で、彼らの企みは、やがて殺人をも引き起こす大事件へと発展していく。

事件の主役ジョー・ハントは、奨学金でなんとか名門高校に入り、南カリフォルニア大学に進んだ後、1年も経たず中退。シカゴで株取引の仕事に就くも上手くいかず、故郷のカリフォルニアに舞い戻った。1983年、24歳のときだ。

　そこで再会したのが高校時代の親友ディーン・カーニーである。ディーンはビバリーヒルズのデベロッパーを父親に持つ資産家の息子。ジョーは彼に、自分が大学の学位を持った優秀な株のトレーダーだと嘘をつき、金持ちの友人を紹介してくれるよう依頼する。物腰が柔らかく気弱そうな劇中のキャラとは異なり、実際のジョーは野心家で、ある種のカリスマ性を持っていたそうだ。

口車に乗せられたディーンは言われるがままに次々ハイソな知り合いをジョーに紹介。彼らを会員とした社交クラブＢＢＣが結成される。

クラブの主な活動は、「出資金を運用し、その利益を出資者に配当する」を謳い文句に資産家を募ることにあった。会員たちはジョーを凄腕のトレーダーと信じ、彼の儲け話を鵜呑みにし、自分の

ビリオネア・ボーイズ・クラブ

2018／アメリカ
監督：ジェームズ・コックス
1980年代の南カリフォルニアを舞台に、実在した投資詐欺グループと、そこに集った若者の野心と破滅を描いたサスペンス。

親や親族、知人から金を集めまくる。が、ジョーは実際には運用などせず、新たに集めた金を、以前からの出資者に『配当金』と称して渡し、いかにも利益が生まれているかのように装う投資詐欺（ポンジ・スキーム）を行っていた。

ちなみに劇中では、ディーンがジョーを誘い、BBCの運営もディーンが中心人物のように描かれているが、実際はジョーが全てを取り仕切り、独裁者のように振る舞っていた。事実、BBCが1年間で集めた90万ドル（当時の日本円で約3億円）とも2億5千万ドル（同約750億円）とも言われる大金の多くがジョーの豪邸や高級車、ブランド服、さらには会員たちが夜ごと催すドラッグパーティに費やされたそうだ。

上／ジョー・ハント本人。カリフォルニアの裁判史上、死刑裁判事件で自身の弁護人となり死刑を免れた唯一の人物でもある。下／現在、見ることができるディーン・カーニー唯一の写真

BBCの自転車操業による詐欺商法が長く続くはずはない。ほどなく新たな出資者への見せ金が底をつき、さらに出資を口実に近づいてきた指名手配犯の詐欺師ロン・レビン（事

件当時42歳）に大金を横取りされてしまう。

力ずくで金を取り戻そうと、ジョーらは用心棒のジム・ピットマンとともにロンの家に押し掛ける。が、これが最悪の結果を招く。争った挙げ句、ジムがロンを銃で射殺してしまったのである。

この一件でタガが外れたジョーは、さらなる犯罪を企てる。金持ちを誘拐し、資産を乗っ取ろうとしたのだ。ターゲットとなったのはレザという会員で、彼の父親ハダヤト・エスラミニアは元イラン陸軍の主要宗教顧問で、10億円以上の財産があると噂されていた。

ジョーはレザに手引きをさせて父親を誘拐する。が、スーツケースに押し込まれた父親が暴れて死亡するという不慮の事態が起

左上から、投資家のロン・レビン。BBCから金を騙し取り殺害された／ロンの殺害をテレビで告白したジム・ピットマン／誘拐途中で亡くなったハダヤト・エスラミニア／下はBBCの会員で、父親の誘拐殺害事件に関わったレザ・エスラミニア

きる。結果、BBCメンバーは2件の殺人事件で逮捕、裁かれることになったのである。

映画では、ディーンがエスラミニアを絞殺し、さもジョーを裏切って司法取引を行ったかのように描かれているが、実際のディーンは検察側の証人となり、2件の殺人はジョーが首謀者だと証言。その後、証人保護プログラムに入ったため、事件以降のディーンの立場は明らかになっていない。

実際の裁判では、ロン・レビン殺害の容疑でジョーは仮釈放なしの終身刑に、用心棒ジムは3年半の懲役刑が確定した（1

劇中ではディーン（手前）がクラブを取り仕切っているが、
実際の支配者はジョー（後方）だった。映画「ビリオネア・ボーイズ・クラブ」より

997年に腎不全で死亡。享年44）。また、エスラミニア殺害の裁判では、ジョーは自ら弁護人を務め、ディーンが直接手を下したと主張。元々物証のない事件だったため検察はこれを覆せず、この件に関してはジョーは無罪。誘拐を手伝ったレザと、クラブ会員のアーベン・ドスティに仮釈放なしの終身刑が言い渡された。

　2021年1月現在、ジョーはカリフォルニアの刑務所に服役中だが、被害者のロンは今も生きていると訴えている。ジムが死ぬ前、TVインタビューで「自分が銃殺した」と明言したにもかかわらず、ロンは犯罪歴を精算するため死んだことにして逃げ延びた、よって自分は無罪と主張しているのだ。

　またレザは、2000年の控訴審で保釈されたものの、タクシー運転手をしていた2012年、歩行者を轢き殺して塀の中に舞い戻ったと伝えられている。

首謀者ジョーは獄中で無罪を主張

ジョーには終身刑が下り、現在も
カリフォルニアの刑務所に収監中

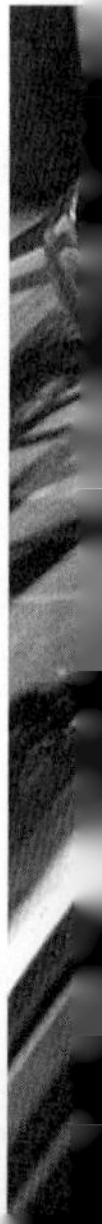

完全なる飼育

ウブな少女が中年男とのセックスの虜に

FILMS

劇中では犯人の中年男を竹中直人が、飼育される女子高生を小島聖を演じた。映画「完全なる飼育」より

1999年に公開された「完全なる飼育」は、女子高生を誘拐・監禁するうち、少女と犯人の間に愛が芽生えるという異色のラブストーリーである。

男にとってこんな都合のいい話は妄想の世界でしかないが、この映画、1965年に実際に起きた「女子高生籠《かご》の鳥《とり》事件」が題材となっている。劇中で描かれるとおり、女子高生が手錠などで拘束されたのは4日間だけ。男が留守の間は1人で買い物に出かけるなどして半年以上もア

女子高生籠の鳥事件

パートで生活を共にしていた。

事件は同年11月25日に起きる。この日の夕方過ぎ、東京・渋谷のハチ公前で豊島区に住む高校3年の女子生徒Sさん（当時17歳）が、1人の男に声をかけられた。ハゲ頭に黒ぶちメガネ、いかにも風采の上がらない人の良さそうな中年男である。友人と池袋駅で別れ、なんとなく渋谷まで足を伸ばしていたSさんは、家まで送るという優しげな男の言葉につい心を許し、後を付いていく。

夜8時ごろ、Sさんの自宅から30メートルほど手前、豊島区長崎の路地で男は豹変。レインコートをSさんの頭から被せ、首を絞めたりナイフで脅しながら自宅アパートに連れ込んだ。

男の名は角園《かどぞの》九十九《つくも》（当時44歳）。自分では観光ガイドが仕事と名乗っていたが、窃盗罪で7回の逮捕歴があった。

10年前に妻を亡くし、孤独を囲っていた角園は、その年の夏に公開された1本の映画にハマっていた。「コレクター」。蝶の採集を唯一の趣味とする内気な銀行

完全なる飼育

1999／日本
監督：和田勉
中年男に誘拐・監禁された女子高校生が、次第にその世界に馴染み、いつしか男と運命共同体的意識を持ち始め、身体を重ねて愛し合うようになっていく様を描く。以後シリーズ化され、2009年までに7本が作られている。

マンが大金を得て一軒家を購入。女学生を誘拐して地下室に監禁し、まるで蝶のように飼育&鑑賞するという内容だ。

この映画に刺激を受けた角園は、自分も若い女性を思うがままに支配しようと、手錠やロープを用意して機会を窺っていたのである。

その日から、翌66年5月18日に角園が逮捕されるまで、半年間にわたり監禁生活は続く。最初のうち角園は、Sさんに手錠と猿ぐつわをはめ、留守の間は布団に縛り付けて自由を奪った。Sさんは男が留守の際には壁を蹴って隣人に助けを求めていたという。

実際の犯人、角園九十九

だが角園は絶対的な支配者ではなかった。確かに監禁当夜からナイフで脅してSさんを裸にし、関係を迫りはしたが、抵抗に遭うと断念。無理に身体を奪わず、部屋をSさん好みに模様替えし、彼女の好きな服を買い、事あるごとに彼女への愛情を訴えた。
するとSさん側も変化。本当のところは本人にしかわからないが、当初は殺されないため身体を開いたものの、徐々に恐怖が薄れ、角園への情のようなものが涌いてきたようだ。

その要因の大きな部分を占めるのがセックスだった。クラス委員を務めるマジメでウブなSさんだからこそ、中年男の濃厚なセックスの虜になってしまったのかもしれない。角園をパパと呼び、SMプレイやバイブプレイ、アナルセックス等、男が命じるままに快楽に溺れていった。

Sさんは日記にこう書いている。

《もう元の私には戻れないと思う。どうして逃げ出さなかったのか聞かれて叱られるだろう。理由を説明するのはなんだか恥ずかしい。お母さんが聞いたら泣くかも知れない》

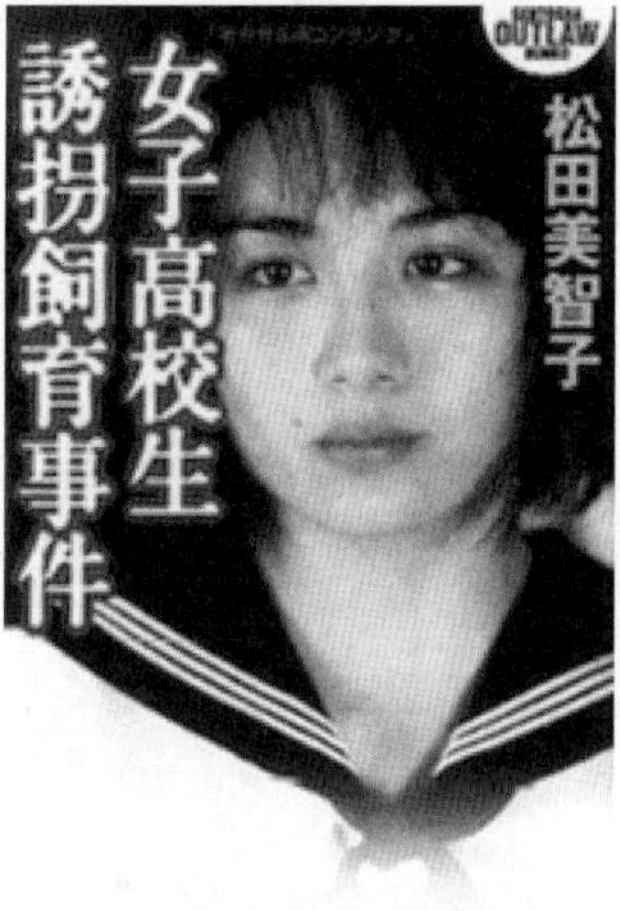

事件を基に書かれた松田美智子のドキュメント小説『女子高校生誘拐飼育事件』が原作

通報したのはアパートの隣室に住んでいた若者だ。父娘のはずなのに、夜ごと壁越しに聞こえてくるあられもない喘ぎ声を不審に思ってのことだった。

その後、角園は誘拐・監禁などで懲役6年の刑に服し、Sさんは高校に復学するも中退。20歳で見合い結婚をしたという。

疑惑のチャンピオン

ドーピングでツール・ド・フランスを7連覇

FILMS

スキャンダルの中心人物ランス・アームストロング本人(右)と、彼を演じたベン・フォスター。映画「疑惑のチャンピオン」より

ランス・アームストロング薬物スキャンダル

ツール・ド・フランス（通称ツール）。自転車競技に比較的馴染みの薄い日本でも、この世界最大の自転車ロードレースの名を知らぬ人は少ないだろう。

毎年7月、フランス国内を中心に行われる同大会は全距離約3千300キロメートル、高低差2千メートル以上の起伏に富んだコースを21のステージに分類、スポンサーの名を冠した20～22のチーム（8人編成。

２０１７年大会までは9人編成）が23日間にわたって走行し、優勝を競う。

強豪は地元フランスのチームで２０１８年までの１０５大会で優勝35回、次いでベルギー18回、スペイン12回、イタリア10回と続く。個人総合成績1位（各ステージの所要時間を加算し、合計所要時間が最も少なかった選手）に贈られる名誉ある「マイヨ・ジョーヌ」も、ほとんどヨーロッパの選手が獲得しているが、歴代受賞者の一覧を眺めると、不可解なことに気づく。１９９９年から２００５年までの7大会が「優勝者無し」と記載されているのだ。

実はその間、並み居るヨーロッパの強豪を抑え、アメリカ人選手のランス・アームストロング（１９７１年生まれ）が史上初の7連覇を遂げていた。が、後にそれはドーピングによるものだったと発覚。全ての優勝が取り消しとなった。２０１５年公開の映画「疑惑のチャンピオン」は、自転車ロードレース史上最大のスキャンダルと言うべきこのドーピング事件を題材に、アームストロングの栄光と挫折を描いた実録ドラマだ。

劇中では省略されているが、

疑惑のチャンピオン

2015／イギリス・フランス
監督：スティーブン・フリアーズ
英紙『サンデー・タイムズ』元記者デイヴィッド・ウォルシュが著した『Seven Deadly Sins(7つの致命的なミス)』を原作に、ツール・ド・フランス7連覇の偉業を達成しながら、後のドーピング発覚によりタイトルを剥奪、自転車レース界から追放されたアメリカ人選手ランス・アームストロングの栄光と挫折を描く。原題は、彼がレースに勝つために施した禁止薬物による「プログラム」のこと。

アームストロングは10代の頃から水泳と自転車競技に高い能力を示し、16歳で2つを合わせたトライアスロンのアスリートとしてプロデビュー。1989年と1990年の全米選手権のスプリント部門で2連覇を果たした実力者だった。

その後、自転車競技に専念し、1991年の全米選手権で優勝。翌年のバルセロナ五輪でのロードレースでは14位だったものの、同年にプロに転向。翌1993年には早くもツールに初参加し、第8ステージのゴールスプリントで区間優勝。同年オスロで開かれた世界選手権のロードレース種目でも優勝を果たし、弱冠21歳で世界から注目を集める選手となる。

アームストロングがドーピングに手を染めたのは、劇中では1994年のベルギーの大会で他チームの選手が1~3位を独占したことに疑問を持ったのがきっかけのように描かれているが、ここは定かではない。ただ、当時、自転車競技では、エポ、テストステロン、ステロイドなどの筋肉増強剤を体に投入し、運動能力を強化させるドーピング行為は当たり前のように行われており、薬物使用＝悪という認識が低かったのも事実。作中のアームストロングもさほど罪悪感もなく、薬物に手を出している。

ドーピングを指導したミケーレ・フェラーリ医師。上が本人。下が劇中カット。映画「疑惑のチャンピオン」より

このとき、彼に協力したのが、映画でも主要人物の1人として登場するミケーレ・フェラーリというイタリア人医師だ。彼は1990年代から自転車競技のみならずスポーツ界全体の裏でドーピング指南役として暗躍してきた人物で、数多くのアスリートに違法薬物を斡旋、レースに勝つための〝プログラム〟を開発・実践していた。

アームストロングがフェラーリ医師にドーピングを依頼し、当時所属していたチーム「モトローラ」の選手仲間にもそれを強要していたことは間違いない。しかし、劇中のように、彼が薬のせいでガンを患ったかは不明である。

1996年10月、アームストロングは体の不調を感じ、診断を受けた医師より、精巣腫瘍に侵され、すでに肺と脳にも転移していることを告げられる。生存率は50％。通常なら選手生命が絶たれてもおかしくない状況である。

しかし、アームストロングはインディアナ大学医学部で化学療法を施し、さらに脳の浸潤部を切除。運良く治療は成功し、プロサイクリストとして再起すべく、リハビリとトレーニングを開始する。もっとも、所属チームはアームストロングを再起不能とみなし、解雇していた。

1997年、アームストロングは新たに結成されたチーム「USポスタル」と契約を結び、翌1998年、プロとして復帰する。本来なら同年の全米選手権がラストランとなる予定だった。が、この大会で好成績をあげ、また世界選手権でも上位入賞を果たしたことで自信が蘇り、翌年1999年のツール出場に意欲を燃やす。

ちなみに、この年からUSポスタルの監督に就任したのが、劇中、1994年のベルギーのレースで「君より赤血球が多く酸素濃度が高い選手がいるから優勝はできない」と、薬物使用を示唆するヨハン・ブリュイネールだ。彼は1998年で現役を引退、指導者として再スタートしたが、ブリュイネールもまたドーピングを前提でチームを率いていく。

1999年7月、第86回ツール・ド・フランス。アームストロングは、全21ステージで5勝をあげ、総合2位の選手に7分以上の大差をつけマイヨ・ジョーヌの栄冠に輝く。生命すら危ぶまれていた状態からの奇跡的な復活ぶりに、世界に衝撃と感動が走った。

しかし、この走りに疑問を持った人物がいる。映画のもう1人の主人公と言うべき英紙『サンデー・タイムズ』のデイヴィッド・ウォルシュだ。彼は「スポーツライター・オブ・ザ・イヤー」を4度受賞の実績を誇る同紙のエリート記者で、ツールにも精通していた。

アームストロングが所属していたチーム「USポスタル」の監督ヨハン・ブリュイネール。上が本人、下が演じたドゥニ・メノーシェ。映画「疑惑のチャンピオン」より

ウォルシュはアームストロングの実力を認めながらも、坂道をぶっちぎりで、しかもわざわざブレーキをかけて登った彼の走行を異常とみなし、ドーピングを疑う。が、証拠は何もなく、同僚や上司に伝えても相手にしてもらえない。

アームストロングは1999年以降、ツールで7年連続の個人優勝という前人未踏の記録を達成する。それが組織ぐるみのドーピングがもたらした結果だったことは言うまでもないが、彼はこの間、公式では一度も検査に引っかかっていない。

アームストロングが7連覇を達成する前年1998年のツールで、スイスのチーム「フェスティナ」の多くの選手から大量の違法薬物が見つかるという一大スキャンダルが起きていた。この事件を契機にドーピングに対する世間の風当たりは強くなり、検査も抜き打ちで実施されるようになる。

が、映画で描かれるようにアームストロングらUSポスタルの選手やスタッフは、検査に備え正常な血液を冷蔵して常備。検査前に時間を稼ぎ、それを体内に注入する手口でドーピングの発覚から逃れていた。

アームストロングのドーピング疑惑を追及した『サンデー・タイムズ』紙の記者デイヴィッド・ウォルシュ（右）と、彼を演じたクリス・オダウド。映画「疑惑のチャンピオン」より

アームストロングが優勝を続ける間、疑惑を持ったのはウォルシュ記者だけでなく、むしろグレッグ・レモンの方が有名だ。劇中では一切出てこないが、彼は1986年、1989年、1990年の三度、ツールの個人総合優勝を果たしたアメリカのロードレーサーで、1994年に現役を引退。その後、自転車関連の会社を起業し、アームストロングが連覇を続けていた2001年、彼の走りはドーピングによるものと激しく非難。2004年7月にも、再び「もしもアームストロングがクリーンなら、まれにみる復活劇だ。もしもクリーンではなかったとしたら、史上まれにみる茶番だ」とコメント、物議を醸した。

一方、ウォルシュ記者も2001年『サンデー・タイムズ』紙でアームストロングの復活を疑問視する記事を掲載したものの、逆にアームストロングに名誉毀損で訴えられ敗訴。30万ポンドを支払う結果となった。

とにかく証拠がなかった。検査の結果はいつもシロ。映画同様、アームストロングは記者会見でも堂々と身の潔白を主張し、そのまま7度目のツール優勝を花道に2005年、現役を引退する。

しかし、化けの皮がはがれるときはやってくる。劇中、途中からUSポスタルに加わるフロイド・ランディスという選手がいる。彼は2002年にUSポスタルに移籍、アームストロングのアシストとして連覇に貢献、アームストロング引退の翌年2006年のツールで個人総合優勝を果たす。が、ドーピング検査で陽性反応が出て、タイトルを剥奪されてしまう。
　その後、2年間の出場停止処分を受け、2009年に現役に復帰した翌2010年5月、米紙『ウォール・ストリート・ジャーナル』に、自らのドーピングを認めるメールを送信。同時にUSポスタル在籍時代に、当時同チーム監督のブリュイネールとアームストロングの手ほどきを受けてドーピングを行ったことがきっかけとなり、その後常習するようになったと告発した。

　アームストロングは引退から4年後の2009年、37歳で現役に復帰し、同年のツールで総合3位にランクインする。また2011年からはトライアスロンレースにも参戦。ドーピング疑惑の一方、全世界2千800万人

自分自身、並びにアームストロングが違法薬物を使用していた事実を告発したフロイド・ランディス。上は2006年のツール・ド・フランスで個人総合優勝を飾ったときのもの（後に剥奪）、下はランディスを演じたジェシー・プレモンス。映画「疑惑のチャンピオン」より

のガン患者の希望の星として確固たる地位を築いていた。しかし、一連の告発騒ぎを受け、全米アンチ・ドーピング機関（ＵＳＡＤＡ）が本格的に調査に乗り出し、２０１２年８月、アームストロングに対し正式にドーピング違反であると判定。１９９８年８月１日以降の記録・タイトルを全て剥奪するとともに、「永久追放」を宣告した。同年10月、国際自転車競技連合（ＵＣＩ）もこの判定を承諾したことで、いよいよ逃げ場がなくなったアームストロングは２０１３年１月、インタビューに答え、７連覇したツールの全てでドーピング行為を犯したことを告白する。長年否定し続けてきたことをなぜ今認めるのか？　という問いには「栄光と〝完璧なストーリー〟が長く続いたために、手遅れになってしまった」と説明している。

完璧なストーリー。アームストロングの表現はまさに的を射ている。アームストロングは、自転車競技の盛んなヨーロッパとは違うアメリカの国民で、元世界チャンピオン。そしてガンを克服し復帰した選手だった。そんな偉大なヒーローにドーピング使用の烙印を押すことは簡単ではない。

アームストロングのスポンサーとなったナイキや、ロードバイクメーカーのトレックなどにとっては真実の追及より彼が英雄であり続けることが重要で、ガン患者はアームストロングから勇気をもらい続ける必要があった。

何より、アームストロングの活躍で潤った自転車業界は〝金〟のため、彼を守らなければならない。アームストロングのチームメイトやスタッフはもちろん、ＵＳＡサイクリング上層部、ＵＣＩの重役たちも、彼のドーピングを承知の上で、その恩恵にあずかった。劇中で描かれるように、アームストロングがドーピング検査で陽性反応を示したことに対し、ＵＣＩがもみ消すよう指示したのも、彼の完璧なストーリーを維持するためだったのだ。

本人の告白により、ヒーローの物語は完全に終わりを遂げる。

かつてウォルシュ記者の告発記事により裁判で負けた『サンデー・タイムズ』紙は２０１２年12月、アームストロングを提訴、裁判で勝利し30万ポンドを取り戻した。また、アームストロングの勝利のたびボーナスを払い続けていた（総額７５０万ドル）米保険会社ＳＣＡプロモーションズの代表ボブ・ハーマン（劇中でダスティン・ホフマンが演じていた人物）も２０１５年に提訴し、諸費用を含め１千万ドルを受け取っている。

その他、２０１９年８月現在も進行中の提訴案件を含めれば、アームストロングが負う賠償金の総額は最大９千万ドルに達するとも予想されているが、彼には十分支払い能力がある。これまでアームストロングがレースやスポンサー契約などで築き上げた個人資産は約１億１千万ドル。自転車レース界からは追放されたものの、現在も美人の妻と５人の子供に囲まれ悠々自適の生活を送っているという。

一方、長年アームストロングにドーピング・プログラムを実践し続けてきたフェラーリ医師は２０１２年、数多くのアスリートのドーピングに関与したとして世界中のスポーツ界から永久追放に。また、ＵＳポスタルを率いたブリュイネールは他チームの監督を歴任した後、長年にわたるアンチ・ドーピング規則違反があったとして、２０１４年４月、10年間の活動停止処分となった後、２０１８年10月、ＵＣＩが永久資格停止処分を下し、自転車レース界に関わることが生涯不可能となった。

そして、アームストロングを告発した元同僚ランディスは２０１１年に現役を引退したが、後にＵＳポスタルのスポンサーだった米郵便公社がアームストロングを訴え手にした５００万ドルの和解金のうちの約75万ドルを受け取り、それを元手に北米を拠点とするサイクリングチームの設立を目指していることが２０１８年10月、『ウォール・ストリート・ジャーナル』紙によって報じられた。

カメラの前でドーピングを赤裸々に告白

2013年1月、インタビューで、ガンになる前からドーピングに手を染めていたことを告白したアームストロング（左）。番組は世界中にストリーミング配信された

第2章

歴史の闇

タクシー運転手 約束は海を越えて

実際は英語に長け、民主化運動にも積極的な人物

主人公の運転手を演じたソン・ガンホ（左から2人目）。右隣がドイツ人ジャーナリスト役のトーマス・クレッチマン。映画「タクシー運転手　約束は海を越えて」より

1980年5月、軍事政権下の韓国で、全羅道《ぜんらどう》（道＝行政区画の一つ）の道都・光州市の市民約20万人が民主化を求め蜂起した。対し、軍は民衆らに無差別に発砲。最終的に3千人近い死傷者・行方不明者を出す最悪の事態に発展する。世に言う光州事件だ。

映画「タクシー運転手　約束は海を越えて」は、当局が報道

光州事件に遭遇したタクシードライバーの映画とは違う素顔

を規制して事件の隠蔽を図ろうとするなか、カメラ持参で光州に乗り込んだドイツ人記者と、彼を現場まで送り届けた韓国人タクシー運転手の実話を基にした社会派ドラマだが、劇中で描かれた運転手のキャラクターは、モデルになった実在のドライバーと多くの相違点があり、記者との関係にも脚色が加えられている。

光州事件は、1979年10月26日、1963年から韓国で軍事独裁政治を執っていた朴正熙《パクチョンヒ》大統領が側近に暗殺されたことに端を発する。事件後、韓国国内で民主化運動が巻き起こり、各地で反政府デモが繰り返されるようになる。当時、保安司令官で朴大統領暗殺事件の捜査を指揮した全斗煥《チョンドファン》は、こうした国民の動きを危惧し、軍内部でクーデターを企て実権を掌握、弾圧体制を強化する。が、民衆の動きは収まらず、1980年5月15日、ソウル駅前で10万人規模のデモが行われると、全斗煥は全国に戒厳令を布告。同時に、民主化を支持していた政治家、金大中《キムデジュン》らを逮捕する。

これに敏感に反応したのが光州市の市民だ。金大中は全羅道出身で、光州では一番の人気者。インフラ整備が遅れ、経済発展から取り残されていた全羅道は古

タクシー運転手　約束は海を越えて

2017／韓国
監督:チャン・フン
1980年5月、軍事政権下の韓国で多くの死傷者を出した光州事件の実態を世界に伝えたドイツ人記者と、彼を事件の現場まで送り届けたタクシー運転手の実話をベースに描いたヒューマンドラマ。韓国で1,200万人の動員を記録した。

くから民主化運動が盛んな土地柄でもあった。

5月18日、軍が光州市で大学を封鎖し、抗議する学生をこん棒で殴り、一方的に連行した。翌19日には激昂した市民が角材や鉄パイプ、火炎瓶などで応戦。20日になると群衆は20万人以上に膨れ上がり、戒厳軍の声明を伝えていたMBC光州文化放送の社屋に放火。バスやタクシーを倒してバリケードを築くなど、町はデモ隊と軍の市街戦の様相を呈していく。

21日、道庁前で軍は無差別発砲を開始。市民は郷土予備軍の武器庫を奪取して武装、抵抗したが、結果的に市民数十人が殺害される事態となる。

22日、軍が光州市を完全包囲すると、市民代表と軍との和解交渉が開始されるが、武闘派市民は道庁を占拠し、銃撃戦を繰り広げた。しかし27日早朝、戦車を先頭に2万5千人の戒厳部隊が市内に進入。道庁に立て籠もる市民への総攻撃を行い、鎮圧した。政府によれば事件の死者は207人、負傷者は2千392人としているが、遺族会は後遺症による死亡も含め犠牲者は606人と発表している。

ドイツ人ジャーナリストのユルゲン・ヒンツペーターと運転手キム・サボク。2人は光州事件が起きる5年前から交流があった（実際の写真）

民主化を求めて蜂起した市民を国家が虐殺した悪夢の光州事件

映画は1980年5月19日、当時、ドイツ公共放送の東京特派員だったユルゲン・ヒンツペーター（当時42歳。劇中での役名はピーター）が記者仲間から事件の一報を聞くところから始まる。報道規制が厳しく、韓国国民でさえ何が起きているのか知らされていないことに憤りを覚えた彼は、2時間で荷物をまとめ韓国へ飛ぶ。

そんな彼を金浦《キンポ》国際空港の前で車に乗せるのがソン・ガンホ演じる個人タクシーの運転手だ。劇中では、溜めた家賃の支払いに困った挙げ句、謝礼の10万ウォン（日本円で約1万円）欲しさに、封鎖された幹線道路や検問を避けながらドイツ人記者を光州まで連れていくことになっている。

だが、モデルとなった実在の運転手キム・サボク（役名キム・マンソプ）は、韓国のパレスホテルに在籍する「ホテルタクシー」の運転手で、主に外国人宿泊者の要望に合わせて見どころをガイドするエリート運転手だった。

英語が堪能で海外のジャーナリストに重宝されており、ヒンツペーターとは1975年8月に謎の死を遂げた独立運動家・張俊河《チャンジュナ》の事件を皮切りに、少なくとも5年は取材に同行。また、光州事件の際、サボクのタクシーに乗ったのはヒンツペーター1人だけではなく、録音担当のスタッフなど5、6人が一緒だったという。

劇中、主人公の運転手は社会情勢に疎く、当局が伝える「国を転覆させようと暴徒が暴れている」との発表を鵜呑みにする市井の人として描かれている。それが光州市街で政府が市民に銃を向ける現実を目の当たりにし、徐々に意識が変化していく。しかし、実際のサボクは、海外の記者と交流があったこともあり、民主化運動に積極的で、ヒンツペーターらの目的はもちろん、光州に行くのがどんなに危険なことかを理解したうえで仕事を引き受けていた。

光州市に着いてから、主人公たちが体験する出来事はほぼ事実に即しており、山の中の裏道を走って光州に辿り着いたのも本当なら、彼らが現地で歓迎されたのも事実だ。光州の市民は、政府が国民を殺害している事実を広く海外に報道してほしいと願っていた。

ただしクライマックスの、主人公らがソウルに戻る道中、軍の検問に引っかかってからのカーチェイスシーンは完全なフィクションだ。実際の検問では、兵士たちは銃が車内に

実際の取材陣。ヒンツペーター1人ではなく
録音担当など5、6人のスタッフがチームを組んでいた

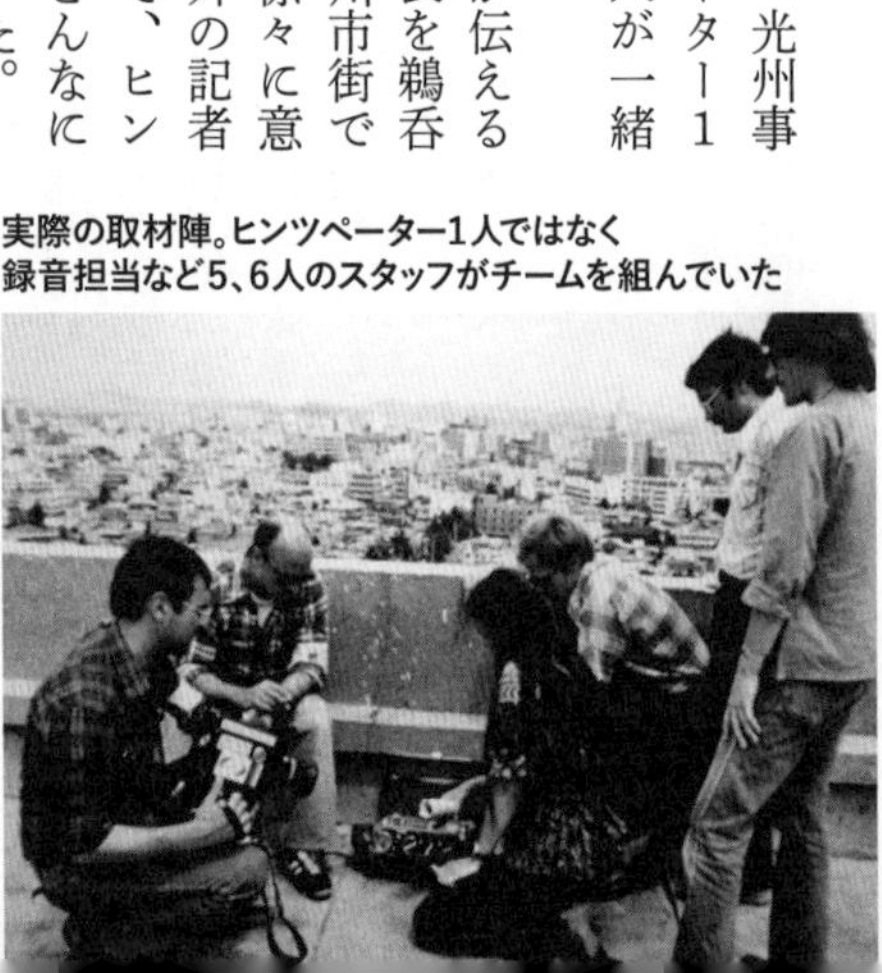

あるかどうかを簡単にチェックしただけで、クッキーの箱に隠してあった撮影フィルムは見咎められることもなかったという。その後、ヒンツペーターが持ち帰った映像や写真は本国ドイツを経由して世界へ広まり、光州事件の実態を生々しく伝えていく。現存する光州事件のカラーフィルムや写真は、彼のものだけだ。

映画は、エンドロールの前に実際のヒンツペーターが出演し、あの運転手にもう一度会いたい、探してほしいと訴えて終わる。しかしサボクは、すでに1984年に50代の若さでガンで死去していた。映画が公開になったとき、内容を聞いた彼の息子が、主人公のモデルは父親だと名乗り出たのだ。息子によれば、生前のサボクはソウルにある外国人記者クラブに出入りしており、ヒンツペーターが撮った光州事件の映像を見たこともあったらしい。一方、ヒンツペーターは2016年1月、ドイツで死去。78歳だった。

映画公開後、運転手の息子が名乗り出て父親が1984年に死去したことを発表

ヒンツペーターが撮った映像に残っていた1コマ。カメラを覗いているのが運転手のサボク

当局の拷問によって亡くなった学生
パク・ジョンチョルの遺影を掲げたデモ隊

1987、ある闘いの真実

韓国民主化闘争のきっかけとなった悲劇

ソウル大学生拷問致死事件

前項の「タクシー運転手」で取り上げた光州事件から7年。バブル景気に日本中が浮かれていた1987年、韓国で歴史を覆す大事件が発生した。

当時、国内でますます高まる民主化の流れに対し、独裁軍事政権を敷く大統領・全斗煥《チョンドファン》は「国民の息の音まで監視している」といわれるほど弾圧政策を強めていた。そんななか、警察の取り調べ中にソウル大学に通う1人の学生が死亡する。警察は事件性はないと発表したが、不信感を抱いた医師や検事、新聞記者らによって拷問が死因と発覚。これがきっかけとなり、韓国全土を巻き込む民主化闘争が巻き起こる。

「1987、ある闘いの真実」は、この歴史的事実を映画化した衝撃の1本である。

映画は1987年1月13日深夜、ソウルの南営洞《ナミョンドウ》・対共分室（公安機関が、スパイ嫌疑をかけた反政府活動家や学生らを取り調べるための施設）に1台の救急車が到着するところから始まる。

駆けつけた医師オ・ヨンサンの目に、全身ずぶ濡れのまま床に倒れている裸の男子学生が飛び込んできた。すでに心肺停止状態だ。所長のパク・チョウォンは、捜査官が机を叩いた拍子に床に倒れたと説明したが、オ医師はウソだと直感する。部屋の反対側に置かれた浴槽で「水拷問」されたのは明らかだった。

亡くなったのはソウル大学言語学科3年で生徒会長だったパク・ジョンチョル（当時22歳）だ。同大学には民主化推進委員会が組織され、1985年に関係者26人が当局に拘束される事件が発生。彼は、その際に指名手配された先輩の行方捜査のため連行されていた。

パク所長は死亡診断書に「心臓発作」と

1987、ある闘いの真実

2017／韓国
監督：チャン・ジュナン
1987年1月、全斗煥大統領による軍事政権下の韓国で、取り調べ中の大学生が拷問死した事件をきっかけに巻き起こった民主化闘争を描く実録政治映画。キム・ユンソク、ハ・ジョンウ、ソル・ギョングらスター俳優が多数出演している。

事件に関わった主要人物

右／事件の隠ぺいを図った保安本部長のカン・ミンチャン。 左／学生の遺体を見て拷問死に気づいたオ・ヨンサン医師

上／拷問を直接指示した対共分室所長だったパク・チョウォン。右は演じたキム・ユンソク。 下／チェ・ファン元ソウル地検公安部長。右は演じたハ・ジョンウ
映画「1987、ある闘いの真実」より

書くよう求めたが、オ医師は拒み、死因不詳と明記。警察は証拠隠滅のためその日のうちに遺体を火葬すべく、国立科学捜査研究院の解剖医ファン・ジョクジュンに、口止め料100万ウォンを手渡し、解剖を行わず所見書を偽装するよう命じるも、彼はこれを拒否する。また、同様に当日中の処理を求められたソウル地検の公安部長チェ・ファンも直感的に拷問死を悟り、法律どおり解剖後に火葬すると突っぱねる。警察と検察が深い協力関係にあった当時としては異例の対応で、このときチェ部長は「夜道に気をつけろ」など露骨な脅迫を受けたそうだ。

15日午前、『中央日報』に「警察の取り調べを受けた大学生がショック死」のスクープ記事が掲載される。これは前日14日、警官の目を盗んで病院のトイレに隠れた同紙記者が用を足しに来たオ医師と接触し、直接得た情報によるものだった。

同日午後、スクープ報道を受けカン・ミンチャン保安本部長が会見を開き「持病による心臓発作による死」と虚偽の説明を行うが、誰

1987年5月18日、事件の真相を公表するキム・スンフン神父

指名手配中だった民主化運動家キム・ジョンナム。右は演じたソル・ギョング

事件の真相解明に尽力した3人。左からアン・ユ元看守、イ・ブヨン元『東亜日報』記者、元警備員のハン・ジェドン（バックの写真は拷問死したパク・ジョンチョル）。その右は看守、警備員の役柄を融合させたキャラクターを演じたユ・ヘジン

も信じる者はいない。ちなみに、この会見でカン本部長が発した「（捜査員が）机を『ドン』と叩いたら『うっ』と言って死んだ」という白々しい弁明の台詞は当時の流行語になったそうだ。

一方、遺体の状態（あざ、出血、水で膨れた胃）を知ったメディアの取材に、オ医師は「拷問」という言葉こそ使わなかったものの、それを示唆する単語を多用。警察の不当行為を確信した新聞社は翌16日、一面に「拷問致死」の大見出しを打つ。

もはや拷問死の隠ぺいが不可能と悟った警察は、世間の批判をかわすため、拷問にかかわった5人の刑事のうち2人を逮捕、事件の縮小化を図る。カン本部長が2人の刑事に、特定犯罪加重処罰法違反（拷問致

死）ではなく罪の軽い過失致死に変更、早期釈放を約束してのスケープゴートだった。ところが、その約束がウソだったことに気づいた2人は、収監された永登浦《ヨンドゥンポ》拘置所で、民主化運動に賛同していた看守のアン・ユに事件の詳細を明らかにする。

その情報は、ちょうど同拘置所に収監されていた民主化運動家のイ・ブヨンに伝えられる。報道規制に抗議して東亜日報を不当解雇された彼は、事の子細を明らかにするとともに、国がいかに事件を隠ぺいしたかをまとめたメッセージを作成。これを警備員のハン・ジェドンが外部に持ち出し、指名手配中の「民主化運動のゴッド・ファーザー」キム・ジョンナムにつなげ、カトリックの明洞《ミョンドン》聖堂まで届ける。実は、軍部独裁政権でもおいそれと踏み込めないのが教会で、１９７０年代以降、民主化運動の聖地として機能していた。

5月18日18時30分、光州民主化闘争7周年のミサの中で、キム・スンフン神父がパク・ジョンチョル拷問死事件の真相を暴露し、担当した刑事5人の名前と、逮捕された2人に巨額の金が払われていた事実を明らかにする。結果、警察の再捜査によって残りの３人の刑事と、隠ぺいを指示したパク所長らが逮捕。後の裁判で、拷問にかかわった刑事らには懲役3〜10年の実刑が確定したが、パク所長ら上層部は執行猶予の微罪に留まった。

国が罪のない大学生を拷問・殺害した――。事件後から続いていた学生による追悼集会は、事実が明らかになるとさらに活性化していく。

そんななか、もう一つの悲劇が起きる。1987年6月9日、翌日に控えた「パク・ジョンチョル拷問致死隠ぺい糾弾及び憲法改正国民大会」の決起集会に参加した延世《ヨンセ》大学の2年生イ・ハンニョル（当時20歳）が、警察が放った催涙弾の直撃を受けて重体に陥ったのだ（7月5日に死亡）。

「6月闘争」と呼ばれるこのときのデモは、大学生に加え高校生やサラリーマンも合流し、参加者は100万人を超えていた。

ようやく事態の深刻さを痛感した政府は時局収拾宣言、いわゆる「6・29宣言」を発表。大統領の直接選挙制改憲を行うことと、金大中の赦免・復権など民主化措置の実行を表明するに至った。

1988年2月、全斗煥を擁した軍事独裁政権が倒れ、後任の大統領として直接選挙に勝った盧泰愚《ノテウ》が就任する。が、盧大統領も軍部出身者。韓国が真の民主国家となるのは、金大中が大統領に選ばれる1998年のことだ。

右は1987年6月9日、デモ中に警察の催涙弾の直撃を受けた大学生イ・ハンニョル（7月5日死亡）。左はこのシーンを再現した劇中カット。映画「1987、ある闘いの真実」より

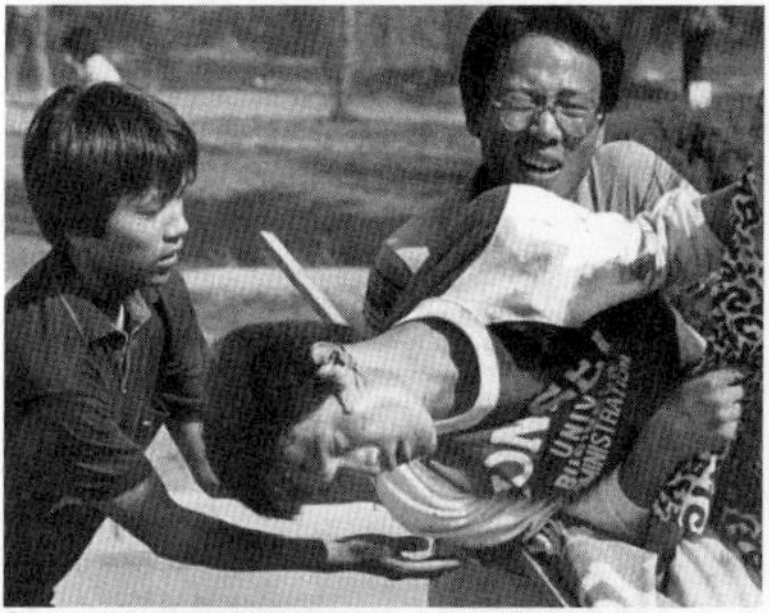

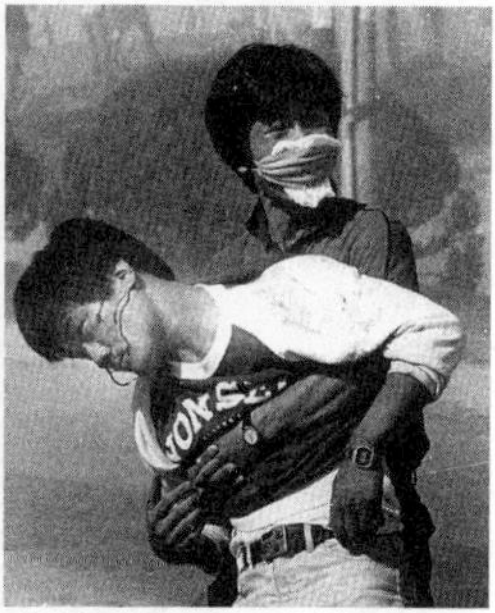

黒人一家を追い出そうと白人住民たちの嫌がらせがエスカレートしていく。映画「サバービコン」より

サバービコン 仮面を被った街

白人至上主義の新興住宅街で起きた黒人一家迫害事件

FILMS

俳優のジョージ・クルーニーが監督を務めた「サバービコン 仮面を被った街」は、白人だけが住む新興住宅街「サバービコン」に妻子と暮らすガードナー・ロッジ（演：マット・デイモン）が企てる保険金殺人と、ロッジ一家の隣に越してきた黒人一家に対する住民たちの手酷い嫌がらせを描いたブラック・コメディだ。

コーエン兄弟が手がけた本作の

フィラデルフィア「レヴィットタウン」人種差別暴動

脚本は、保険金詐欺のくだりこそ全くのフィクションながら、人種差別による住民の暴動は1950年代末のアメリカ・フィラデルフィアで実際に起きた事件に基づいている。

第二次世界大戦後、アメリカ政府は退役軍人たちの受け入れ先に苦心していた。そこに頭角を現したのがウィリアム・レヴィット率いる不動産会社レヴィット商会である。同社は、郊外の荒れ地を開拓、建材や工法を工夫し、1万ドル（現在の日本円で約1200万円）以下で買える小さな芝生の庭付きの一戸建て住宅を大量生産した。「レヴィットタウン」と名づけられた大規模な新興住宅街は1949年のニューヨーク・ロングアイランドを皮切りに、1966年までアメリカ国内に6つ、プエルトリコに1つの、合計7つが建造される。

劇中の街サバービコンのモデルになったペンシルベニア州フィラデルフィア市郊外のレヴィットタウンはニューヨークの次に建造、1952年から1958年までの間に1万5千550戸が売り出された。入居条件は様々あったが、注目すべきは購入者を白人（厳密にはコーカサス人種）に絞ったことだ。当時はま

サバービコン
仮面を被った街

2017／アメリカ
監督:ジョージ・クルーニー
1950年代に実際に起きた人種差別暴動をモチーフに、アメリカンドリームを絵に描いたような新興住宅街で巻き起こる保険金殺人事件をサスペンスタッチで描く。

だまだ人種差別が蔓延しており、販売会社は入居希望者に面会し、黒人には決して売らなかった。

　1957年8月13日、この街に激震が走る。黒人電気技師のウイリアム・マイヤーズと妻のデイジー、そして3人の子供たちが越してきたのだ。最初に家を買ったユダヤ人カップルが友人のマイヤーズに転売していた。

　映画のとおり、最初にそのことを知ったのは街の郵便局員だ。マイヤーズ家を訪れ、出てきたデイジーを最初はメイドと勘違いしたが、彼女が住人だとわかるや、すぐに街中に拡散。劇中は出てこないが、その日の午後には地元新聞がこの件を一面で報じた。

「最初のニグロがレヴィットタウンの家を購入！」

　と、すぐさま白人住民200人がマイヤーズ家の前に結集、真夜中まで「街から出ていけ」と叫び、窓に石を投げつけた。住民たちは、自分たちの安全で清潔な街が黒人によって壊れてしまうと信じ込んでいたのだ。ちなみに、この一件で大人2人、10代の若者3人が警察に逮

15,550戸が整然と建ち並ぶ米ペンシルベニア州フィラデルフィア市郊外のレヴィットタウン。住宅は価格1万ドルで庶民に飛ぶように売れた

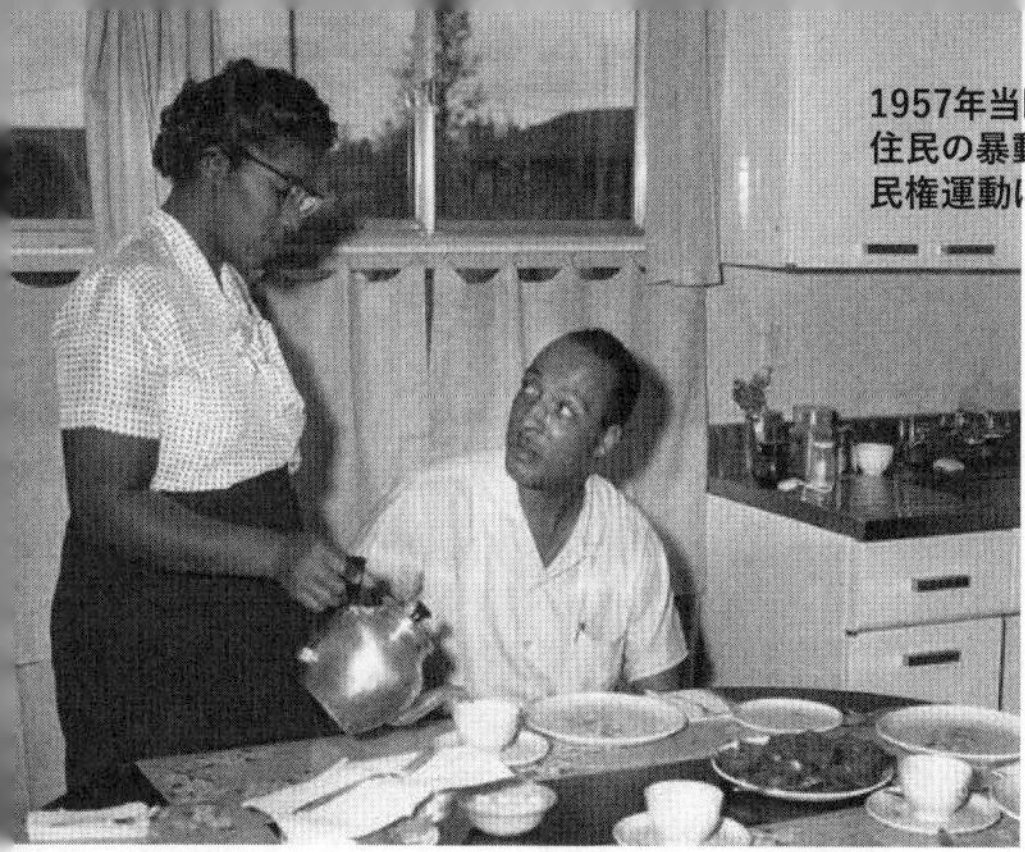

1957年当時のマイヤーズ夫妻。住民の暴動に屈せず黒人の公民権運動に一石を投じた

捕されている。

映画でも昼夜を問わず大勢の住民が家の前に集まり、大声で罵ったり、十字架を焼いたり、石を投げるなどのシーンがあるが、実際はより酷い。500人以上の市民がマイヤーズ家を退去させる法的方法を模索する「レヴィットタウン向上委員会」を結成、マイヤーズ家の隣家を集会所に策を練った（映画とは違い隣は空き家だった）他、デモ行進などの抗議行動、さらには州外ナンバーも含め1千台以上の車が同家の前庭に集まり、大声で退去を訴えた。

暴動は1週間続き、8日目に事件が起きる。出動したペンシルベニア州警察の1人に、群衆が投げた石が当たり、意識不明の重体に陥ったのだ（一命は取り留めた）。この一件で、翌日からはマイヤーズ家の周りに人が集まることはなくなる。

映画は、群衆による暴動が続くなか、マイヤーズ家とロッジ家の子供が塀を隔ててキャッチボールするシーンで終わる。が、実際は直接的な抗議はなくなっても「爆

白人住人500人が「街から出ていけ！」と罵倒

夜ごと、500人からの群衆がマイヤーズ家を取り囲み、罵ったり石を投げるなどの暴挙に出た

弾を投げるぞ」「子供を殺す」という脅迫や、食品の不配達をはじめとする陰湿な嫌がらせが続いた。

風向きが変わるのは、主要メディアの報道で、偏見や差別と闘う市民団体や宗教団体が動いてからだ。地元にはマイヤーズを支援するグループが組織され、NAACP（全米有色人種地位向上協会。人種的偏見と差別の撤廃、非白人の社会的・経済的地位向上のための活動を行う団体）もレヴィットタウンの人種差別政策に反対を表明した。さらに米連邦住宅局が、このまま白人限定とするならレヴィットタウンを住宅ローンの適用外にするとの見解を表明。最終的にはペンシルベニア州の検事総長がレヴィットタウン向上委員会に対して正式な訴状を送付、嫌がらせの差止命令を下すとともに、何人かのメンバーを逮捕するに至ったという。

4年後の1961年、マイヤーズ一家はウイリアムの仕事の関係で彼の故郷ヨーク市（ペンシルベニア州）に転居。ウイリアムは1987年に肺ガンで亡くなるが、1997年になり、当時のフィラデルフィア・レヴィットタウン市長がデイジーをレヴィットタウンに招待。正式に1957年に起きたことを謝罪したという。

デイジーは2005年に自身の体験を著した手記を出版。2011年12月、86歳でこの世を去った。ちなみに、同年の国勢調査では、アメリカ各地のレヴィットタウンに住む6万人余りのうち有色人種は3・6％に過ぎなかったそうだ。

2005年にデイジーが出版した手記（下）とサイン会でのデイジー本人

マルコムX

若き黒人公民権運動家が銃弾に倒れるまで

FILMS

マルコムX 暗殺事件の真実

右／演説中のマルコムX本人。アメリカで最も著名で攻撃的な黒人解放指導者として知られるが、彼が活動中に暴力行為に出たことは一度もない。
下／名優デンゼル・ワシントンがマルコムを演じた。映画「マルコムX」より

1960年代アメリカの公民権運動活動家といえばマーティン・ルーサー・キング・ジュニアが有名だが、彼が非暴力による黒人の地位向上を説いたのとは逆に、そもそも黒人は白人より優れ黒人こそが社会を支配すべきと過激に訴えたのがマルコムXだ。

映画「マルコムX」はチンピラだったマルコムが刑務所で黒

人公民権運動に目覚め、出所後精力的に活動しながらも、最終的に所属していた組織に暗殺されるまでの人生を描いたスパイク・リー渾身の一作である。

マルコムXことマルコム・リトルは1925年、米ネブラスカ州オマハに生まれた。6歳のとき、反体制主義者で牧師の父親アールが白人至上主義団体KKK（本書00ページ参照）に殺害（警察の発表は自殺）されたことで母親ルイーズが精神を病み、マルコムを含む9人のきょうだいたちはそれぞれ別の家に里子に出される。

上流家庭に引き取られたマルコムは、幼い頃から優秀な成績を上げ、中学は彼以外白人しかいなかった学校に進学する。成績は常にトップ。しかし、座席は一番後ろで、白人教師からは「黒人はどんなに頑張っても偉くはなれない。手に職をつけろ」と諭された。

1943年、ニューヨークのハーレムでギャンブル、麻薬取引、売春、ゆすり、強盗に手を染め犯罪の道に入り、1946年1月には窃盗罪で懲役8〜10年の実刑を言い渡される。通常、窃盗の初犯は懲役2年が妥当なところだが、マルコム

マルコムX

1992／アメリカ
監督：スパイク・リー
スパイク・リー監督が、尊敬する黒人公民権運動家マルコムXの生涯を描いた伝記映画。マルコムXが亡くなる2年前から連絡を取り合った上で執筆されたアレックス・ヘイリーとマルコムXの共著『マルコムX自伝』がベースになっている。

が白人女性と恋人関係にあったことが判決に影響した。当時は、裁判官までもが人種差別を常識と捉えていたのだ。

　収監されたマサチューセッツ州のチャールズタウン刑務所でマルコムは、黒人の道徳的・文化的優位を唱えるイスラム運動組織「ネーション・オブ・イスラム」（以後ＮＯＩ）に参加する囚人仲間の影響で、ＮＯＩの指導者イライジャ・ムハンマドと文通を始める。消灯後も図書館に入り浸っては奴隷制に関する本を中心に貪《むさぼ》り読み、筆跡改善のために辞書を模写。そのせいで収監前には2・0あった視力が0・2まで落ち、後にトレードマークとなるサーモント型のメガネを常用するようになった。

　1952年8月、27歳で出所したマルコムは、デトロイトの兄のもとに身を寄せ、ＮＯＩの活動に積極的に参加。ムハンマドに「マルコムX」の名前をもらうと同時に、弁が立つことを認められ、組織のスポークスマンとして各地の大学や教会をスピーチして回る。

「黒人は世界の元の人々である」「白人は〝悪魔〟である」「黒人は白人より優れている」「白人の終焉が迫っている」

　マルコムはキャッチーな言葉をリズミカルかつストレートに畳み込み、聴衆者の黒人たちの心を鷲づかみにした。

マルコムが所属していたイスラム運動組織「ネーション・オブ・イスラム」（NOI）の指導者イライジャ・ムハンマド。マルコム暗殺は会員が勝手に実行したものと教団との関与を否定した。1975年没

こうした彼の活動の成果で、1955年に数百人だったNOIの会員は5年後には7万5千人以上に膨らんでいくのだが、その過程でマルコムの名を一躍有名にした出来事が起きている。

1957年、NOIの男性会員の1人が警官たちに暴行を受け、逮捕された。マルコムは何人かの会員を連れて警察署に急行、会員に会わせて欲しいと交渉する。当初、警察は頑なに拒んでいたが、マルコムの後ろに500人のメンバーが集まった時点で要求を承諾。マルコムが病院で会員の治療を終えて署に戻ってくると、なんとそこには4千人の黒人が集結していた。暴動を恐れる警察。そこでマルコムはサッと手で合図を送り、全員を静かに退散させた。

警察がこの一件を新聞社の取材で明らかにし、マルコムXの名前は全国区となっていく。

NOIにおけるマルコムの地位は確固

黒人の地位向上という同じ目的を持ちながら、全く異なる活動をしたマーティン・ルーサー・キング・ジュニア（左）とマルコムX。2人が対面したのは一度きり、しかも1分間だけだった。キング牧師はマルコム暗殺3年後の1968年4月、銃弾に倒れ死亡

たるものとなり、やがて組織のナンバー2にまで上り詰める。しかし1962年、指導者ムハンマドの不道徳を知り、マルコムは大きな失望を覚える。劇中では、ムハンマドが女性秘書と関係を持ったことが原因として描かれているが、実際には何人もの少女を強姦して子供を産ませていた。

イスラム圏では男尊女卑の思想が根強く残っていたとはいえ、マルコムは断じて許さず、ムハンマドを「宗教的偽物」と批判。1964年3月、NOIを脱退する。

翌4月、イスラム教の聖地メッカを巡礼。白人の教徒が黒人の自分を歓迎してくれたことに加え、全てのイスラム教徒が対等に話す姿を見たマルコムは、人種問題に肌の色は関係ないとの考えに至る。さらにアフリカ各国やヨーロッパ、中東を訪問し、公民権運動だけでなく人権問題など広い視野も確保。もはや、NOIの教えは彼の中で完全に消え去っていた。

指導者をこけにしたうえで組織を抜け、世間から注目を浴びるマルコムに、NOIは露骨な嫌悪感を抱き、それはやがて彼の暗殺へと繋がっていく。実際、当時NOIに潜入していたFBI捜査官は、教団からマルコムの自動車に爆弾を仕掛けるよう指示され、上司に報告している。

そして1965年2月14日、事件は起きる。ニューヨークのマルコムの自宅に爆弾が投げつけられたのだ。幸いマルコムと家族は裏庭に逃げおおせたが、1週間後の21日、マンハッタンのオードゥボン舞踊場でマルコムがスピーチを始めた際、４００人以上集まった群衆の中で騒動が発生する。ボディガードが対処しようとしたそのとき、１人の男が前に突進して散弾銃をマルコムの胸に向けて発射、さらに別の２人がステージに近づき短銃を放った。計15発の銃弾を受けたマルコムはすぐさま病院に運ばれたものの、二度と目覚めることはなかった（享年39）。

暗殺犯の３人は、いずれもＮＯＩのメンバーで、犯行動機はマルコムが教団を辞めたことだと供述。３人には無期の禁固刑が言い渡されたが、犯行を認めなかった２人は１９８０年代後半に仮釈放され、唯一罪を認めていた１人も２０１０年に出所した。

15発の銃弾を受け即死

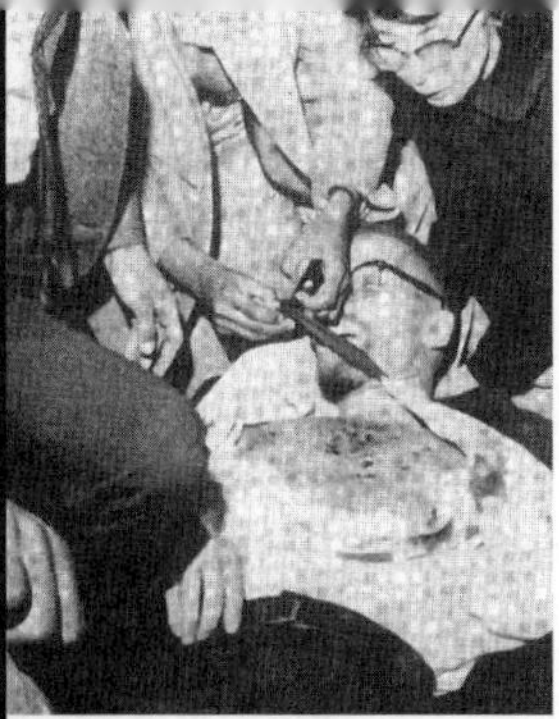

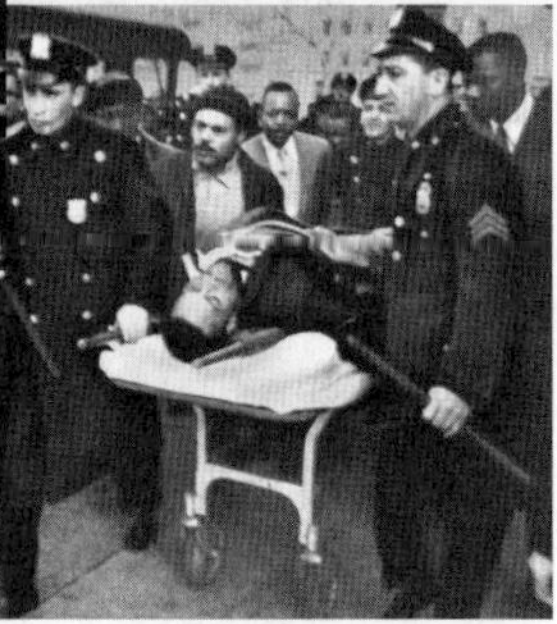

すぐさま病院に運ばれたが…

警察に拘束
される実行犯の1人

主婦マリーがしたこと

ナチス占領下のフランスで堕胎手術を請け負い斬首刑に

右／マリー＝ルイーズ・ジロー本人。左／マリー（演：イザベル・ユペール）に死刑判決が下る劇中の法廷シーン。映画「主婦マリーがしたこと」より

フランスを代表する女優イザベル・ユペール主演の「主婦マリーがしたこと」は、第二次世界大戦下のフランスで堕胎手術に手を染め、斬首刑となった実在の女性マリー＝ルイーズ・ジローの過酷な運命を描いた人間ドラマだ。

堕胎に荷担しただけで死刑とはあまりに重い代償だが、そこには当時の世相が色濃く反映されており、彼女の行為は国家反逆罪とみなされた。

マリー＝ルイーズ・ジロー事件

マリーは1903年11月、フランス北西部の港湾都市シェルブールの労働者階級の貧しい家庭に生まれ、長じて船員の男性と結婚、2人の子供をもうけた。劇中では描かれないが、家庭を持つ前には詐欺や窃盗で逮捕・投獄されたこともあったという。

夫の収入だけではとても暮らしは成り立たず、マリーは清掃や洗濯の仕事で家計を助ける。やがて第二次大戦勃発。フランスは1940年6月からナチス・ドイツの占領下に置かれる。夫を戦争に取られたマリーの暮らしはますます困窮し、娼婦に部屋を貸すことで僅かな賃金を得て糊口をしのぐ。

マリーの運命が変わるのは、近隣に住む主婦から受けた相談がきっかけだった。彼女の夫もまた従軍していたのだが、その間に別の男性と関係を持ち妊娠したのだという。当然ながら出産はできない。悩みを聞いたマリーは、人助けのつもりで堕胎手術を行い成功する。

1940年当時、フランスでは人工妊娠中絶は非合法で、これを犯すと堕胎罪で逮捕された。やむをえない事情で子供を堕ろす場合は、医師免許を持たず、不衛生な環境で手術を請け負うプロの女性に頼るしかなく、彼女らは婉曲に「天

主婦マリーがしたこと

1988／フランス
監督：クロード・シャブロル
ナチス占領下のフランスで違法な堕胎手術を手がけ処刑された女性マリー＝ルイーズ・ジローの実話を描く。原題は「女たちの物語(Une affaire de femmes)」。主演のイザベル・ユペールが1988年度のヴェネツィア国際映画祭で女優賞に輝いた。

使を作る女」と呼ばれていたそうだ。

マリーはそうした裏社会の人間ではなく、最初に手がけた手術は純粋に善意によるものだった。が、その手際の良さが口コミで広がり、しだいに彼女に堕胎手術を依頼する女性が増えてくる。その大半は夫を戦争に取られた人妻で、孤独を癒やすために浮気を働いたうえでの妊娠だった。ちなみに、当時のフランスでは中絶ばかりか、避妊すらも違法とされており、一度の過ちで子供を宿すケースが少なくなかったそうだ。

マリーが秘密裏に請け負う堕胎手術の料金は1回1千フラン（当時の日本円で約3万5千円）だった。この報酬が生活を支えたばかりか、金銭面に余裕ができたことで彼女は高級な服を身につけ、酒場にも出入りするようになる。

戦地から傷痍軍人として家庭に戻ってきた夫はそんな妻の変貌ぶりに驚き、やがてそれが堕胎手術で得た高額な報酬によるものだと気づく。が、ろくに職にも就けず収入の少ない夫に、妻の違法行為を正面から咎めることはできなかった。

マリーは1940年から1942年にかけ自宅で27人の女性に堕胎手術を施したとされる（このうち1人は手術中に死亡）。暮らしは派手になる一方で、浮気相手の男性を自宅に連れ込むことも珍しくなかった。

すでに夫婦関係は冷え切っていたが、公然と浮気を働き自分を見下すマリーを夫は許せ

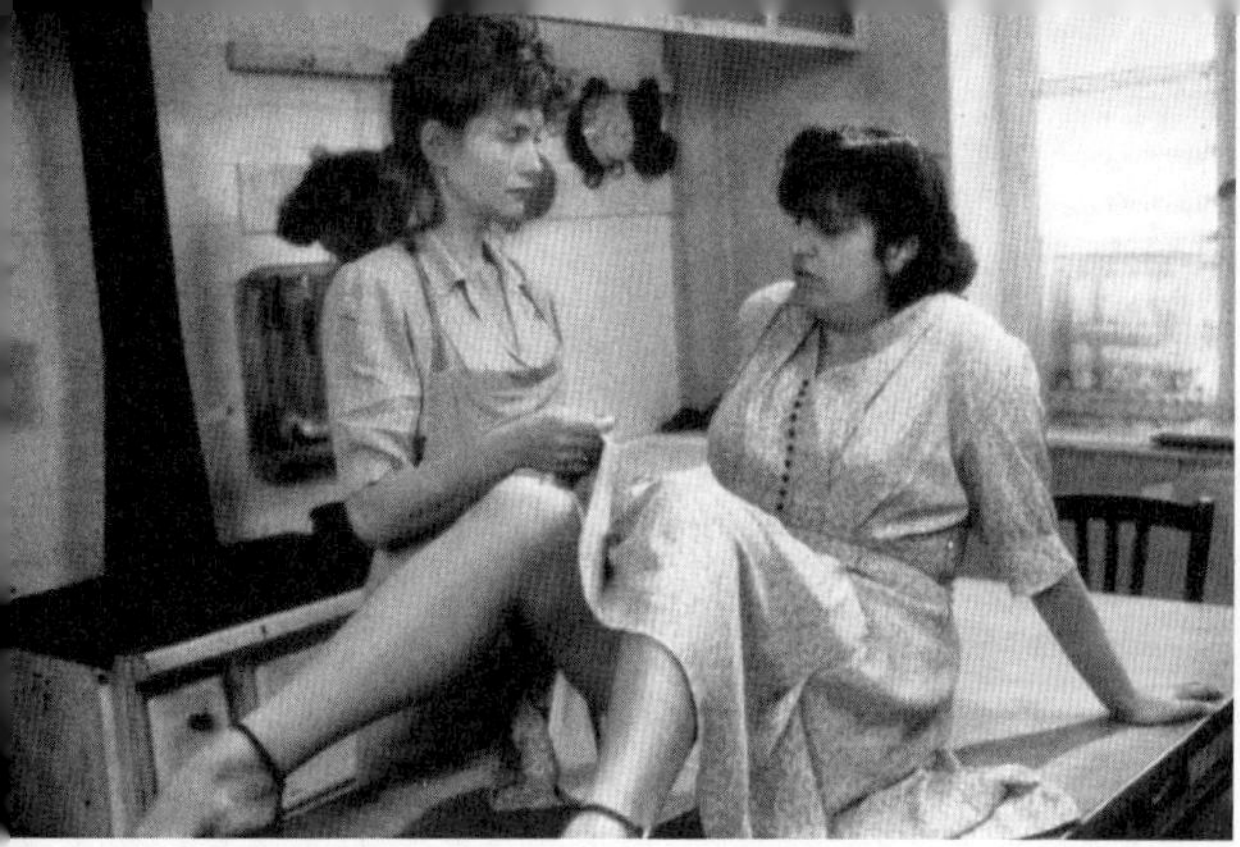

堕胎手術はマリーの自宅の一室で行われた。
映画「主婦マリーがしたこと」より

ず、ついに妻のヤミ商売を匿名の手紙で告発するに至る。
逮捕されたマリーは、事を重大に考えていなかった。過去の例でいえば、堕胎手術の刑罰は懲役2、3年が相場。素直に罪を認めることで、さらに減刑もありうると楽観視していた。

しかし、その予測は大きく外れる。当時、ドイツの占領下にあったフランスは国民の道徳心を育成することに必死だった。堕胎などもってのほかで、出産より中絶が上回れば国が滅びるとさえ考えられていたそうだ。

果たして、マリーは国家反逆罪に問われ、国家裁判で斬首刑の宣告を受ける。明らかに、見せしめを目的とした判決だった。

1943年7月30日、パリのロケット刑務所の中庭で処刑執行。マリーはフランスでギロチンで命を奪われた最後の女性だったとされる。享年39。フランスが中絶手術を正式に合法化するのはそれから32年後、1975年のことだ。

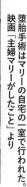

スキャンダルの舞台となったマクマーティン保育園と、事件を報じる新聞

誘導尋問

史上最悪の児童虐待えん罪事件

FILMS

マクマーティン保育園裁判

1980年代、アメリカで同時多発的に「悪魔的儀式虐待」にまつわる騒動が発生した。悪魔崇拝者の〝儀式〟に子供たちが生贄として供され、性的・肉体的に虐待されたとする保護者たちの主張によって全米各地で告発が相次ぎ、社会的なパニックになったのだ。

映画「誘導尋問」は、その悪魔的儀式虐待にまつわる騒動で最も有名な「マクマーティン保育園裁判」の経緯をほぼ史実どおりに描いた法廷ドラマだ。当初、史上最悪と言われた児童虐待事件は、妄想が生み出した史上最悪のえん罪事件だった。

事は1983年8月12日、米カリフォルニア州のマンハッタン・ビーチ警察に入った1本の通報から始まる。通報した女性ジュディ・ジョンソンによれば、地元のマクマーティン保育園に通う2歳半の息子が便通に苦しみ肛門を腫らしている原因が、園の男性保育士で園長ヴァージニア・マクマーティンの孫レイモンド・バッキーから受けた性的虐待によるものだという。劇中では描かれないが、このとき息子は母親の主張を否定、虐待は父親から受けたものと供述したそうだが、警察は幼児の証言より母親の言い分を信用し、同園の児童の親全員に質問状を送り、虐待の有無を調査した。

同時に検察が国際児童研究所の女性セラピスト、キー・マクファーレンに子供への調査を依頼。彼女は虐待が具体的にどのように行われたかを知るため、他のスタッフと一緒に人形を使い子供に質問し、結果、1984年の春までに369人の子供から虐待の証言を得る。

証言は、ペニスの中にペニスを入れられた、

誘導尋問

1995／アメリカ
監督：ミック・ジャクソン
アメリカのTV局HBO制作によるテレビ映画。1983年に起きたマクマーティン事件を忠実に再現している。1995年度のエミー賞、ゴールデングローブ賞で最優秀テレビ映画作品賞に輝いた。

スーパーマーケットで体を触られ写真を撮られたなどの性的虐待の他、魔女が飛ぶのを目撃した、熱気球で旅行した、秘密の地下トンネルを通った、窓のない飛行機に乗った、教会で動物を殺し血を飲まされたなど多岐に及び、これをメディアは大々的に報じる。中でも、センセーショナルに事件を扱ったのがロサンゼルスのABC系列のテレビ局KABC-TVのリポーター、ウェイン・サッツで、彼は園が組織ぐるみで悪魔的儀式虐待を行っていたと主張、アメリカ全土にパニックを引き起こし、当のマクマーティン保育園はもちろん、多くの施設が閉鎖に追い込まれる。その背景には、子供を保育園や託児所に預けて働く母親への批判や、母親側にも子供を他人に預けることへの罪悪感があったようだ。

1984年3月22日、レイモンド、彼の母親ペギー、園長のヴァージニア、姉のペギー・アン、その他2人の教師、1人の福祉事業家の計7人が児童虐待に関する208件の訴因で告発された。

審理の様子。右からレイモンド、母親のペギー、デイビス弁護士、姉のペギー・アン。手前左端が園長のヴァージニア・マクマーティン

このうちレイモンドとペギーを除く5人は証拠不十分で不起訴となったが、2人は逮捕・拘束される。

レイモンドとペギーは取り調べで一貫して無罪を主張した。実際、園児たちの証言を裏づける物的証拠は一切なかった。加え、最初に通報した女性ジュディ・ジョンソンが統合失調症とアルコール依存症と診断されていた。つまり、息子が保育士に虐待されたという主張は妄想によるものではないのか。事件に疑問を持つ識者もいるにはいたがごく少数で、真相はわからぬまま1986年12月、ジュディは急性アルコール中毒で死亡する。

1987年7月、長い予備審理を経て裁判が始まった。ここで被告側の弁護を引き受けたのがダニエル・デイビス（演：ジェームズ・ウッズ）だ。

彼は最初から被告の無罪を確信しており、まず事件の調査を担った証人キー・マクファーレンがカリフォルニア州でセラピストやソーシャルワーカーの資格を持っていないことに加え、彼女が「精神医学」という単語の意味すら知らないこ

虐待の容疑者として起訴された園の保育士レイモンド・バッキー（右）と母親のペギー

とを明らかにしてみせる。その上でマクファーレンが調査段階で、園児たちに職員によって性的虐待を受けたという虚偽記憶を植え付けたと主張。質問を記録したビデオで、彼女らスタッフが園児に人形や写真を使い巧みに誘導尋問し、架空の事実を信じ込ませている様子を法廷で陪審員に見せつけた。また、マクファーレンとパニック報道の張本人サッツが当時恋人関係にあり、2人が共同でセンセーショナルな事件を作り上げたと主張する（このエピソードは劇中には登場しない）。

さらに、陪審員の心証に大きく影響したのが、証人として出廷したジョージ・フリーマンなる男性の存在だ。被告レイモンドと拘置所で同室だった彼は当初「レイモンドから虐待の話を詳細に聞いた」と証言した。が、後にデイビス弁護士は、フリーマンが過去に児童虐待の前科があり、さら

園児たちに植え付けられた偽の記憶

人形を使い園児たちに誘導尋問を行っている様子。ビデオは法廷で流された

に偽証罪に問われていた事実を掌握。フリーマンと検察が司法取引をして故意に偽証を行ったと主張し、改めてフリーマンを法廷に呼び「あなたの証言は信用できますか？」という問いに「できない」との回答を得る。

1990年1月、陪審員がレイモンドとペギーに下した判決は無罪。検察は即座に控訴したものの、同年7月の審理は陪審員の意見が一致せず評決不成立。検察は有罪をあきらめ起訴を全て取り下げる。裁判はマクマーティン保育園側の全面勝利で終結した。

事件をでっちあげた1人と言っていいTVリポーターのサッツは1992年11月、心臓発作により47歳で死亡。また園長だったヴァージニア・マクマーティンは映画公開7ヶ月後の1995年12月に88歳で、彼女の娘である元被告ペギーは2000年12月、74歳で逝去した。その他事件関係者は2019年8月現在、健在である。

キー・マクファーレン。セラピストとして園児らを尋問したが、一切資格を持っていなかった（写真は証人として出廷したときの様子）

マクファーレンの恋人で、事件をセンセーショナルに報じたTVリポーター、ウェイン・サッツ

サルバドールの朝

フランコ独裁政権末期のスペインで起きた悲劇

サルバドール・プッチ・アンティック本人。反政府組織「イベリア解放運動」のメンバーだった当時

25歳の青年サルバドールはこうして処刑された

1970年代初頭、フランコ独裁政権末期のスペインで、自由を求め反政府活動に携わるなか、警官を射殺した罪で処刑された1人の青年がいる。サルバドール・プッチ・アンティック。不当な裁判によりわずか25歳で命を奪われた彼の悲劇は、映画「サルバドールの朝」で忠実に再現されている。

闘牛、フラメンコ、世界最高のサッカーリーグ「リーガ・エスパニョーラ」——。スペインと聞いて世間一般がイメージするのは、情熱的で自由奔放な地中海の国だろう。しかし、今から半世紀弱前、1970年代半ばまで同国に自由はなかった。スペイン内戦に勝利したフランシスコ・フランコ将軍が30年以上にわたり独裁体制を敷き、政府に逆らう発言・活動を徹底的に弾圧、何十万人という人民が軍隊と秘密警察によって虫けらのように虐殺されていたのだ。

1948年5月、バルセロナに生まれたサルバドールは社会運動家だった父の影響もあり、10代半ばから反体制の思想を持ち、1970年代初頭、反政府組織MIL（イベリア解放運動）に参加する。

MILは国の民主化を大義にしながらも、活動資金調達のためには銀行強盗も行う過激組織で、サルバドールもまた思想信条のもと、犯罪に手を染めていた。

1973年9月25日、かねてよりMILをマークしていた警察はバルセロナにある彼らの密会場所に張り込み、それに気づいたメンバーと激しい銃撃戦を繰り広げる。ここでサルバドールが撃った銃弾が若い警官に直撃、サルバドールも瀕死の重傷を負う。

果たして、撃たれた警官は死亡。サルバドールは逮捕され軍事法廷で死刑判決を言い渡されるが、その後、死亡した警

サルバドールの朝

2006／スペイン
監督：マヌエル・ウエルガ
フランコ政権末期のスペインを舞台に、不当な裁判によって死刑判決を受けた若きアナーキスト、サルバドールとその家族や友人の闘いを描く社会派ドラマ。主人公を「グッバイ、レーニン！」（2003）のダニエル・ブリュールが演じた。

官の体に同僚警官の誤射と思しき銃弾の痕が幾つか残っていたことが判明する。つまり、警官殺害はサルバドール1人の責任とは言えなかったのだ。

死刑判決は行きすぎであるとして、サルバドールの弁護人や家族は再審や恩赦を国に要請する。しかし、判決が覆ることはなかった。

この当局の頑《かたく》なな態度には、サルバドール逮捕後に起きた一つの事件が関係している。劇中では台詞で語られているだけだが、1973年12月20日、老いが目立ってきたフランコの後を継いで半年前に首相に就任したルイス・ブランコが民族組織ETA（バスク祖国と自由）に殺害された。

ETAは、フランコ政権の抑圧に反発する形で1959年に結成、スペインやフランスのバスク人居住地域を一つの独立国家として分離させることを目標に掲げ、爆弾テロや暗殺を常套手段としていた。独裁者フランコの忠実な腹心として長年独裁体制を支えてきたブランコは彼らの殺害ターゲットになり、綿密な計画のもと、この日、車道の下に仕掛けられた爆弾により、乗っていた車ごと爆破・殺害されたのである。

サルバドールは当然、この暗殺事件に一切無関係だ。が、政府はETAと同じく権力に

オートバイに乗る10代後半のサルバドール（右）。すでに反体制の思想を身につけていた

逆らう者としてサルバドールの扱いを重視、いわば報復の生贄として死刑を宣告したのである。

刑執行は1974年3月2日だった。バルセロナにあるモテロ刑務所に家族が面会に訪れる。映画は、絶望的な最後の時間を丹念に描き、処刑シーンも詳細に再現していく。

サルバドールの名が後に有名になったのは、このとき採用された残酷な処刑手段にもある。鉄環絞首刑（スペイン語でガローテ）。椅子に座らせた死刑囚の首を鉄の輪で絞めて後ろを捻る絞首刑の一種で、当時スペインの公式な死刑執行法だった。

万力で絞め上げられ悶絶するサルバドール。正視に絶えられない残虐シーンだが、注目すべきは、このとき冷徹にガローテを操っていたのが刑務所の人間ではなく、老いた職人だったと

右／30年以上にわたってスペインを独裁で支配したフランシスコ・フランコ（右）。左／フランコの後を継いで首相となったブランコが車ごと爆破・暗殺された瞬間を捉えた1枚（1973年12月20日）。この事件が、サルバドールの運命を決定づけた

いう点だ。

劇中では説明されていないが、この老人は、アントニオ・ロペス・シエラという名の実在の死刑執行人である。１９４９年から1回60ペセタの報酬で死刑執行を請け負い、このときまでに数百人の死刑囚を葬ったといわれている。

また、これも映画には登場しないが、同じ日、もう１人の死刑囚がタラゴナの刑務所でガローテによって処刑されている。ハインツ・チェス。前記した、ブランコ首相暗殺に関わったＥＴＡのドイツ人メンバーだ。

同日午前9時40分、死刑終了。サルバドールは25年の短い生涯を閉じる。最後、字幕にあるように、サルバドールの死後も彼の家族は再審請求を出し続けたが、２０２１年1月現在もスペイン国家はその訴えを退けているそうだ。

サルバドールの死から1年8ヶ月後の１９７５

劇中で再現されたスペイン伝統の鉄環絞首刑による処刑シーン。映画「サルバドールの朝」より

鉄の輪で首を絞められ窒息死

年11月20日、独裁者だったフランコが死去（享年82）し、２日後、皇太子ファン・カルロスが44年ぶりに国王に即位した。国民は期待していなかった。皇太子はフランコの操り人形と見られており、為政者は変われど同じような独裁体制が敷かれ続けると考えていたのである。

しかし、ファン・カルロスは大方の予想を裏切り、積極的に民主化を推進し、１９７６年に首相となったアドルフォ・スアレスの指導のもと、民主化のための制憲議会の設置を表明。フランコ派が多数を占めていた議会もこの措置に賛同し、１９７７年には41年ぶりの民主的な選挙が行われ、翌１９７８年には死刑制度も廃止された。

サルバドールの死刑執行人アントニオ・ロペス・シエラ

サルバドール（左）の死刑執行を報じる新聞。右は同じく鉄環絞首刑となったハインツ・チェス（ブランコ首相を暗殺したETAのメンバーの1人）。スペインにおける死刑はこの2人が最後である

上／殺戮命令を出した韓国初代大統領、李承晩
下／虐殺された島民の遺体

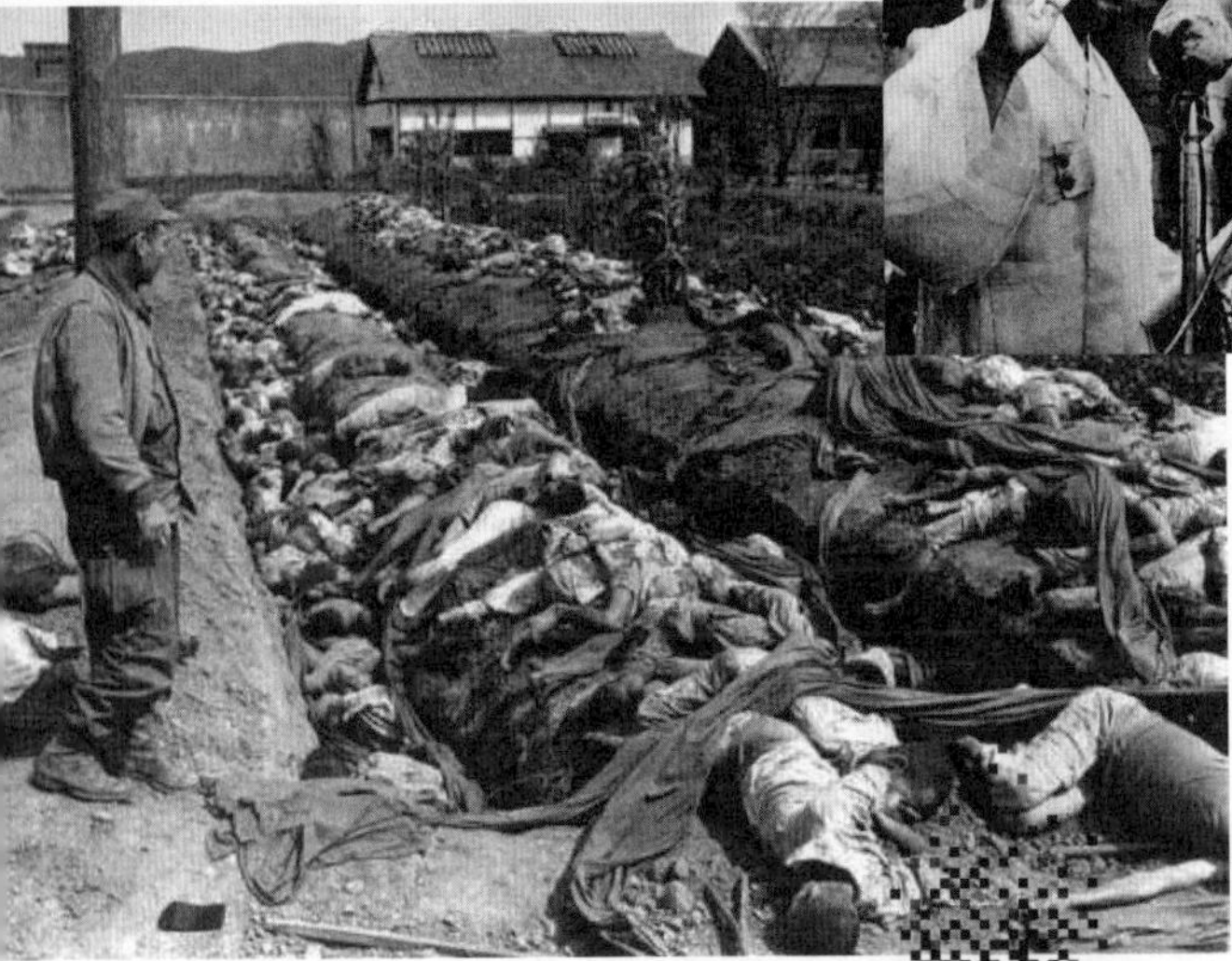

チスル

アカ狩りを名目に島民6万人を虐殺

FILMS

済州島 四・三事件

韓国最南端に位置し、「東洋のハワイ」とも言われる済州《チェジュ》島は世界自然遺産を有し、韓国ドラマのロケ地にも使われる人気の観光スポットだ。

今から約70年前、この島で韓国現代史最大のタブーともされる大虐殺が起きた。第二次世界大戦終結3年後の1948年4月3日、南北統一政府を求める一部の済州島民が武力蜂起を起こしたことにともない、当島を占領・統治していた米軍と韓国政府軍が「アカ（共産党員）」の掃討を名目に、1954年まで6年間にわたって住民を無差別に殺害した「済州島四・三事件」だ。

2012年公開の映画「チスル」は、6万人とも言われる犠牲者を出したこの悲劇を、済州島出身のオ・ミヨル監督が史実に基づき描いた作品である。

日本が第二次世界大戦の降伏文書に調印した4日後の1945年9月6日、植民地支配から解放された朝鮮は朝鮮人民共和国の建国を謳った。が、日本の降伏前から朝鮮へ武力進駐していたアメリカとソ連は建国を認めず、朝鮮半島は北緯38度線で南北に分割占領されてしまう。

同年12月、米英ソ3ヶ国が5年間の朝鮮の信託統治と統一政府樹立を目指す協定を発表。この協定が朝鮮半島に伝わると、信託統治に反対の李承晩《りしょうばん》ら右派と、賛成した金日成《キムイルソン》ら左派の間で抗争が勃発し、これが後の南北それぞれの国家樹立に繋がっていく。

済州島で最初に事件が起きたのは1947

チスル

2012／韓国／監督:オ・ミヨル
韓国現代史最大のタブーとされてきた「済州島四・三事件」を初めて映画化した衝撃作。タイトルの「チスル」は、済州島の方言で「ジャガイモ」の意。優しい気質の島民は負傷した軍人にまでジャガイモを差し出したという。

年3月のこと。小学校の記念式典で騎馬隊の警官に子供が轢かれるのを見た、南北統一での自主独立国家樹立を訴えるデモ隊が警官に投石。これを暴動と捉えた警官が発砲し6人が命を落とす。

米軍政は事件に関し、3万人のデモ隊が警察署を襲撃したと発表。さらに、3月10日に島民の会社員の95％にあたる約4万人が参加するゼネストが発生すると、米軍は住民の70％が左翼やそのシンパと結論づける。

決定的な事件が起きたのは翌年4月3日。米政府が親米路線の新国家を建国すべく南朝鮮のみでの単独選挙を5月に実施すると決めたことに怒った南朝鮮労働党員ら300人余りの武装隊が島内12の警察支署や右翼団体寄宿舎を一斉に襲撃。警察側12人、蜂起側2人の死者が出る。

4ヶ月後の8月、単独選挙（済州島は選挙不成立）で大韓

討伐隊に捕まった済州島の住民

映画は、島民が実際に逃げ込んだハルラ山中のクンノルケ洞窟で撮影された。映画「チスル」より

島民を射撃の的にするなど、殺害はゲーム感覚で行われた

民国が建国、初代大統領に就任した親米の李承晩が非情な決定を下す。済州島に戒厳令を発令し、国に対抗する武装隊、すなわち〝アカ〟の一掃を名目に韓国軍と警察を島に送り込み、「海岸から5キロ以上離れた山間部にいる者は暴徒とみなして無条件に射殺せよ」と布告したのだ。焦土作戦の始まりである。

映画は、山間地帯の住民を皆殺しにしながら火をつけて回る討伐隊の様子を、余分な説明を排除したモノクロ映像で映し出す。モデルとなったのは、世界自然遺産に登録されているハルラ山中にあった人口120人ほどの小さな村だ。

麓で鳴り響く討伐隊の銃声に追われ洞窟に隠れる村民たち。メインで描かれるのは、赤ん坊から妊婦、老人まで30人ほどが身を寄せたクンノルケ洞窟だ。当初はジャガイモを分けて食べるなど互いに協力し合っていた彼らが、10日、20日と日が経つにつれ信頼関係を無くしていく様子もカメラは丁寧に追う。

劇中では、村民の娘がレイプされたり、足の悪い老婆が家ごと燃やされている。そうした事実があったかどうか定かな記録は残っていないが、洞窟を発見された村民が乾燥した赤唐辛子を燃やして必死に抵抗、命からがら脱出したのは事実。しかし、最終的に討伐隊に見つかり、12月24日、済州島でも美しいと有名な正方滝の上で銃殺され滝壷に投げ捨てられたそうだ。

「四・三事件」の
武装隊司令官で、
1949年6月7日に射殺された李徳九《イドック》。
死体は済州市内の広場に晒された

映画は、アカではないとわかっている住民を殺害しなければならない討伐隊員の苦悩も描いているが、実際はその大半が何のためらいも持っていなかった。どころか、実際の殺戮は残酷を極めた。

劇中には一切出てこないが、村民の味方である武装隊を騙る「トラップ討伐」や、なぜか刺繍をさせて殺害する「刺繍討伐」、村の住民全員を集めて虐殺する「観光銃殺」などの残虐行為が横行。さらには家族同士で殴らせてから殺したり、住民を射撃の的代わりに使うなど、まるでゲームのように島民たちを殺した連中も少なくなかったそうだ。その中でも、ベトナムや北朝鮮出身の組織暴力団、プロテスタント、極右勢力が主流だった「西北青年会」

は悪質さで名を轟かせていたという。

虐殺は1954年9月21日まで続いた。政府は犠牲者の数は約1万人と発表したが、1948年当時28万人いた済州島民は、最後の武装隊員が検挙された1957年には、なんと3万人弱にまで減少した。虐殺による死者はもちろん、本土への連行、そして日本に密航して虐殺を逃れた人もおり島の人口が激減していたのだ。

これほどの大事件だったにもかかわらず、「反共」を国是《こくぜ》に掲げてきた韓国は、長年、タブーを決めこんできた。しかし、2018年4月3日の追悼式に、文在寅大統領が出席、「国家権力が加えた暴力の真実をきちんと明らかにし犠牲となった方たちの怒りを解き名誉を回復するようにします。このために遺骸の発掘事業も悔いが残らないよう最後まで続けていきます」とスピーチ。

さらに事件から71年目となる2019年3月4日、軍と警察が初めて公式に謝罪の意を表明した。

2019年3月、軍と警察が公式に謝罪

韓国政府はこの蛮行を長年タブー視していた

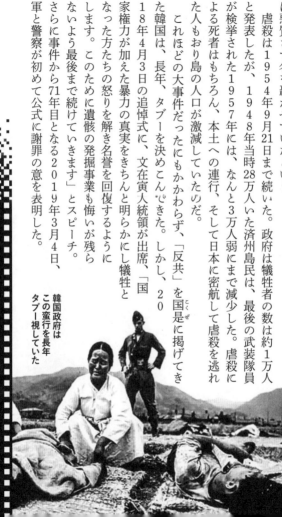

ウインド・リバー

ネイティブ・アメリカン社会の闇

FILMS

アメリカ先住民居留区少女殺人・失踪事件

物語は雪原で先住民女性の凍死体が発見されるところから始まる。映画「ウインド・リバー」より

2017年公開の映画「ウインド・リバー」は、アメリカのネイティブ・アメリカン居留区の闇に迫ったクライムサスペンスだ。

雪原で見つかった先住民の少女の遺体。いったんは自然死として処理されそうになったものの、合衆国魚類野生生物局の男性職員とFBIの女性職員が調査し、少女が外地から来た白人の男たちに輪姦され、マイナス30度の雪原を走って逃げる最中に肺が凍って吐血死した事実を突き止める。

劇中で描かれる殺人事件はあくまでフィクションだ。が、映画の冒頭で「事実に基づく」とただし書きのテロップが入るとおり、アメリカの先住

先住民居留地のウインド・リバーは
ワイオミング州の雪深い山奥にある

民居留区は無法地帯と化し、映画と同じような殺人や失踪事件が頻発している。

　ネイティブ・アメリカンとは、15世紀末にヨーロッパ系の白人が北米地区に入植する以前、現地に居住していた民族の総称である。白人たちは、彼らから農業に適した肥沃《ひよく》な土地を奪取、居留区とは名ばかりの山奥の荒れた土地に強制移住させ、先住民たちを迫害し続けてきた。

　アメリカ社会において、ネイティブ・アメリカンは圧倒的な弱者だ。『ニューヨーク・タイムズ』紙によると、アメリカ人の平均寿命が78・5歳なのに対し、居留区の平均寿命は49歳。失業率は全国平均が3・6%に対し、居

ウインド・リバー

2017／アメリカ
監督:テイラー・シェリダン
米ワイオミング州のネイティブ・アメリカン居留区「ウインド・リバー」で起きた少女殺人事件を主軸に、現代アメリカの社会の闇を描くクライムサスペンス。第70回カンヌ国際映画祭「ある視点」部門で監督賞を受賞。

事件の真相を追及する合衆国魚類野生生物局職員を演じたジェレミー・レナー（左）。映画「ウインド・リバー」より

留区は80％以上という。さらに国立司法省研究所の報告では、アメリカ先住民の女性の半数以上がレイプ被害を受けており、他殺率は他のアメリカ人の10倍を超えるそうだ。

現在、居留区は１００ヶ所以上存在し、映画のタイトルにもなっている「ウインド・リバー」は、アメリカ中西部ワイオミング州の山奥にある実際の居留区名である。

約９千１００平方キロメートル、およそ鹿児島県ぐらいの広さに２万６千人ほどが暮らすこの土地は、他の居留区同様、厳しい自然環境と水道など生活インフラ不備のなか、多くの住民が政府からのわずかな年金に頼って暮らし、アルコールや麻薬に溺れる者も少なくない。

居留区はアメリカ内務省直轄のＢＩＡ（インディアン事務局）が管理し、自治権が認められている。居留地の中で起きた事件も、基本は先住民族の部族警察の管轄だ。が、広大なウインド・リバーに在籍する警察官はたったの６人。殺人事件など凶悪犯罪が起きた場合はＦＢＩ（連邦捜査局）に応援を要請するシステムになっているが、映画で描かれているように、まずは派遣された先発隊が現場で調査し、明らかな他殺事件と判明しない限り、本隊はやってこないのが現実だ。

実際、2008年にウインド・リバー居留区で3人の少女が殺害された事件も例外ではない。同年6月3日の朝、友達の家に泊まると家族に話していた13歳のオテカと、14歳のアレクサンドリア、ウインターローズ（年齢不明）が低所得者用の共同住宅で遺体で見つかる。オテカとアレクサンドリアは寝室、ウインターローズは家の裏庭に横たわっていた。

1ヶ月後、彼女らの死が薬物依存症の治療に使われる強力な鎮痛剤「メタドン」の過剰摂取による他殺と断定され、FBIと米国検察局は、彼女らに無理矢理ドラッグを摂取させた2人の10代少年を殺人容疑で逮捕する。メタドンは3人の遺体が見つかった家に住む老女が医療用に使っていたもので、彼らは老女の孫だった。

この事件で注目すべきは、死亡の詳細が明らかになるのを防ぐという理由で判決結果が封印されたこと、そして3人の少女が薬で殺害されるという大事件ながら、1年以上も報道されなかった事実だ。

もし白人の少女が殺害されたら、即日、テレビで全米に中継されるだろう。しかし、CNNが「謎が残る少女の居

2008年に殺害された当時13歳のオテカ（上）とウインターローズ

留区での死」と題した記事を配信したのは2009年11月になってから。しかもその内容は、事件の原因を追及するでも検察や警察の不手際を責めるわけでもなく、「居留区のこと」といった他人事感が強い論調だった。

ウインド・リバーで殺された3人の少女は犯人が逮捕されているだけ、まだマシなのかもしれない。アメリカ北西部のモンタナ居留区では2017年11月と2018年6月、2人の少女が姿を消し、現在のところ失踪事件として扱われている。モンタナ地区も茨城県ほどの広さに対し、部族警察官の数は15人。あくまで行方不明のため、FBIを要請することもできず、事件は放置されたままだ。

ちなみに、劇中でも示されるとおり、アメリカ先住民女性の失踪あるいは殺害の正確な数はわかっていない。本作のスタッフが制作前に何ヶ月も情報を探したが、データそのものが存在しなかったそうだ。

先住民を巡る闇を抱えるのはアメリカだけではない。2014年、カナダの国家警察が、1980年から2012年までの30年余りで1千200人もの先住民女性が行方不明か、もしくは殺害されたとの驚きの調査報告を発表した。

調べによると、カナダ女性のうち北米インディアンやイヌイットなど先住民女性の割合はわずか4%に過ぎないが、殺人の犠牲になった女性の16%を先住民女性が占めているという。

　2015年には、事態を調査すべき警察官が、先住民族の女性をパトカー車内で手錠をかけてレイプ。被害女性の携帯電話を破壊したうえで極寒の道路脇に置き去りにしていた事件が10件以上も発覚した。一連の事件では8人の警察官が日常的に犯行を行っていたそうだ。

　カナダ政府は当初、先住民族への差別などないと事件の根本的解明を拒否していたが、2015年に就任したトルドー首相は、事態の究明に着手することを表明。ところがカナダにも先住民女性たちに関するデータがなく、原因究明どころか議論さえ行えないのが現状らしい。

被害女性に関するデータ自体が存在しない

$1,000 REWARD
MISSING
Ashley Heavy Runner Loring
Reward is being offered by the Bureau of Indian Affairs Office of Justice Services for information related to the where abouts of Ashley Heavy Runner Loring
If you have information, please call Blackfeet Law Enforcement Dispatch Center at (406) 338-4000.
Description: 20 year old, female Native American from the Blackfeet Reservation, 5'2", 90 lbs, fair skin, small/petite frame, light brown, long, straight Hair and brown eyes
Last Seen: Week of June 13, 2017 on the Blackfeet Reservation

MISSING
Last Seen June 16, 2018
Missoula, MT
5'9" | 23 yo | 130lbs
LAMAR

2017年と2018年、モンタナ居留区から行方不明になった女性2人を探すチラシと看板

僕たちは希望という名の列車に乗った

ハンガリー動乱の犠牲者に捧げた黙祷が一大事に

前列右端が主人公のクルトを演じたトム・グラメンツ。映画「僕たちは希望という名の列車に乗った」より
©Studiocanal GmbH Julia Terjung

FILMS

1956 東ドイツ高校生集団亡命事件

2018年に公開されたドイツ映画「僕たちは希望という名の列車に乗った」は、東西冷戦下の東ドイツで実際に起こった、少年少女たちの〝小さな革命〟の一部始終を描いた社会派ドラマである。

高校に通う普通の若者たちが、自由を求めるハンガリー市民に共感。純粋な哀悼の気持ちを表したことが社会主義国家への反逆と見なされ、若者たちは国に残るか西ドイツへ逃れるかの選択を迫られてしまう――。

この理不尽な出来事を描いた本作は、人物の名前やキャラクターを脚色した以外、全て本当に起きた出来事だ。

映画のモデルになった高校生の亡命事件は、1956年に起きた。東ドイツの高校に通う9年生（日本の高校3年生）のテオとクルトは列車で西ベルリンに映画を観に行き、ハンガリー動乱のニュース映像を目にする。当時ソ連の支配下にあったハンガリーの市民が自由を求めた政府への蜂起をソ連軍が鎮圧、数千人が殺害された大事件である。

映画を観に行った1人で、市議会議員の父親を持つ正義感あふれるクルトのモデルになったのが、原作の『沈黙する教室』（2006年刊）を著したディートリッヒ・ガルスカ（1939年、ベルリン生まれ）で、彼は当時、ドイツ北東部ブランデンブルク州のシュトルコーという人口5千人の町のカート・シェッフェル高校に通っていた（映画では、シュトルコーが現代的な街並みになってしまったため、当時のままの

僕たちは希望という名の列車に乗った

2018／ドイツ　監督:ラース・クラウメ
1956年、ハンガリー動乱の犠牲者に黙祷を捧げた東ドイツの高校生が、社会主義国家に対する反逆とみなされ運命を翻弄されていく社会派ドラマ。モデルの1人、ディートリッヒ・ガルスカが2006年に出版した『沈黙する教室』が原作。

製鉄所が稼働し、古い街並みが残っている旧スターリンシュタット＝現アイゼンヒュッテンシュタットの高校に設定変更されている）。

なぜ東ドイツの高校に通う学生が西ベルリンに映画を観に行けたのか。第二次世界大戦後、ドイツが東西に分断され、２つの別国家が誕生したことを考えれば違和感を覚えるが、１９５６年当時は東側から西ベルリンの職場に通う者が６万人以上、西から東に通う者も約１万人いて、行き来は可能だった。その自由がなくなるのは５年後の１９６１年、ベルリンの壁が建設されて以降の話である。

ガルスカらはニュース映像を観て大きなショックを受ける。それは、ハンガリー市民が虐殺されたことはもちろん、３年前の１９５３年に東ベルリン初の民衆蜂起が起きたことも関係していた。

映画のモデルになった、ブランデンブルク州シュトルコーにあるカート・シェッフェル高校の生徒たち。写真が撮られた3年後の1956年、彼らの大半が西ベルリンに亡命した（後列左から4番目が主役クルトのモデルのディートリッヒ・ガルスカ）

市民が自由を求め蜂起したハンガリー動乱（1956年10月23日〜11月10日）。ソ連軍の軍事介入により数千人の死者が出た

劇中、もう1人の主人公テオ（実在のモデルがいるかどうかは不明）の父親が参加したことになっている「6月17日蜂起」は、建設労働者のストライキが発端だった。政府がノルマ未達成者の賃金をカットする政策を打ち出したことに対する抗議のため、6月16日に東ベルリンに300人が集結。それが翌日には4万人以上に膨れ上がったことで、ドイツ駐留のソ連軍兵士2万人と、人民警察8千人あまりが武力制圧。50〜100人の死者を出したと言われる（政府側の情報操作により正確な犠牲者数は不明）。彼らは自国の過去の悲劇を、ハンガリーの民衆蜂起に重ね見たのだ。

騒動は、1956年11月3日の歴史の授業で起こる。ガルスカら3人が始業前にハンガリーのニュースをクラスメイトに報告。犠牲者に2分間の黙祷を捧げようと提案した。純粋な哀悼の気持ちだった（映画のように黙祷するか否か多数決を取ったわけではなく、席の前から後ろへ伝言ゲームのように伝えたのだという）。

歴史担当の教師は教室に入って驚く。クラス全員が黙り込み、呼びかけても誰一人声を発しない。不審に思った教師が校長室に駆け込んだところ、校長は単なるイタズラだと穏便に済ませようとする。

しかし、この話を聞きつけた別の教師が、生徒の黙祷がハンガリー動乱と関連しているものと断定、黙祷を提案した〝犯人〟に名乗り出るよう厳しく求める。が、生徒は沈黙したまま。教師は「社会主義国家への反逆だ」と騒ぎ立て、秘密警察とも揶揄されていた国家保安省に連絡してしまう。

ここから事態はのっぴきならないものになっていく。ガルスカらは、やってきた調査員に、若者に人気のハンガリー代表のサッカー選手フ

黙祷を言い出した首謀者が誰なのか、当局の調査員が生徒1人1人を呼び出して尋問をしていく。映画「僕たちは希望という名の列車に乗った」より

©Studiocanal GmbH Julia Terjung

エレンツ・プスカシュが民衆蜂起で死んだ（と当時は伝えられていたが誤報だった）ことに対する哀悼の意を表したと説明する。が、その言葉を信用する者はいなかった。

映画ではその後、わざわざ人民教育大臣が教室にまで押しかけ、首謀者を教えなければクラス全員に卒業試験を受けさせないと宣告している。実際は、大臣が私用で近くにいたため、ついでに寄ったようだが、いずれにせよガルスカらは、密告するか大学進学を諦めるかの二者択一を迫られる。当時の東ドイツでは、高校を卒業できない者＝肉体労働者、大学進学者＝将来を約束されたエリート、という社会の構図があり、現役高校生の彼らには酷な選択だった。

映画では、エリックという生徒が、彼の父親がナチスに協力した裏切り者で、戦後処刑された事実を新聞に発表すると警察に脅された結果、クルト

亡命した生徒たち。写真は1957年1月、フランクフルト駅で撮影された1枚で、亡命を聞きつけた新聞社の要請でポーズを取ったものと思われる

が首謀者だと告白することになっている。このシーンは完全な脚色だ。確かにクラスメイトの中には、宗教的な問題や、父親が西側に住んでいたり、過去にナチ党員だったなど、秘密警察の脅しのネタを抱える者もいたが、実際には20人の生徒全員が厳しい尋問に屈さず、最後まで沈黙を守り通した。

ガルスカらに数学とラテン語を教えていたヴォルフガング・フリッケも西へ亡命した

不甲斐ない結果に人民教育大臣は激怒して尋問専門家を学校に派遣、再び生徒たちを厳しく問い詰めた。そこで浮かび上がったのが、ガルスカだった。理由は、彼が西洋風の服を好んでいたからだ。

確かにガルスカはデニムシャツを着て街を歩いているとき、通行人に「ここでそんなものを着たらダメだ」と咎められたことがあるという。デニムシャツは当時の東ドイツでは、アメリカ文化の象徴として〝テキサス・シャツ〟と呼ばれ忌み嫌われていたらしい。

尋問者に、名乗り出なければクラス全員が卒業できないと脅されたガルスカは、すぐに行動に移す。「無実が証明されるまでは戻ってきません」という短い書き置きを残し、西ベルリンに向かう列車に乗ったのである。１９５６年12月20日の早朝のことだ。黙って家

1996年に故郷のシュトルコーで開かれた
亡命40周年記念の会。前列中央がガルスカ

を出たのに、振り返ると息子の様子を察知した両親が見送っていたという。

当局は、残ったクラスメイトを誘惑する。「ガルスカが首謀者だったと認めれば卒業試験は受けさせる」と。それでも彼らは口を割らなかった。ばかりか、クラス20人（うち女性10人）中、家族のために家を出られなかった女生徒4人（その中の1人はガルスカのガールフレンド、マリオン）を除き、15人がガルスカの後を追い、西へ亡命。さらに、劇中では描かれないが、この後シュトルコーの高校で数学とラテン語を教えていた教師、息子を見送ったガルスカの両親と3人の弟たちも西ベルリンに渡っている。

映画は、「列車に乗った全員が西ドイツに着き、卒業試験を受けることができた」とのメッセージで

亡命から40年後の1996年、クラスメイトが故郷で再会

終わる。実際、彼らはベンスハイム市の高校で試験を受け、それぞれ成績に見合った大学に進んだという。が、その間も当局は、母親がガンを患っていた生徒のもとに「戻ってきて　母」との電報を何通も送るなど、様々な連れ戻し工作を実施していたそうだ。

ガルスカは西ドイツでドイツ文学や社会学などを学んで高校教師となり、退任後は市民大学で講師に着任。1996年には、亡命から40年を記念して故郷に戻り、かつてのクラスメイトや恋人と再会を果たしたそうだ。

そして2018年2月、制作に協力した映画「僕たちは希望という名の列車に乗った」のワールド・プレミアに参加した2ヶ月後の4月18日にこの世を去った。享年78だった。

2018年2月、映画公開の完成披露会に参加したガルスカ(左)。
深刻な病魔に侵されており、この2ヶ月後に死去

第3章

凶悪

宙づりにされた拉致被害者の少女。映画「クリーブランド監禁事件　少女たちの悲鳴」より

クリーブランド監禁事件　少女たちの悲鳴

10年以上にわたって性の餌食に

FILMS

米クリーブランド3少女拉致監禁事件

2013年、米オハイオ州で10年間以上行方不明だった3人の少女が発見・救出された。彼女らは近所のスクールバスの運転手の男に拉致・監禁され、そのうちの1人は6歳の女児まで出産していた。

映画「クリーブランド監禁事件　少女たちの悲鳴」は、事件の被害者の1人ミシェル・ナイト（1981年生まれ）が2014年に発表した自伝『私を見つけて』を原作とした衝撃のスリラーである。

オハイオ州はアメリカ北東部の五大湖エリアに位置し、事件は州都コロンバスに次ぐ第2の都市クリーブランドで発生した。

クリーブランドはかつて運河や鉄道の起点となる立地から工業都市として発展したが、1960年代以降産業が衰退、2010年、経済誌『フォーブス』では〝米国で最も惨めな都市〟に選ばれるほど治安も経済も悪化していた。

映画は、まさに町が荒れゆく2002年の8月23日、主役のミシェル・ナイトが拉致される当日から始まる。劇中では描かれないが、彼女はシングルマザーの母親のネグレクトに遭い、不幸な成長期を経て17歳で高校を中退。家を出て、町で知り合った友人宅を転々とするうち妊娠してしまう。

仕方なく母親を頼って子供を出産したものの、ジョーイと名づけた息子を家にやってくる母親のボーイフレンドが虐待。怪我の治療をした医師が不審に思って通報したため、当局がミシェルから息子を引き離し、施設に保護していた。

クリーブランド監禁事件 少女たちの悲鳴

2015／アメリカ
監督:アレックス・カリムニオス
2013年にアメリカで発覚した女性3人の拉致監禁事件の実話をもとにしたサスペンススリラー。11年間、犯人の家に閉じ込められていた被害者の1人、ミシェル・ナイトの自伝が原作。

被害者の3人。左からアマンダ・ベリー（失踪当時16歳）、ジーナ・デヘスース（同14歳）、ミシェル・ナイト（同21歳）

後に彼女は息子と暮らせることになるのだが、親権については行政と係争中で、この日は裁判所へ出向く予定だった。が、ミシェルは家を出たきり消息不明となる。彼女の家の隣に住むフィゲロア一家の父親アリエル・カストロに拉致されたのだ。

カストロについても作中で説明はないが、1960年にプエルトリコで生まれ、両親が離婚したため母親と3人の弟妹とともにアメリカに渡ってきた移住者である。高校卒業後、一家で引っ越した近所に住んでいた3歳年下のグリミルダ・フィゲロアと恋仲に。2家族がクリーブランドのフィゲロア家で同居し、やがて内縁の夫婦だった2人の間に4人の子供が生まれる。

1992年、カストロはフィゲロア家から数キロ離れた場所に、後に事件の舞台となる広さ

120平米の住宅を購入、家族6人で暮らし始める。職は地元のスクールバスの運転手に就き、傍目には安定した生活に映った。が、実情は違う。カストロは家族に日常的に暴力を働き、それが原因で4年後の1996年、内縁の妻グリミルダは子供を連れて数キロ離れた実家に逃げ帰る。その隣に建っていたのが、ミシェルが息子と住んでいた家だった。

この後、映画では、カストロが子供たちに面会に行ったり、自宅に連れ帰って楽しそうに過ごしているかのように描かれているが、実際は違う。グリミルダと別れて以降も、彼女やその家族、子供に暴力を働いたり、親権を持つグリミルダに内緒で子供たちをさらったりなどして訴訟沙汰になっていた。

保護命令を求めたグリミルダの嘆願書によれば、彼女は肩と鼻を2回ずつ、歯を1回折られ、頭を階段に打ち付けられて脳に血栓ができたばかりか、頻繁に「殺す」という脅迫を受け続けたという（1993年、カストロはいったん家庭内暴力で逮捕されたものの、大陪審によって不起訴に）。

カストロが私生活で大きな問題を抱えていたことは間違いなく、それが原因で卑劣な犯行に打って出たのかもしれない。言うことを聞かない本当の妻子の代わりに、暴力で支配できる新たな〝家族〟を作ろうとしたとも考えられる。

当日、夜道を歩いていたミシェルを見つけたカストロは、自宅に犬を見に来ないかと車に誘った。小さい息子さんが喜ぶんじゃないか、と。

カストロの娘エミリーと仲の良かったミシェルは、自分のことを心配してくれていると、この誘いに乗る。そして、言われるまま家に入り、犬がいる2階へ。そこでカストロにロープをかけられてしまう。

DVDのパッケージに、主人公の両手・両足を背面で一緒に結び、天井からロープで吊

極悪非道な犯人アリエル・カストロ（逮捕当時52歳）と、被害者が監禁されていたカストロの自宅

り下げたおぞましい写真が使われているが、実際にカストロはミシェルをさらうと、まずこの状態で3日間、食事も摂らせず放置。恐怖と諦めを叩き込んだ。

かつて妻と4人の子供と住んでいたカストロの家は、2階建てで4つのベッドルーム、さらに地下室まで完備。ミシェルはベッドしかない地下室に放り込まれ、鎖でつながれてしまう。


ミシェルに続いて2003年4月21日に17歳の誕生日前日のアマンダ・ベリー、そして2004年4月2日にはカストロの14歳の娘と親友のジーナ・デヘスースがさらわれ、別々の部屋に監禁される。

カストロは誘拐した3人の少女を性の道具として弄んだ。まさに鬼畜としか言いようがないが、中でもショッキングなのは、妊娠したミシェルの腹部をカストロが蹴って流産させたことだろう。劇中では一度しか出てこないが、実際に彼女は監禁されている間に計5回、妊娠と流産を繰り返している。

出産を許されたアマンダと、ミシェルは何が違ったのか不明だが、生き残るためアマンダはカストロの家族になろうとしたのかもしれない。

そう、彼女たちは完全にカストロの支配下に置かれていた。わざと部屋の鍵をかけずにおき、逃げ出そうとするところを捕まえて暴力を振るう。さらには「誰かが逃げたら1人

上／娘とともに救助されたアマンダ（左は姉）。右／ジーナは行方不明者救護のための財団を立ち上げ積極的に活動を行っている

殺す」と脅し続けた。決してここから逃げ出すことはできない。彼女らが絶望の果てに諦めを覚えたことは想像に難くない。

しかし、長い年月を経て、解放の機会は訪れる。ミシェルとジーナを2階に監禁する一方、アマンダと娘と階下でまるで3人家族のように暮らし始めたことで気が緩んだのかもしれない。もはや逃げるはずがないとでも思ったのだろうか。2013年5月6日、カストロがこれまで欠かしたことのない家の玄関の施錠を忘れたのだ。

咄嗟にアマンダが子供を抱えて外に脱出し、助けを呼んだことで2階に監禁されていた2人も無事に救出。最初の被害者ミシェルが姿を消してから10

犯人は禁固1000年の刑を受け、獄中で自殺

年と9ヶ月の時が流れていた。

裁判でカストロには禁固1000年の刑が宣告されたが、2013年9月、留置場内で首を吊って自殺。ミシェルは養父母と暮らす息子とも会えないまま1人で生きていく決意を固め、映画は終わる。

その後、ミシェルは医療関係者の男性と結婚。ジーナは子供や女性、行方不明者救護のための財団を設立し、積極的に講演などを行い、アマンダはメディアなどで体験を話す傍ら、ジーナと共著で手記を出版。3人とも前に進もうとしている。

裁判で証言するミシェル（手前左から2人目の眼鏡の女性。奥右端がカストロ）

衿川警察強力班のコワモテ刑事を演じたマ・ドンソク（中央）。映画「犯罪都市」より

犯罪都市

韓国のチャイナタウンを牛耳る暴力団を一斉摘発

FILMS

ソウル警察中国マフィア掃討作戦

映画「犯罪都市」は、今や韓国の国民的スターとなったマ・ドンソクが主演、警察と韓国ヤクザ、中国マフィアが繰り広げる三つ巴の抗争を描いたクライムドラマだ。

本作のモチーフになった実話がある。２０００年代半ば、韓国・ソウルのチャイナタウンで起きた中国マフィア同士の対立抗争に端を発する警察当局の暴力団掃討作戦だ。

映画の舞台となったのは、ソウル東部に位置するカリボン洞のチャイナタウン。中国吉林省延辺《えんぺん》出身の少数民族・朝鮮族が多く暮らす町だ。

もともと工業地帯だったこのエリアに、朝鮮族が出稼ぎに来るようになったのは中韓国交正常化が実現した1992年頃から。そのまま土地に定住した彼らの人口は2000年代に急激に増加し、近隣の永登《ヨンドゥン》、衿川《クムチョン》を含め「朝鮮族タウン」「延辺通り」などと呼ばれるようになる。

街が形成されると、金の匂いを嗅ぎ付けた暴力団に狙われるのは世の常。ほどなくカリボン洞のチャイナタウンに、中国本土や香港、台湾などで絶対的な勢力を持つ暴力団組織「黒社会」(別称「三合会」)の傘下にある「龍井《りゅうい》出身派」「黒龍江《こくりゅうこう》出身派」「延辺出身派」「上海出身派」の4派が乗り込んできた。

彼らは地元の韓国人暴力団との縄張り争いに勝利すると、今度は中国系同士で血なまぐさい抗争を展開。結果、黒龍江派(劇中では毒蛇組)と延辺派(劇中ではイス組)が勝ち残る。

黒龍江派は、シノギとして風俗店から「みかじめ料(用心棒代)」を脅し取り、一方の延辺派は賭博場を運営していたが、2003

犯罪都市

2017／韓国　監督:カン・ユンソン
韓国のチャイナタウンで、血で血を洗う中国マフィア同士の抗争と、その壊滅に体を張る警察の姿を描いたバイオレンスアクション。2004年と2007年に実際にあった警察の暴力団掃討作戦がモチーフ。

年9月、延辺派のリーダーが刃渡り15センチの包丁で黒龍江派の構成員を切りつける事件が勃発。リーダーが強制出国となる。

勢いづいた黒龍江派は翌2004年1月、カラオケ店の女性従業員に乱暴を働き、止めに入った支配人の顔や腕を包丁とハサミでメッタ刺しにしたうえ、別のビアホールでも店員の腹部や太ももを刺すなどの暴力事件を繰り返す。

こうした蛮行にソウル南部警察署（現・衿川警察署）は掃討作戦を実行、殺人未遂などの容疑で14人の構成員を逮捕する（判決は懲役2年6ヶ月〜8年）。このとき作戦を指揮したのがユン・ソクホ刑事（現在、ソウル水棲警察署勤務）で、映画でマ・ドンソク演じる強行班のボスは、このソクホ刑事と、後述する2007年の摘発で広域捜査隊の強行班長だったジャン・ヨウン（現在、釜山サハ警察署勤務）を合体させたキャラクターとして描かれている。

舞台となったソウル東部のカリボン洞チャイナタウン。ハングルより漢字の看板が目立つ

右／マ・ドンソク（右）演じる刑事のモデルの1人、ユン・ソクホ刑事（左）。左／もう1人のモデルで2007年に広域捜査隊で指揮を執ったジャン・ヨウン刑事

黒龍江派が沈んだ後、チャイナタウンを牛耳ったのは、中国の「黒社会」で行動隊長として活動した男が2005年に朝鮮族の不法滞在者などを集めて結成した「延辺黒蛇派」（劇中では黒竜組）である。

彼らは、酒場や賭場、インターネットカフェなどから上納を受け、刃向かう者には躊躇なく斧を振り下ろす残忍さで街を支配した。チャイナタウンの住人たちは、理不尽に金を巻き上げられ、暴力を振るわれながらも警察へは届けなかった。報復を恐れていたからだ。劇中に、防弾チョッキを着たカラオケ店の支配人が登場するが、あれは決して誇張ではない。実際、中国マフィアにナイフで腹を刺された商店主が、腸が飛び出る重傷を負いながらも警察を呼ばず、ひっそり別の場所へ引っ越したケースもあるくらいだ。

その商店主は、中国マフィアの恐ろしさを身に染みてわかっていたのかもしれない。韓国にやってくる暴力団員の多くは、中国で殺人などを犯した手配犯だ。戸籍を洗濯（養子に入ったり、引っ越しを繰り返すなどして前歴を追いかけられないようにすること）した後に密入国で入国すれば、韓国で犯罪を犯して指紋を残しても、中国に逃げてしまえば身元は不明のまま。同時に他人を装い入国することも可能で、事実、２００３年に強制出国させられた延辺派のリーダーは、２年も経たず別人になりすまして入韓。延辺黒蛇派の副リーダーになっている。

チャイナタウンで勢力を伸ばす延辺黒蛇派は、「請負暴力」という独特のシノギでも荒稼ぎした。劇中にも出てくるが、これは体の部位に応じて値段を決め、ターゲットを痛めつけるというもの。実際の値段は、片足切断２５０万ウォン（約20万円）、両足５００万ウォン（約45万円）、殺害は１千万ウォン（約90万円）だったという。

やりたい放題の延辺黒蛇派に対し、警察当局は彼らの掃討作戦を立てる。担当したのはソウル警察庁の広域捜査隊で、半年間の捜査を経た２００７年４月、他の朝鮮族の暴力団員を拉致し、足首を刺して重傷を負わせるなど、９人への暴行容疑で延辺黒蛇派の構成員32人の身柄

武闘派で知られた
延辺黒蛇派の構成員

を拘束した。

警察の大量摘発でいったんは平和になったチャイナタウンだが、その後も中国マフィアの抗争は続いている。ただ、それ以上に深刻なのが、韓国国内の朝鮮族へのイメージだ。近年、韓国では朝鮮族が悪役として描かれるドラマや映画が数多く作られ、すっかり朝鮮族＝犯罪者のレッテルが貼られている。映画「犯罪都市」では、チャイナタウンの人たちが普通の日常を過ごし、犯罪組織摘発のため警察に協力する姿が描かれていたものの、２０１７年、朝鮮族の団体は映画の上映中止を求めたそうだ。

左／劇中で、延辺黒蛇派をモデルにした黒竜組のボスを強烈なキャラで演じたユン・ゲサン。映画「犯罪都市」より。 下／2007年4月、延辺黒蛇派が一斉摘発されたが、その後も中国マフィアの抗争は続いている

主演を務めたダイアン・クルーガー。映画「女は二度決断する」より

女は二度決断する

ドイツのネオナチがトルコ系移民ら10人を殺害

FILMS

NSU連続殺人事件

ダイアン・クルーガーが第70回カンヌ国際映画祭で女優賞に輝いた「女は二度決断する」。ドイツ北部の都市ハンブルクを舞台に、ある日突然、トルコ系移民の夫と幼い息子を爆弾テロで失った女性の運命を描いた人間ドラマだ。

劇中で、警察は当初、事件がトルコ系移民同士の抗争とみて捜査、夫にも原因があったのではないかと疑いの目を向けるが、やがて若いネオナチのドイツ人夫婦が容疑者として浮かび逮捕される。しかし、裁判では証拠不十分で無罪。主人公は絶望に打ちひしがれ、やがてある〝決

連続殺人に使われたものと同じタイプの銃
（チェスカ製CZ82）

断”を下す。

本作のストーリー自体はフィクションである。しかし、その設定は2000年〜2007年、映画と同じハンブルクなどで、トルコ系移民をはじめとする10人が相次ぎ殺された「NSU連続殺人事件」が下敷きになっており、本作監督ファティ・アキンの兄の友人も犠牲者の1人である。

NSU（国家社会主義地下組織）は1990年代、ドイツに登場したネオナチ集団＝極右テロ組織である。メンバーは、ウーヴェ・ムントロース（1973年生まれ）、ウーヴェ・ベーンハルト（同1977年）の男性2人と、女性ベアーテ・チェーペ（同1975年）の計3人で、他に200人の支持者がいたとされる。

ナチズムを信奉する彼らは当初、壁にハーケンクロイツ（ナチスのシンボルマークの鉤十字）の落書きをしたり、親衛隊の制服のレプリカを着て町を練り歩く程度だったが、1997年頃より手紙爆弾を警察や検察に送

女は二度決断する

2017／ドイツ
監督：ファティ・アキン
ネオナチによる爆破テロで夫と息子を奪われた主人公の女性が憎悪と絶望の中で下す決断を描いた人間ドラマ。ハリウッドで活躍するダイアン・クルーガーが第70回（2017年度）カンヌ国際映画祭で女優賞を受賞した。

るなど行動を徐々に過激化させる。

1998年1月、警察はNSUのアジトと目されるドイツ中央部の都市イェーナの住居で家宅捜索を行い、パイプ爆弾や火薬などテロを使用目的としたと思しき武器を押収、前記3人の逮捕状を取る。が、彼らは検挙される前に姿をくらまし、以降13年間にわたり地下活動を続けながら、犯行を繰り返すことになる。

1998年9月、ドイツ東部のノイロベダ地区で5階建てのプレハブ住宅が爆破され、男性1人が死亡、住民10人が負傷。2001年1月には、ケルンの食料品店で爆破事件が起き、イラン系ドイツ人の店主の娘が重傷を負った。このとき犯人たちは、商品を買うような素振りをして、商品の下に1キロ以上もの黒色火薬が入ったクリスマス用缶詰を隠していたという。

悪夢の連続殺人は2000年9月9日から始まった。最初の犠牲者はニュルンベルクで花屋を営んでいた38歳のトルコ系ドイツ人男性で、仕事中に銃で撃たれ2日後に病院で死亡。以降2006年4月まで、トルコ系移民ら男性8人が次々に射殺される。

2000年から2007年にかけ10人を殺害したネオナチ集団NSUのメンバー。左からベアーテ・チェーペ、ウーヴェ・ムントロース、ウーヴェ・ベーンハルト

しかし、映画同様、警察は一連の犯行を、トルコ人の親族間の抗争ではないか、被害者は犯罪組織の一員でトラブルに巻き込まれたのではないかという先入観を持ち、ネオナチ組織による連続射殺事件と考えた捜査員は皆無。メディアも、トルコ人の間の内輪もめという警察の見方を鵜呑みにして、偏見に満ちた報道を行った。

この背景には、2001年9月のアメリカ同時多発テロ以降、イスラム系テロ組織の監視に多数の捜査員を割かざるを得なくなり、極右団体への監視が手薄になったことがあるといわれるが、警察が前代未聞の大失態を犯したことに間違いはない。

NSUはトルコ系移民の連続殺害の他、2004年6月9日、ケルン・ミュールハイムでトルコ系の商店を爆破し22人を負傷させ、また2007年4月25日には、ドイツ南部の都市ハイルブロンの駐車場で女性機動隊員を射殺している。が、これらの事件でも、警察はNSUと関連づけて考えることはなかった。

NSUの犯行が発覚するきっかけは、2011年11月4日に

犠牲となった10人

2011年11月4日、犯人らがアジトに使っていた住宅が爆破され、残骸から犯行を示す数々の証拠が見つかった

起きた一つの強盗事件だ。同日午前9時30分、組織の中心メンバーであるムントロースとベーンハルトは、アイゼナッハの北広場にある銀行を、覆面をかぶって襲撃、従業員の頭に発砲して負傷させ、7万ユーロを強奪した。その後、2人は少し離れた場所に停めていたキャンピングカーで逃走したものの、警察は目撃情報から犯人を追跡し、2時間かけて怪しい車を発見する。11時30分頃、捜査員がキャンピングカーに近づいたそのとき、2発の銃声が聞こえ、車が炎に包まれた。そして、車内からムントロースとベーンハルトの遺体発見。覚悟の拳銃自殺だった（死体解剖により、ムントロースがベーンハルトを射殺した後、自殺を遂げたことが判明している）。

キャンピングカーからは、多数の銃器と弾薬も発見された。中でも重要なのはチェスカ製ＣＺ82と.32ＡＣＰ弾だ。これこそ移民連続殺人事件に使われた武器だったのである。

同日15時過ぎ、ザクセン州ツヴィッカウの一軒家で爆発と火事が起きる。自殺した2人が、もう1人のメンバーであるチェーペと住んでいたアジトだ。警察と消防が現場に着いたときチェーペの姿がなかったことから、彼女がメンバー2人の死を知り、証拠隠滅のため家を爆破、逃走したのは明らかだった。

爆破された家の残骸で、捜査員は武器の他に、3人がこれまでの殺人やテロを告白する映像が入ったDVDのコピーや、今後殺害の対象とする政治家やトルコ・イスラム系組織の代表者ら88人の住所が入ったUSBメモリを発見。ここにきて、ようやく1998年以降の未解決事件がNSUの犯行と確信した警察は、慌ててチェーペの行方を追う。

事件から4日後の11月8日、彼女は自らイェーナの警察に出頭。殺人、放火、殺人未遂など15件の犯罪に関与した容疑で逮捕・起訴された。

2013年5月6日からミュンヘン上級地方裁判所で開始された公判で、チェーペは全ての罪状を認め、被害者と遺族に謝罪したものの、犯行は自殺したメンバーからの指示だったと釈明。審理は5年にわたって行われ、2018年7月、終身刑の判決が下った（ドイツに死刑制度はない）。

生き残った犯人の女性は終身刑に

裁判に臨むチェーペ（手前）。終身刑の判決を受け、2019年8月現在、ドイツ南東部ザクセン州ケムニッツの女囚専用刑務所に収監中

被害者の荻原功明ちゃん

64 ―ロクヨン―

3回目の身代金要求電話の後、生きたまま川に投げ落とし殺害

２０１３年、「このミステリーがすごい！」（宝島社）の第1位に選ばれた横山秀夫の小説『64（ロクヨン）』。たった7日間しかなかった昭和64年（１９８９年）、D県警管内で7歳の少女が誘拐され、両親が犯人の要求どおり2千万円の身代金を用意するも、被害女児が遺体となって発見された未解決事件の真相が、13年後の平成14年（２００２年）に明らかになるサスペンスだ。

２０１５年にNHKでドラマ化、２０１６年には映画にもなった同作品は、原作の横山秀夫が上毛新聞社の記者だった１９８７年、群馬県で当時5歳の男児が誘拐・殺害された事件が題材といわれる。

群馬県（D県警のモデルといわれる）で幼い子供が誘拐に遭い、2千万円の身代金を要求された挙げ句に殺害遺体で発見される。犯人がかけてきた電話から逆探知の機会があったにもかかわらず、失敗に終わった点も小説と類似している。

荻原功明ちゃん誘拐殺人事件

ただ、小説では時効間近に犯人が判明するが、実際の事件は解決に至っていない。

1987年9月14日14時30分頃、群馬県高崎市筑縄町で、高崎中央消防署員・荻原光則さん（当時43歳）の長男・功明《よしあき》ちゃん（同5歳）が自宅前の神社に遊びに行くと言って出かけたまま姿を消した。

行方を捜していた家族が高崎警察署に捜索願を出したのが18時30分頃。その直後の18時42分頃、男の声で荻原家に電話が入る。

「子供を預かっている。2千万円くらいならあると子供が言っている。2千万円よこせ。よこさなければ子供を殺す」

男の「警察に連絡したのか？」という問いに、光則さんが捜索願を出したことを伝えると、「届けたことを取り消して、2千万円持ってこい」と電話は切れた。

19時47分、2回目の電話が入る。今度は光則さんの弟で現職警察官だった正規さんが受話器を取った。

「おめえは誰だ」「弟だ」「2千万よこせ」「そんな金ねえよ。第一、金融機関は休みだろ！」

64 －ロクヨン－

2016／日本／監督:瀬々敬久
昭和から平成に元号が変わる直前に起きた未解決誘拐事件と、時効直前に新たに発生した類似事件の謎に迫った横山秀夫の同名小説を映画化した犯罪ドラマ。前編・後編の二部構成で公開された。

男は翌日が「敬老の日」で休日だということを知らなかった。20時3分に入った3回目の電話では功明ちゃんが電話に出て、父親の問いかけに「元気。これから帰るよ。おまわりさんと一緒」と答える。

4回目の電話は16日の朝7時50分。「今日夕方6時までに1千万用意しろ」という要求に対し、荻原家は指示どおりの大金を用意し、電話を待った。が、同日午後、事件は最悪の結末を迎える。自宅から5キロ離れた寺沢川で功明ちゃんの全裸遺体が発見されたのだ。

遺体は群馬大学医学部法医学教室で解剖され、首を絞めた痕や、薬物を飲まされた形跡がなかったため、生きたまま橋から投げ落とされ、砂や水を飲み込んで窒息死したものと推定された。死亡推定時刻は14日夜から15日早朝。つまり犯人は、3回目の電話で功明ちゃんを電話に出した直後に殺害に及んだ可能性が高いことが判明する。

卑劣な犯行に捜査本部は懸命に犯人を追った。逆探知の結果、男からの電話は高崎市西部を含む「群馬・長野局」管内からかけられていたこと、また2回目の電話に車の通過音が入っていたことから、公衆電話からかけたものとわかっていた。しかし、なぜか捜査本部は15日までで逆探知を切り上げている。理由は明らかになっていないが、16日の4回目の電話は27秒の長さがあり、十分に逆探知が可能だったという。

犯人は電話の声から中年男とされ、身代金の額の決め方などが乱暴で、指示も場当たり

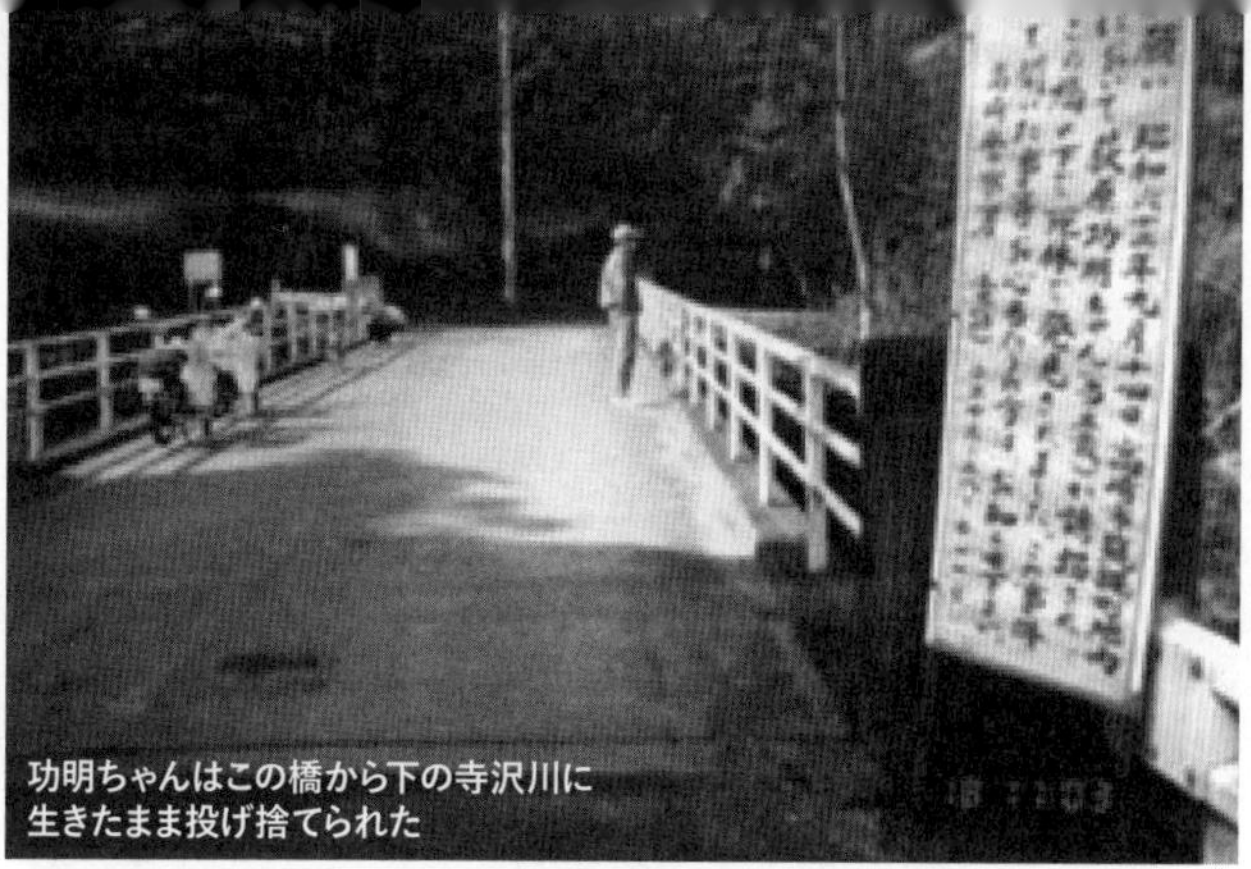

功明ちゃんはこの橋から下の寺沢川に
生きたまま投げ捨てられた

的。さらに身代金目的ながら、受け渡し方法は一切指示せず、15日は金融機関が休みであることも知らなかったため、警察は犯行の目的は金銭ではなく荻原家に対する怨恨や変質者の線もあるとみて視野に入れる。また、功明ちゃんが電話で「おまわりさんと一緒」と言ったことから当日非番だった警察官も容疑対象にしたという。

15年間で投入された捜査員は延べ26万４千人。情報提供は１千９７０件、捜査対象者は４千２００人。それでも犯人検挙にはつながらず、２００２年９月14日午前０時、公訴時効が成立。功明ちゃん誘拐事件は、日本の戦後唯一の未解決誘拐殺人事件となった。

ちなみに、功明ちゃんが行方不明になった翌日の１９８７年９月15日、同じ群馬県の尾島町亀岡（現太田市）で当時８歳の女児が自宅近くの公園に出かけたまま姿を消し、翌１９８８年11月27日、公園から南約２キロの利根川河川敷で白骨遺体で発見されている。この事件も犯人は逮捕されないまま、２００２年時効を迎えた。

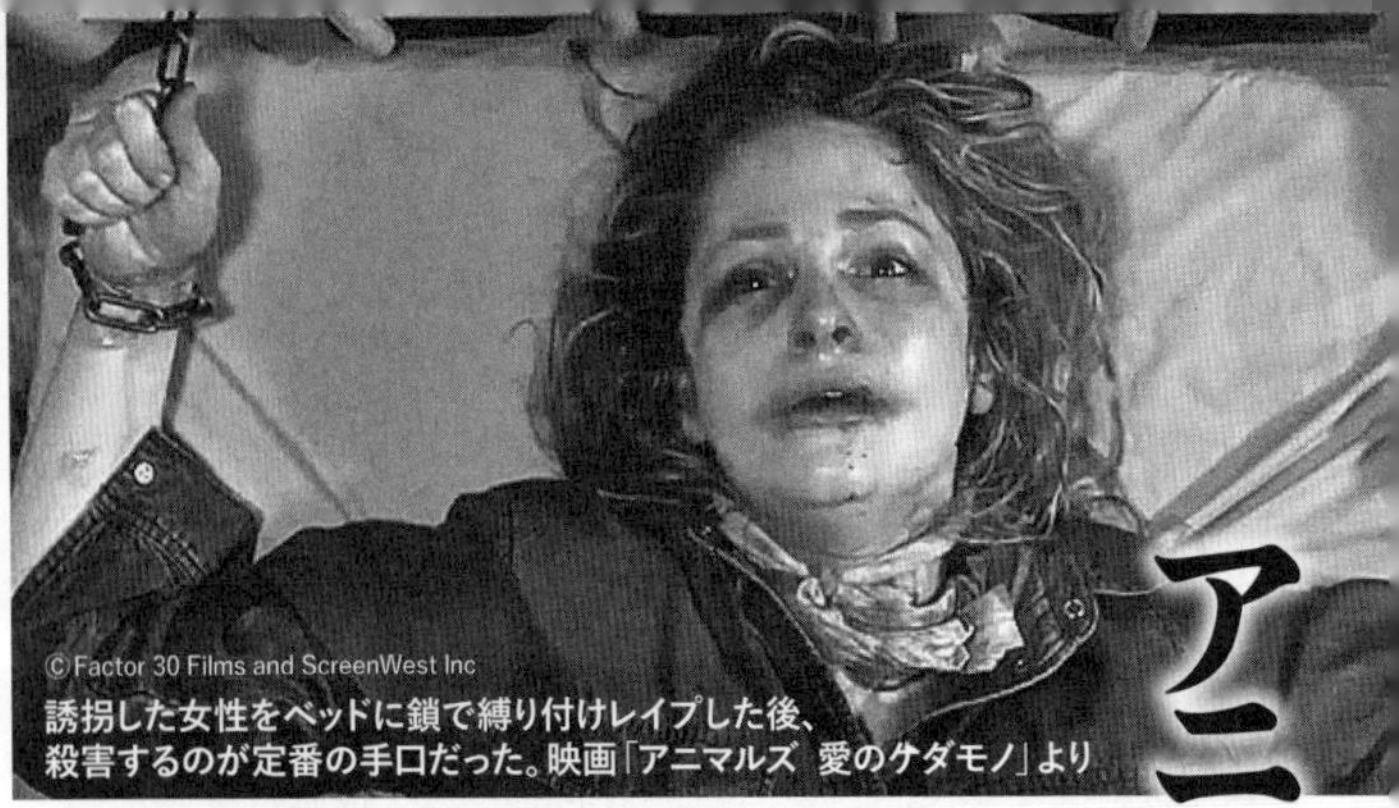

©Factor 30 Films and ScreenWest Inc

誘拐した女性をベッドに鎖で縛り付けレイプした後、殺害するのが定番の手口だった。映画「アニマルズ 愛のケダモノ」より

アニマルズ 愛のケダモノ

一組の夫婦が女性4人を誘拐・レイプ・殺害

FILMS

ムーアハウス連続強姦殺人事件

1986年11月10日、オーストラリア西部の都市パースのスーパーマーケットに1人の少女が駆け込んできた。近所の夫婦に監禁されレイプされたのだという。

彼女の証言により、恐ろしい事件が明らかになった。デビッド&キャサリンのバーニー夫婦が市内ムーアハウス通りの自宅で15歳〜31歳の女性4人を誘拐・強姦・殺害していたのだ。

2016年の映画「アニマルズ 愛のケダモノ」は、間一髪で逃げ出すことに成功した17歳の少女ケイト・モアレの体験をもとに事件を描いた戦慄のサイコスリラーである。

劇中に説明はないが、デビッド・バーニーは1951年に生まれ、近親相姦や売春など怪しい噂が堪えない家庭の長男として育った。後の学校の友人らの証言によれば、家は極めて不潔で、両親が5人の子供に食事を作る様子は一度も見たことがなかったという。

1960年代初め、バーニー一家が田舎からパースに引っ越し、デビッドは友人を通して12歳のキャサリン（1951年生まれ）に出会う。彼女も2歳で母親を亡くし、祖父母と父親が親権争いを繰り広げる複雑な家庭に育っており、ほどなく2人は互いに惹かれ合う。

デビッドは15歳で競馬場の見習い騎手になったものの、馬を傷つけたりレイプ未遂を起こすなどして幾度か刑務所へ。成人する頃には酒とセックスに依存し、やがて性嗜好異常者になっていく。

一方キャサリンは、10代の頃からデビッドに言われるがまま何度も犯罪の手助けをし、ついには自身も窃盗罪で逮捕される。刑務所でデビッドと離れたのを機に、釈放後、家政婦として働いていた家の息子と21歳で結婚。7人の子供をもうける。

アニマルズ 愛のケダモノ

2016／オーストラリア 監督:ベン・ヤング
1986年にオーストラリアで起きた連続強姦殺人事件をもとに、加害者夫婦と被害者女性が繰り広げる究極の心理劇をリアルに描いたサイコスリラー。

デビッドも20代の初めに結婚しており、2人が別々の人生を送れば凄惨な事件は起きなかったのかもしれない。が、1986年、キャサリンは7番目の子供を産んだ1ヶ月後、夫と6人の子供（長男は交通事故で死亡）を捨て、デビッドのもとに走る。すでに離婚していたデビッドが彼女にしつこくつきまとい、自分の言うことを聞くよう洗脳していたのだ。

デビッドとキャサリンがなぜ陰惨な犯行に手を染めるようになったのかは定かではないが、2人は一緒に暮らし始めてまもない1986年10月6日、最初の凶行に走る。ターゲットは22歳の女子大生、メアリー・ニールセンだった。

当時、デビッドは自動車修理工場に勤務しており、そこに中古タイヤを買いに来たのがメアリーだった。デビッドはムーアハウス通りにある自宅に来れば個人的に安くタイヤを売ってあげると誘い、この話に乗ったメアリーを家に上げるやナイフで脅し、猿ぐつわをかまして繰り返しレイプした。キャサリンはその様子をただ見ていたそうだ。

その後、デビッドはメアリーをグレンイーグルズ国立公園に連れ出して再びレイプし、そのままロープで首を絞めてナイフで刺殺。穴を掘って彼女の遺体を埋めた。

2週間後の10月23日、デビッドとキャサリンはヒッチハイクをしていた15歳の女子高校

凶行の現場となったパース郊外ムーアハウス通りのバーニー夫婦の自宅

生スザンナ・キャンディをピックアップする。スザンナは、車に乗っていたのが男女2人組だったことに安心したようだ。

しかし、乗ったが最後、彼女はナイフで脅され2人の自宅に連れ込まれる。躊躇なく犯し、ロープでスザンナを絞め殺そうとするデビッド。しかし、ここで彼女が騒いだため睡眠薬でいったん眠らせた後、デビッドはキャサリンに言った。

「彼女を殺して俺への愛を証明してみせろ」

果たしてキャサリンは要求に応じてスザンナを殺害。遺体を最初の犠牲者メアリーの横に埋めた。

11月1日、ガス欠に困っていたのを助ける形で家に連れ帰った31歳のノエリーン・パターソンは、前の被害者とは違い、しばらく殺されなかった。デビッドが彼女を気に入ったのだ。監禁4日目、キャサリンがデビッドに詰め寄った。ノエリーンを殺すか

犠牲者となった4人。左上から時計回りに、メアリー・ニールセン、スザンナ・キャンディ、デニス・ブラウン、ノエリーン・パターソン

4人が埋められていた国立公園を捜索する警察

私が自殺するか。と、デビッドはすぐにノエリーンに睡眠薬を飲ませ絞殺。またも国立公園に死体を遺棄する。

4日後、バス停にいた21歳のデニス・ブラウンを誘拐し、デビッドが国立公園の森でレイプ。ナイフで首を刺す。このときは、死んだと思った遺体を埋めた途端、デニスが起き上がってきたため、デビッドは二度、彼女の頭に斧を振り下ろしたそうだ。

11月9日夜、友人と遊んだ帰り道、17歳のケイト・モアレが「車で送ってあげる」との誘いに乗ってしまう。が、彼女は運が良かった。誘拐された時間が遅かったため、デビッドは翌10日に殺害を延ばし、朝から仕事へ出かけたのだ。残ったキャサリンは、近所で女性が行方不明になる事件が多発して警察が動いているとの新聞記事を読み上げ、彼女たちがもう生きていないことを口にする。

後がないことを悟ったケイトは、生き残るためキャサリンに懸命に話しかけた。それに油断したのか、キャサリンは彼女を縛るのを忘れ、尋ねてきた麻薬の売人と玄関でやり取りを始めた。ケイトがこのチャンスを見逃すはずはなく、すかさず窓ガラスを破り脱出した（劇中では最後、キャサリンがデビッドを殺害し被害女性を逃がすことになっているが、この描写は全くのフィクション)。

ケイトの通報により逮捕されたデビッドとキャサリンには、裁判で終身刑が下された。その後、デビッドは2005年、刑務所内で首を吊って自殺。キャサリンは、2007年以降、3年ごとに仮釈放の申請が可能になったが、4回目の申請も却下されている。

キャサリンの息子は、母親は決して釈放されるべきではないとコメントを出し、またケイトは4万人の請願書を募って、キャサリンのような凶悪犯が仮釈放されないよう法律の改革を訴えているそうだ。

監禁された家から脱出、警察に通報したケイト・モアレ(当時17歳)

夫婦ともに終身刑が下り、夫は獄中で首吊り自殺

1986年11月、逮捕時のデビッド・バーニーとキャサリン。2人は籍こそ入れていなかったが、事実上の夫婦だった

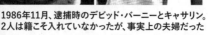

事件を追う私立探偵を演じた
リーアム・ニーソン。映画「誘拐の掟」より

FILMS

誘拐の掟

5人の少女を強姦・拷問・殺害した2人の鬼畜

南カリフォルニア「ツールキラー」事件

リーアム・ニーソン主演の映画「誘拐の掟」は、1990年代末のニューヨークを舞台に、元刑事の私立探偵が2人組の連続猟奇誘拐殺人犯を追うサイコスリラーだ。劇中、犯人たちは被害者の若い女性をバンで誘拐、レイプした挙げ句に殺害、時には犯行時の様子を録音するなど鬼畜の限りを尽くす。

本作はローレンス・ブロック著の人気ミステリー小説『マット・スカダー・シリーズ』の中でも最も過激とも言われる『獣たちの墓』を原作としている。ブロックは名言していないが、小説に登場する殺人鬼にはモデルと思しき実在の2人組がいる。1979年、南カリフォルニアで5人の10代女性を拉致・陵辱の挙げ句に殺害したローレンス・ビッテイカーとロイ・ノリス。彼らは、被害者を拷問するためのペンチ、アイスピック、ハンマーなどを家庭用道具箱の中に常備していたことから「ツールキラー」の呼び名で恐れられた。

犯人の1人、ビッテイカーは1940年9月、米ペンシルベニア州ピッツバーグで生まれた。望まれた子供ではなく生後まもなく産みの親によって孤児院へ送られ、やがて養子に出される。幼い頃IQは138もあったそうだが、12歳の頃から素行不良となり高校は中退。19歳で自動車泥棒を働き逮捕されて以来、塀の中と外を行き来していた。

一方のノリスは1948年2月、コロラド州生まれ。劣悪な環境で子供時代を過ごし、長じて海軍入隊。1969年、ベトナム戦争に従軍し、そこでマリファナを覚える。帰国後、21歳のときに27歳の女性を強姦し逮捕。その後もレイプを繰り返した。

そんな2人が知り合ったのは1977年、カリフォルニアの刑務所の中でのこと。レイプの興奮をとくとくと語るノリスに興味を引かれたビッテイカーは、出所後に「2人して女を犯し

誘拐の掟

2014／アメリカ
監督：スコット・フランク
ニューヨークで発生した連続誘拐殺人事件を追う私立探偵と、2人組の犯人の対決を描いたクライムサスペンス。

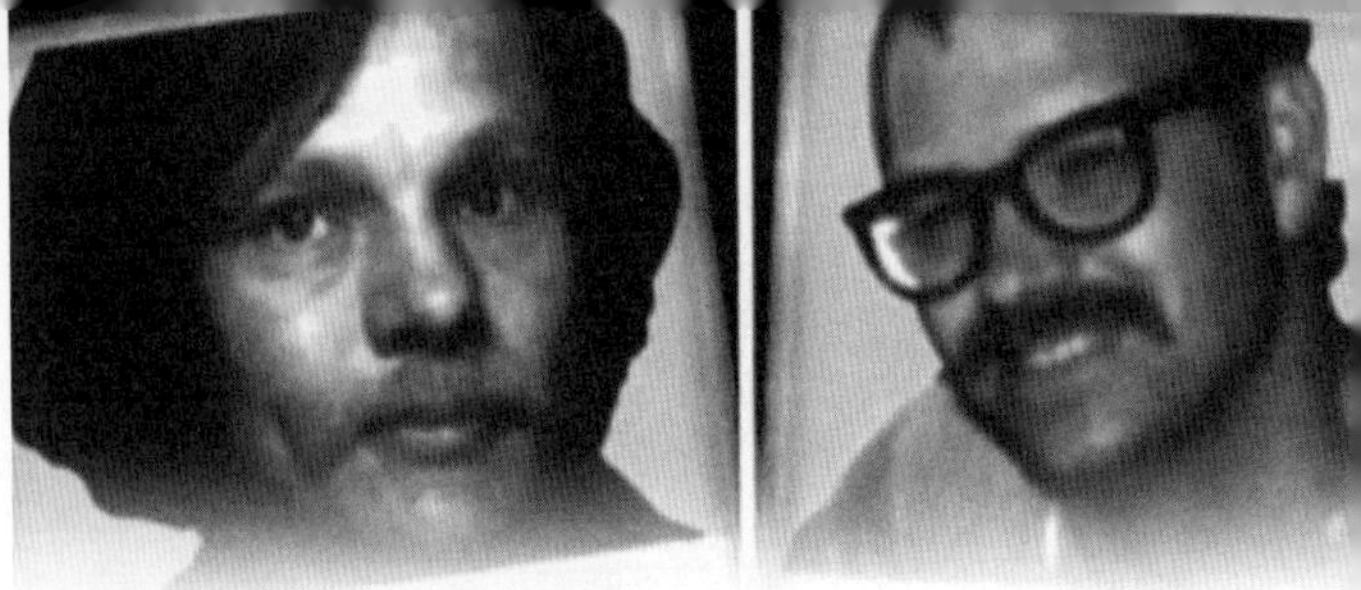

レイプ殺人鬼、ローレンス・ビッテイカー（左。逮捕時39歳）とロイ・ノリス（同31歳）

まくろう」と提案。釈放後、共同でバンを買ってガールハントに繰り出す。彼らがそのバンに名づけた愛称は「マーダー・マック」。当初から殺す気満々だったのだ。

最初の被害者は1979年6月24日、ロサンゼルスのレドンドビーチ付近でマーダー・マックに引きずり込まれた当時16歳の女子高生シンディー・ジェイファーだ。口を粘着テープで塞いで手足を縛り上げた2人は山中まで車を飛ばし、彼女の両肘をハンマーで砕き、交互にレイプ。さらに乳首をペンチで潰した後、殺しを長引かせるために針金のハンガーで首を絞めて殺害したというから驚く。また、遺体はシャワーカーテンにくるんで峡谷に破棄。極めて計画的な犯行だった。

2週間後の7月8日、今度は18歳のアンドレア・ホールが犠牲となる。ビッテイカーは海岸沿いの道を歩いていた彼女に微笑みながら話しかけた。

「後ろにクーラーボックスが積んであるんだ。何か飲み物を取ってきてくれないか」

素直にアンドレアが後ろに乗り込むや否や、隠れていたノリスが飛びかかり強姦。性欲を満たしたノリスがビールを取りに行ってる間に、ビッテイカーが何度も彼女の首にアイスピックを刺し殺害。遺体は崖の下に突き落とした。

2ヶ月後の9月3日、ジャッキー・ギリアム（当時15歳）とリー・ランプ（同13歳）の2人が同時に襲われた。バス停のベンチに座っていたところをビッテイカーに声をかけられ車に乗り込んだが最後、彼女たちは2日間にわたって性の餌食となる。そしてジャッキーはアイスピックで、リーはスレッジハンマーで殺され岬に遺棄される。後に見つかったジャッキーの遺体の耳にはアイスピックが刺さったままだったという。ちなみに、この2人が暴行に遭った様子はビッテイカーがテープに録音していた。

9月30日、また別の女性がバンに拉

ビッテイカーとノリスが犯行に使用していたバン「マーダー・マック」（上）と、その車内

被害者の乳首を潰した実際のペンチ

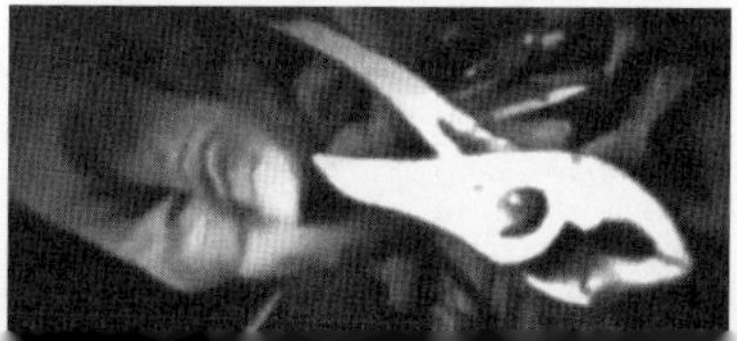

致・強姦されたが、幸いにも彼女は脱出に成功する。一連の事件を同一犯と見ていた警察は彼女から情報を聞き出そうとしたが、レイプのショックで、犯人の特徴や車のナンバーを記憶していないばかりか、ろくに口もきけない状態だった。

10月31日、5人目の犠牲者が出る。シャーリー・レッドフォード16歳。これまで同様、レイプ・拷問の挙げ句ハンガーで絞め殺され、その様子を録音された。違っていたのは、遺体が民家の庭に捨てられたこと。後のビッテイカーの証言によれば、マスコミや市民の反応を知りたかったからだという。

こうして犯行を続けていた2人の最後は意外にも呆気なかった。ノリスが油断したのか、以前の囚人仲間に犯行の一部始終を自慢げに打ち明けたのだ。仲間はどうせ大ホラだと取り合わなかったが、シャーリーの遺体が発見されたため、慌てて弁護士を通じて警察に通報。11月20日、ノリスに続き、ビッテイカーも逮捕される。双方の自宅を捜索した警察は、部屋の中から500枚以上に及ぶ10代女性の写真を発見したそうだ。

ノリスは警察の取り調べに対し、主犯はビッテイカーだと主張、司法取引にも応じて、1980年5月、終身刑の判決を受ける。

一方、ビッテイカーの裁判は1981年1月から始まった。その様子は、同年に制作されたアメリカの犯罪の実態を捉えたドキュメンタリー映画「アメリカン・バイオレンス」に映像として収められているが、そこには彼が犯行時に録音したテープを聞いた傍聴人が

犠牲者の5人。左からジャッキー、シンディー、シャーリー、アンドレア、リー

あまりのショックに吐き気を催したり、泣きながら法廷を後にする姿が写されている。さほどに犯行は残酷だった。

同年3月24日、ビッテイカーに下った判決は死刑。しかし刑は執行されないまま、2019年12月13日、サン・クエンティン州立刑務所で病死した。その2ヶ月後の2020年2月24日、ノリスもカリフォルニア州の医療施設でこの世を去った。

法廷で犯行テープが流され、吐き気を催す傍聴人も

後に発見された被害者の遺骨（上）と1981年、裁判で尋問に答えるビッテイカー

全米を震え上がらせた爆弾魔

モンスターズクラブ

FILMS

ユナボマー事件

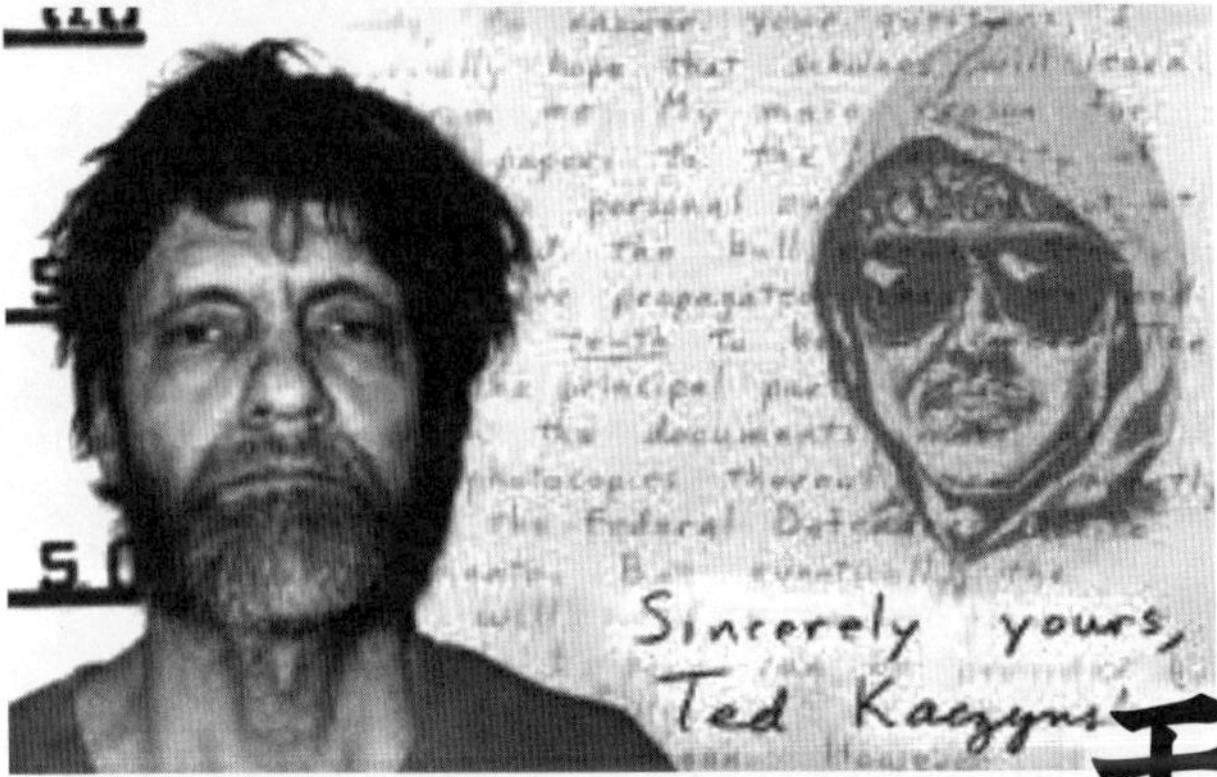

ユナボマーことセオドア・カジンスキー（写真は1996年の逮捕時。53歳）。右は目撃証言により作成、新聞で公開された犯人の似顔絵

2012年公開の日本映画「モンスターズクラブ」は、人がいない雪山で自給自足の生活をしながら爆弾を作っては企業に送り続け、日本の社会システムを粉砕しようと目論む1人の若者を描いた犯罪ドラマだ。

脚本・監督を務めた豊田利晃が本作制作にあたり着想を得た実際の事件がある。映画の主人公同様、自給自足の暮らしを送っていたアメリカ人男性セオドア・カジンスキーが、1970年代後半から1990年代半ばまでの18年間にわたり全米各地の大学と航空業界、金融関係者

に爆発物を送りつけ3人を殺害したユナボマー事件。その犯行動機は、文明化が進んだ現代社会への警告だった。

全米を恐怖に陥れたカジンスキーは1942年5月、米イリノイ州シカゴ郊外のエバーグリーン・パークで生まれた。幼少期より頭脳明晰で、小学校5年生の時点ですでにIQは167。高校でも学業成績はずば抜けており、15歳で卒業までの単位を取得して16歳で名門ハーバード大学に入学する。

大学2年時、彼は後の犯行に少なからず影響を与えたといわれる一つの心理実験の被験者となる。内容は、被験者が自分の信条や夢を小論文にまとめ、それを材料に敵役の弁護士が被験者の人格を徹底的に非難したら、どんな反応を示すか調べるというもの。カジンスキーは、この心理的拷問とでもいうべき人体実験に、週に一度、計3年間にわたって参加した。

ハーバードを卒業後、20歳でミシガン大学大学院に進学し、数学の修士号と博士号を取得。1967年、25歳という若さでカリフォルニア大学バークレー校の数学の助教授に就任す

モンスターズクラブ

2012／日本／監督:豊田利晃
18年間にわたり全米各地に爆発物を送り続けた「ユナボマー」ことセオドア・カジンスキーの事件に着想を得て、現代日本の雪山にこもり、企業を標的に孤独に爆弾を送り続ける若者を描く。主演は瑛太。彼の兄役として窪塚洋介が出演している。

る。周囲の期待は大きく、教授への昇進も遅くないとみられていたが、２年後の１９６９年６月、突然辞職。その後、１９７１年からモンタナ州リンカーン郡の郊外に小屋を建て、電気も水道も通っていない環境で自給自足の生活を始める。

　後の供述によれば、その狙いは獲物の追い方、食べられる植物の見分け方、有機農業のやり方、火のおこし方など原始的な技術を身につけ、他者から独立して生きること。平たくいえば自然の中で独り平和に暮らすことにあったといわれるが、やがて彼が暮らす小屋の周囲の原野が不動産開発と工業化によって破壊されると急速に思想を過激化。産業技術に支えられた社会体制を打ち倒すには、暴力で屈服させることこそが唯一の道と考えるようになる。

主人公の爆弾魔を演じた瑛太（中央）。映画「モンスターズクラブ」より

　最初の犯行は１９７８年５月下旬頃。ノースウェスタン大学の材料工学科教授に小包爆弾が送りつけられた。

　翌１９７９年11月にはシカゴからワシントンＤＣへ向かうアメリカン航空４４４便の爆破を企図《きと》。幸いテロは未遂に終わったが、12人の乗客が爆弾から噴き出た煙を吸い込んで病院に搬送される事態となる。この事件をきっかけにＦＢＩが捜査に乗りだし、爆弾魔は標的となった大学（University）と航空会社（airline）から「UnaBomber（ユナボマー）」と名づけられた。

１９８５年10月、カリフォルニアのパソコン店経営者が爆弾で死亡、初の死者が出る。その２年後の１９８７年にはソルトレークシティで初めてユナボマーらしき人物が目撃され似顔絵が全米に公開されたことで身の危険を感じたのか、１９８８年から１９９２年までの４年間、カジンスキーは身を潜め、その期間は、爆弾の製造技術を磨いていた。

犯行が再開されたのは１９９３年６月。カリフォルニア大学の遺伝学者とイェール大学の教授が爆弾を送りつけられ重傷を負う。１９９４年10月にはバーソン・マーステラ社重役が、１９９５年４月には木材業界の団体代表がそれぞれ爆弾を送りつけられ殺害される。

この年、カジンスキーは自身の手による犯行声明文と独自の論文「産業社会とその未来」を全国紙に載せることを条件に犯行を中止すると宣言。通称「ユナボマー・マニフェスト」と呼ばれたこのテキストは『ニューヨーク・タイムズ』と『ワシントン・ポスト』に掲載され、全米の反響を呼ぶ。

カリフォルニア大学バークレー校の助教授として教鞭を執り、将来を嘱望されていた頃のカジンスキー

カジンスキーが生活の拠点としていたモンタナ州の山小屋

しかし、結果的にこの行為が仇となる。マニフェストの論調や使用語句が、自分の兄がハーバードを卒業する際に書いた論文と酷似しているとカジンスキーの弟がＦＢＩに通報。当初、モンタナ州の山奥の電気もガスもない山小屋で暮らす人間をマークする捜査員は皆無だったが、突如容疑者となったカジンスキーに捜査は集中。１９９６年4月3日、１００人の捜査員、米軍兵士が包囲し逮捕・拘束に至った。

裁判で、カジンスキーは精神鑑定にかけられ妄想型統合失調症との診断が下った。同時に、彼は弁護団を解任し自ら弁護を行おうとしたため、審理が進まないと検察は判断、仮釈放なしの終身刑とする司法取引を提案。カジンスキーがこれに同意したことで、結果的に公判は1度も開かれることなく刑が確定した。

カジンスキーは、２０２1年1月現在、コロラド州のフローレンス刑務所に服役中である。

余談ながら、カジンスキーの逮捕後、ゾディアック事件（１９６８年から１９７4年にかけて、カリフォルニア州サンフランシスコ市内で若いカップルを中心に少なくとも5名が殺害された未解決事件）の犯人とする説が持ち上がった。カジンスキーが１９６７年から1969年までサンフランシスコ・ベイエリアに住んでいたこと、両者ともに高い知能を持ち合わせ、爆弾に関心を持っていたこと、どちらも新聞社に自分の著作を掲載するように要求する手紙を送っており、それを呑まないのであれば凶行を継続するという脅しをかけていたことなど、類似点が多いのがその理由である。

その一方、ゾディアック事件の犯人が銃とナイフを使って殺人事件を起こしていたことなどの相違点も指摘され、警察が本格的に捜査に乗り出すことはなかったそうだ。

1996年4月3日、拘束されたときの1枚

司法取引により仮釈放なしの終身刑に

逮捕から2年後の1998年、獄中でメディアの取材を受けるカジンスキー

夜よ、こんにちは

イタリアの極左テロ集団「赤い旅団」による凶行

モーロ元伊首相誘拐殺人事件

イタリアは1970年代から1980年代にかけて、国内中がテロの脅威にさらされていた。「赤い旅団」を名乗る極左組織がイタリアの社会主義革命をスローガンに掲げ、数多くの政治家や裁判官、ジャーナリスト、実業家などを誘拐・殺害していたのだ。

2003年公開の「夜よ、こんにちは」は、1978年にイタリアのアルド・モーロ元首相を誘拐・殺害した赤い旅団の内側を描いた社会派ドラマで、

「赤い旅団」の旗の前で力なくレンズを見る監禁中のアルド・モーロ元伊首相

FILMS

組織の女性メンバーだったアンナ・ローラ・ブラゲッティ（1953年生まれ）が著した『囚人』をもとに、彼女の視点から事件が語られる。

映画の舞台は1978年のローマ。カップルに扮した男女が、本棚の奥に隠し部屋のついたアパートを不動産屋に案内されるところから始まる。すぐに2人の男性が加わり調度品を整えると、誘拐されたモーロ元首相が隠し部屋に運び込まれる——。

カップルの女性キアラが、アンナをモデルにした主人公で、ボーイフレンド役が軍事専門家のゲルマノ・マカリ（1953年生まれ）。他の2人は組織の中心メンバーだったマリオ・モレッティ（同1946年）と、ローマ支部長のプロスペロ・ガリナーリ（同1951年）がモデルだ。

彼らが所属していた赤い旅団は1969年、トレント大学の左翼学生によって結成された。当初の活動は労働組合の支援だったが、工場の破壊や放火などの過激な活動が労働者の支持を得られず、次第に武力闘争へ傾倒していく。

赤い旅団が初めて誘拐事件を起こしたのは1972年。当時イタリア最大の電話・通信会

夜よ、こんにちは

2003／イタリア
監督：マルコ・ベロッキオ
1978年に起きたイタリアのモーロ元首相誘拐殺人事件を、犯人グループ「赤い旅団」の女性メンバーの視点から描いた政治サスペンス。

誘拐事件の実行犯の1人で「赤い旅団」のメンバーだったアンナ・ローラ・ブラゲッティ（写真は公判時）。上は劇中でアンナ（役名はキアラ）を演じたマヤ・サンサ。映画「夜よ、こんにちは」より

社だったシーメンス・イタリアの工場長を拉致し、彼を解放する代わりに労働者の権利向上を訴えた。

2年後の1974年、「第2世代」と呼ばれる、より過激度を増した若いメンバーが右翼政党の党員2人を暗殺し、さらに逮捕された団員の解放を目的に検事を誘拐。要求が拒否されると検事を解放したものの、この件で「いかなるゆすりにも屈しない」と声明を出した別の検事を暗殺してしまう。

その後も大手メディアの記者を誘拐・殺害、刑務所への襲撃などを繰り返していくなか、最大級の事件を起こす。

1978年3月16日、ローマの自宅から車で下院に向かう途中、2台の車で乗り付けた赤い旅団のメンバー4人が、ボディガ

ード5人を射殺。かつて二度にわたって首相を務めたアルド・モーロ（当時61歳）を拉致し、アジトに運び込んだ。

映画は、昼は政府系の図書館で司書として働きながら、アジトに戻ると旅団員としてモーロの世話をするキアラの毎日を追いかける。

テレビのニュースで誘拐の成功を知った彼女は大喜びしたが、5人が殺されたことに戸惑い、さらに、夜ごと監視用の丸穴からモーロ元首相の姿を眺めるうち、自分の行動が正しいのか否か迷う様子も描き出す。

旅団は政府に逮捕された団員の釈放を要求したが、モーロと対立関係にあったジュリオ・アンドレオッティ首相率いる当時の内閣がこれを拒否。モーロは直筆でローマ教皇や政界上層部らに要求を呑んでほしいと懇願の手紙を出すも、交渉は決裂してしまう。

旅団の上層部は実行犯4人にモーロ殺害の指令を下す。が、彼らの心情は揺れ動いてい

上から、「赤い旅団」の中心メンバーで、モーロ殺害の実行役を担ったマリオ・モレッティ。モレッティと一緒にモーロを殺害したゲルマノ・マカリ。モーロ誘拐を主導したプロスペロ・ガリナーリ

た。毎夜、モーロと討論を行って理解し合えたと思ったモレッティは直接、モーロの家族に政府を説得するよう電話をかけ、マカリも殺害に反対。アンナはモーロが自由に街を歩く姿を思い描いた。

しかし、上の決定には逆らえない。モレッティが9発、マカリが1発、毛布をかけたモーロの体に弾を撃ち込んで射殺。その死体は、誘拐から55日目の1978年5月9日、ローマ市内に停められた車の荷台で見つかった。

映画は、誘拐犯と殺害犯が終身刑に処せられたとのクレジットで終わる。

実際、モーロ事件の実質的リーダーで、誘拐にも殺害にも直接関わったモレッティは、1980年のミラノ警官3人殺害事件や治安判事誘拐事件を主導後、1981年4月に逮捕され終身刑に処せられたが、1998年、夜と週末に刑務所に戻ることを条件に仮釈放されている。

もう1人の殺害犯マカリは、事件後に旅団から脱退したが、1993年に逮捕。拘留中の2001年に脳動脈瘤で

1978年5月9日、ローマ市内のカエタニ通りに停められた車の中から発見されたアルド・モーロの遺体

死亡。また、組織のローマ支部長ガリナーリは1979年、警官との銃撃戦で重傷を負って逮捕。モーロ事件で5人のボディガード、逮捕時に警官2人など合計8人の殺人事件に直接関わったとして終身刑に。1981年に獄中でアンナと結婚するも、心臓発作を繰り返し、2010年、健康状態を理由に仮釈放され、2013年、心臓発作で死亡した。

そして映画の主人公のモデルとなったアンナ・ローラ・ブラゲッティは、モーロ元首相の事件では動揺していたものの、1979年のニコシア広場2警察官殺害事件、1980年の上級評議会副大統領殺害事件に加わり、その年の5月に逮捕され終身刑が言い渡された。しかし彼女もまた2002年に、夜と週末に刑務所に戻ることを条件に仮釈放されている。

モーロ元首相の誘拐殺人事件は現在も謎に包まれている。旅団のメンバーが誘拐、殺害したことは間違いない。が、監禁中のモーロから直接届いた解放要求をアンドレオッティ首相が拒み、意図的にモーロを死に追いやった疑いが持たれているのだ。

1978年当時は東西冷戦期。イタリア共産党の連立政権への復活を画策していたモーロが解放されることで、共産党が勢いづくことを危惧したアメリカのＣＩＡがアンドレオッティ首相に圧力をかけたのではないかと、事件後まことしやかに噂された。この話の真偽を確かめるべく、調査を始めたのがカルミーネ・ペコレッリなる人物。元フリーメイソンで、当時は雑誌編集者の職にあった。

ところが、彼は1979年3月、車の中で射殺死体で発見される。この暗殺事件の黒幕にいたのがアンドレオッティ首相だったというのだ。彼は首相在任時からマフィアとの親密な関係を取り沙汰されており、首相退任後、多くの元マフィアが、アンドレオッティがペコレッリの殺害をマフィアに依頼したと証言した。

これを受け、事件から23年後の2002年11月、アンドレオッティは殺人罪で懲役24年の有罪判決を下される。しかし翌年10月には「証拠不十分」として逆転無罪の判決が出たから何とも不可解だ。

赤い旅団はモーロ事件後、当局によるメンバーの摘発が相次ぎ弱体化。1988年に収監中の主要メンバーが「旅団の存在は収監者と共にある」との声明を出し、これが事実上の解散宣言とされた。

事件の黒幕はアンドレオッティ首相!?

モーロ（右）と対立関係にあった首相（事件当時）のジュリオ・アンドレオッティ

第4章

震撼

True Story Movies
映画になった驚愕の実話

エミリー・ローズ

精神崩壊の果てに23歳で衰弱死

アンネリーゼ・ミシェル悪魔憑依事件

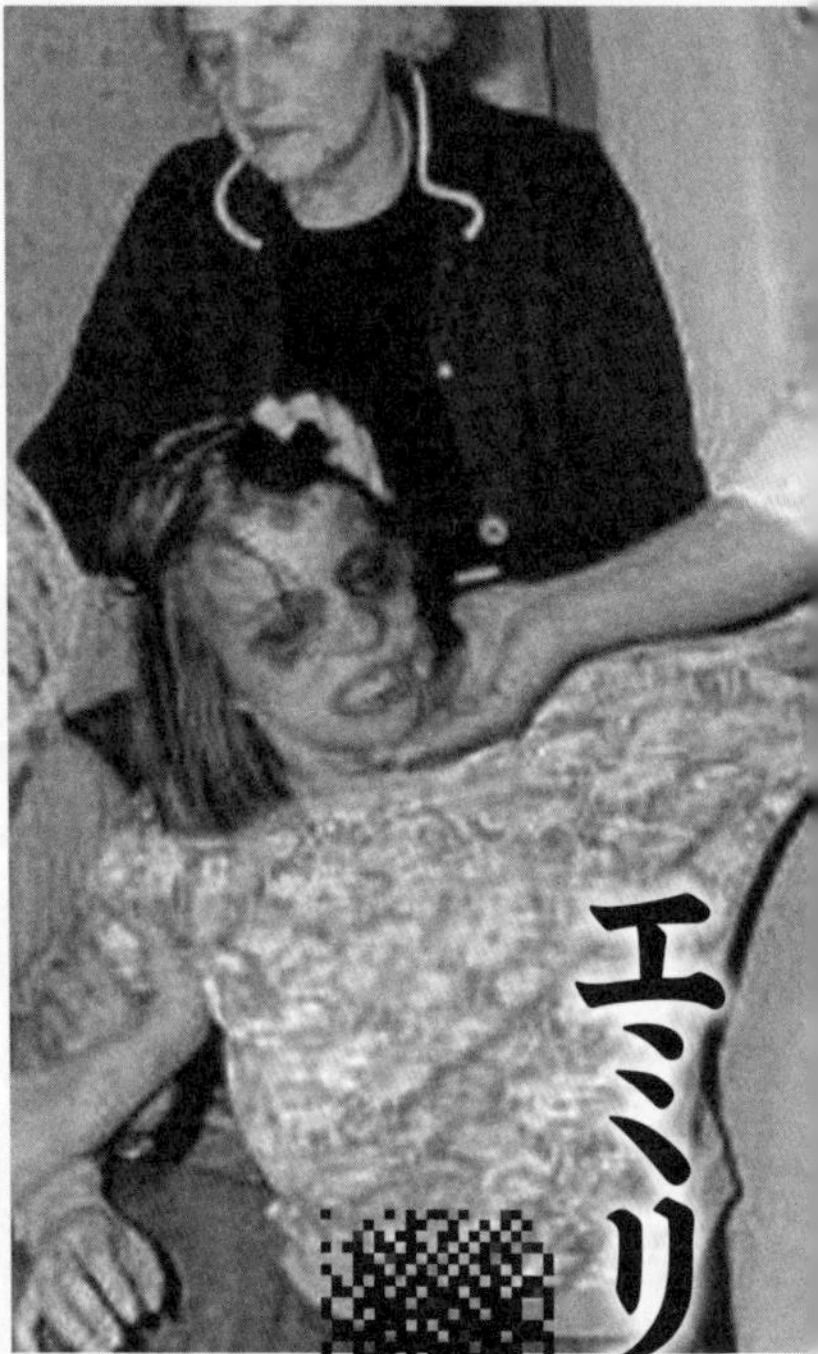

悪魔祓いの際に撮られた実際の写真。下がアンネリーゼ、上が母親

2005年の映画「エミリー・ローズ」は、悪魔に取り憑かれた女子大生エミリー・ローズが死亡した事件で、彼女に悪魔祓いを行って故殺罪に問われた神父の有罪・無罪を争う法廷劇である。

映画の冒頭でクレジットされるように本作は実話に基づいているが、実際に起きた事件の内容は映画より格段に異常で痛ましい。

映画の舞台は現代のアメリカで、悪魔に取り憑かれ亡くなったのは19歳の女子大学生だが、実際の事件は１９７６年に旧西ドイツで発生、死亡したのは当時23歳のアンネリーゼ・ミシェルという女性である。

彼女は１９５２年9月、同国バイエルン州ライプルフィングのカトリック信徒の家庭に生まれた。顔立ちも端正な明るい少女だったが、高校に上がった頃から心身に異常をきたし、体の硬直や深刻な痙攣を発症、精神科医から「てんかん」との診断を受ける。薬を処方されしばらくは落ち着いていたが、やがて幻覚を見たり、体を何かに持ち上げられベッドに叩きつけられるといった症状が出始めたばかりか、蜘蛛や蝿を食べたり、小鳥の首を手でもぎって丸呑みしたり、ついには自身の尿まで飲むようになる。

こうしたアンネリーゼの状態を、周囲は悪魔の憑依によるものと推測。敬虔なクリスチャンだった彼女の両親は何度もカトリック教会を訪れ、悪魔祓いを懇願した。

当初、教会側は両親の申し出を断り医学的治療を続けるよう説得したが、投薬治療は一向に成果が出ず、そのうちアンネリーゼが自傷行為に走るまでになると、ようやくその原因を悪魔憑依と認定、１９７５年9月、正式に悪魔祓いの儀式を執り行う決定を下す。

エミリー・ローズ

2005／アメリカ
監督:スコット・デリクソン
悪魔に取り憑かれ謎の死を遂げた少女と、彼女に悪魔祓いを施した神父が過失致死罪の容疑で裁判にかけられる様子を描く。1976年に旧西ドイツで発生したアンネリーゼ・ミシェルの死亡事件が題材。

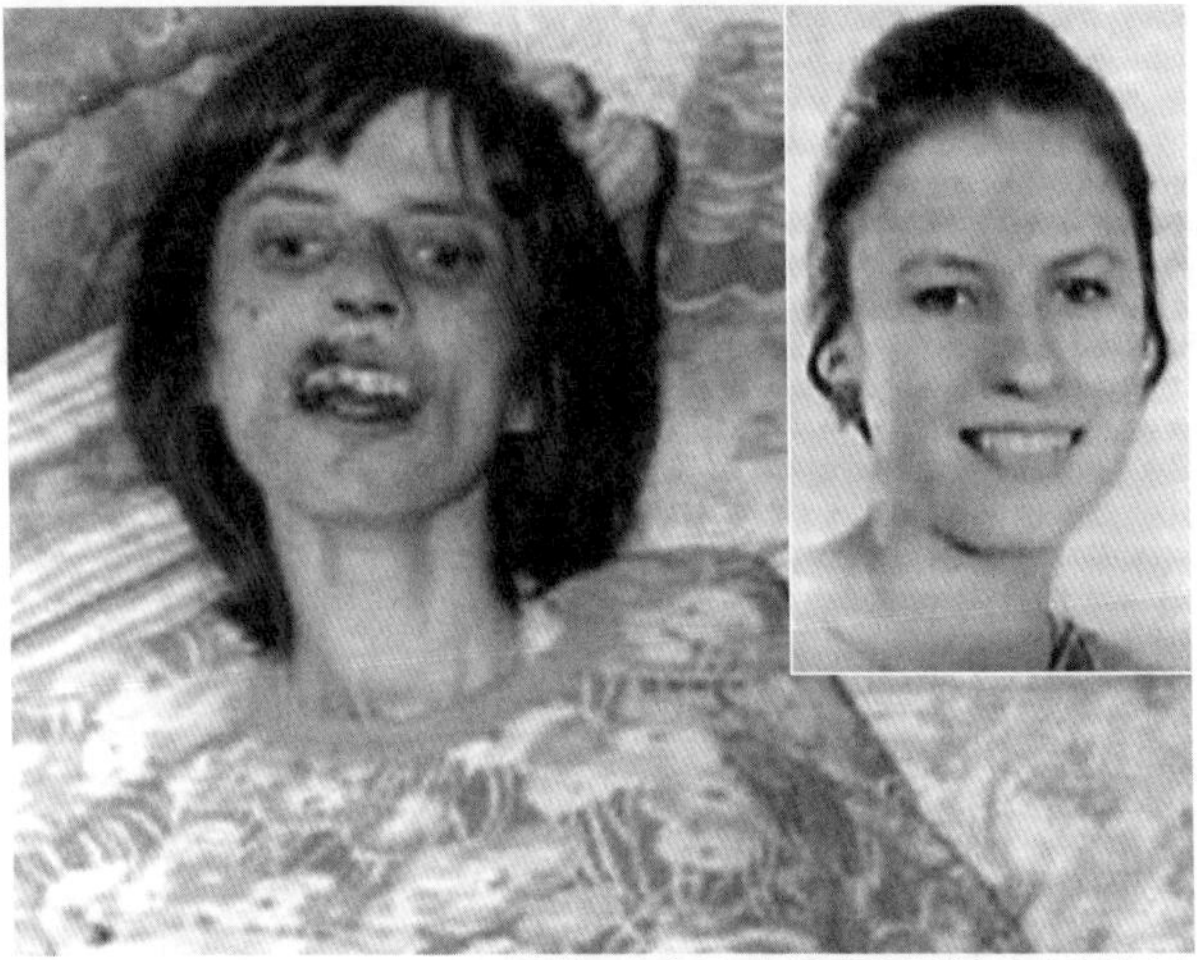

美貌で有名だった健康時（右）とはまるで別人

悪魔祓いは、司祭のアーノルド・レンツ（当時67歳）とエルンスト・アルト（同41歳）の2人（劇中では1人）が彼女の自宅で実施した。このときの様子はテープに録音され、現在でもインターネットでアンネリーゼの肉声が公開されている。

「俺は今や呪われている！」

「俺たちに平和などない！」

「私は滅ぼされた。なぜなら、なぜなら、なぜなら」

「貴様！　この汚い豚！　何を考え出しやがったんだ！」

彼女の口から、とても自身のものとは思えない低い唸り声で激しい罵声が発せられる。後の司祭の証言によれば、このとき彼女には、ルシファー、「カインとアベル兄弟」のカイン、イスカリオテのユダ、アドルフ・ヒトラー、ネロの5体の悪魔が憑依していたという。

悪魔祓いは週に1〜2回、9ヶ月間にわたって続けられ、長いときで1回4時間を要したという。状態の良いときは学校や教会にも通うことができたが、家族に殴りかかるなど凶暴な一面も見せ、鎖に繋ぎ拘束されることも少なくなかった。

やがて、彼女は徹底的に食事を拒み半飢餓状態に。栄養失調と脱水で体重は30キロにまでやせ細る。そして1976年7月1日、ついに死亡。最期の言葉は「お母さん、私は怖いんです」だったそうだ。ちなみに、儀式の際、連続して跪《ひざまず》く礼拝をしたことで死亡時、彼女の足の脛は骨折していたという。

てんかんを病んでいた23歳の娘を悪魔に取り憑かれたとして、悪魔祓いの儀式にかけ飢え死にさせた——。バイエルン州警察当局は2人の司祭と両親を過失致死傷罪で逮捕する（劇中では神父1人のみ）。もっとも事件の内容があまりに複雑怪奇で、検察は起訴までに2年の歳月を要する。

1978年3月30日に始まった裁判は映画でも有名になった「エクソシスト」（1973年公開）がまだ現実にも生きていたとして西ドイツ市民の大きな関心を集めた。

劇中で主人公の女子大生を演じたジェニファー・カーペンター。映画「エミリー・ローズ」より

検察側は、そもそもアンネリーゼに憑依は存在せず、彼女が厳しいキリスト教のしつけを受けていたことや、てんかんが原因となり心身を病んでいたこと、また、被告の4人が、少なくとも彼女の死の1週間前に強制的に食事を与えていれば、アンネリーゼの命は救われただろうと主張した。一方、弁護側は、アンネリーゼが悪魔に取り憑かれていたのは紛れもない事実で、儀式の様子を録音したテープを証拠品として提出、悪魔払いが彼女を救うための正当な行為だったと述べる。

果たして、出された判決は、被告人たちの怠慢による過失致死罪として有罪、8ヵ月の拘留（後に保留）、3年の執行猶予だった。ちなみに、裁判で検察側は2人の司祭たちについては罰金刑のみ、両親は犯罪性のみ認めて求刑はしなかったが、言い渡された判決は求刑より重いものだった。

アンネリーゼに本当に悪魔が憑依していたのかどうか、真相はわからない。判決でも、被告らが主張していた「悪魔の存在」については、その信仰を裁くことは裁判の目的ではないとして判断を避けている。

ただ、健康な頃と、異常行動を取る彼女の姿を比べると、同じ人物とは思えないほどの

アンネリーゼの遺体。死亡時、体重は30キロしかなかった

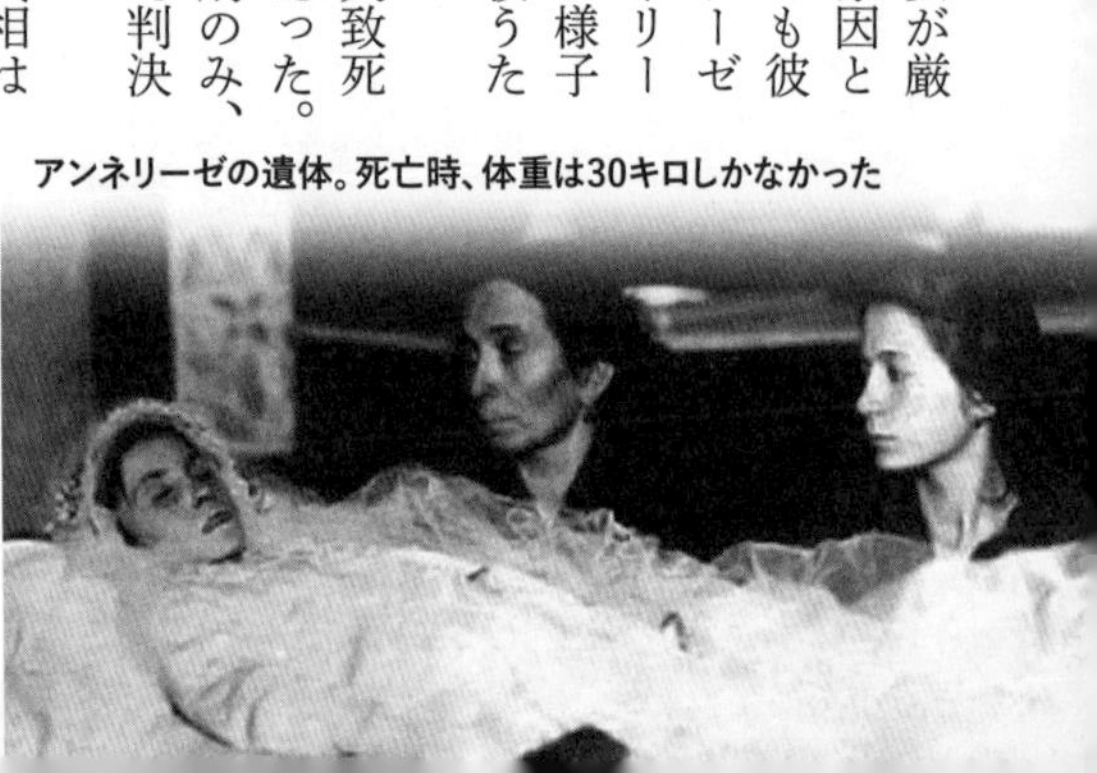

変わりようである。最期は骨と皮だけになったアンネリーゼが、病に侵されてから息を引き取るまでの間、絶望の闇を彷徨っていたことだけは間違いないだろう。

1999年、カトリック教の最高権威であるローマ教皇のヨハネ・パウロ2世は特殊なケースを除き、悪魔祓いの儀式を行うことをより厳しく規制したが、後を継いだベネディクト16世は逆に儀式を広く支持。にもかかわらず、現在ドイツで悪魔祓いがほとんど行われていないのは、アンネリーゼの事件の影響によるものだと言われている。

起訴された4人。左からアルト神父、レンツ神父、母アンナ、父ヨゼフ

アンネリーゼが埋葬されている墓

墓標はカトリック信徒の巡礼の地に

アンネリーゼは現在、バイエルンの地元の墓に眠っている。そこは、彼女が勇敢に悪魔と戦い、聖母マリアに命を捧げたと信じるカトリック教徒のための巡礼の場所となっているそうだ。

©「八日目の蝉」製作委員会

劇中で不倫相手の子供を誘拐する女性・野々宮希和子を演じた永作博美。映画「八日目の蝉」より

八日目の蝉

元不倫相手の男性宅に侵入、2人の子供を焼殺

FILMS

日野OL不倫放火殺人事件

2011年公開の映画「八日目の蝉」は、永作博美演じる独身OLが勤務先の既婚男性と不倫関係に陥り妊娠、男性に言われるまま堕胎した結果、子供の産めない体になったばかりか、男性の妻に関係がバレ、罵倒された挙げ句、夫婦の間に産まれた赤ん坊（成長後を井上真央が演じている）を誘拐し逃亡を続けるサスペンス劇だ。

原作の同名小説を著した角田光代が題材とした実際の事件がある。27歳の独身女性が、不倫関係にあった職場の上司の男性宅で2人の幼児を焼き殺した「日野ＯＬ不倫放火殺人事件」だ。

事件の主役・北村有紀恵は大学卒業後の１９８８年、ＮＥＣに入社し、配属先のシステム開発部門で７歳年上の男性Ｈと知り合った。２人は最初、上司と部下の間柄だったがほどなく互いに恋愛感情を抱き、北村はＨが妻子持ちと知りながら不倫関係となる。北村は小学校から大学まで学業優秀な真面目な女性で恋愛経験も皆無。Ｈが初めて体を許した相手だった。身長１８０センチでハンサムなＨに心を奪われてしまったようだ。

秘密の関係が続く中で、Ｈは離婚をほのめかすようになる。

「キャッシー（Ｈが呼んでいた北村の愛称）とは単なる浮気じゃない。元々、今の女房みたいなタイプの女と結婚するつもりじゃなかったんだ」

甘い言葉をささやくＨ。ますます相手にぞっこんになる北村。そんな２人の関係に綻《ほころ》びが生じるのは、交際が始まって４年が過ぎた１９９２年４月のこと。北村が妊娠したのだ。しかし、Ｈは「今は時期が悪い。今回は堕ろしてくれ」と告げ、北村は翌月に中絶。その後、再び妊娠した際は、Ｈから要求される前に自らの意志で中絶を決意、堕胎手術を受け

八日目の蝉

2011／日本／監督：成島出
2005年11月から読売新聞に連載されていた角田光代の同名小説（2007年3月、中央公論新社より書籍化）を映画化。不倫相手の子供を誘拐し4年間育てた女と、誘拐犯に育てられた女の運命を描く。
DVD販売元：アミューズソフトエンタテインメント

ている。

この間、Hは妻との間に2人目の子供を授かった。出産のため妻が実家に戻っていた期間、Hは北村を自宅に招き入れ、同棲生活を送っていたという。

1993年5月、不倫関係がHの妻に発覚する。妻は夫に対し、慰謝料を払って離婚するか、北村との関係を解消するか、どちらか選べと迫り、Hは妻との結婚生活の継続を選択。妻の要求に従い、電話で北村に別れを告げる。

この電話の際、北村はHの妻から直接激しい非難を受けて謝罪したものの妻の怒りは収まらず、その後も電話で「私は子を2人産んで育てているが、あなたは2回妊娠して2回とも胎内から掻きだす女だ」と嘲笑したという。

この心ない言葉で北村は自責の念を覚えると同時に、H夫妻にも子供を失う感情を体験させてやるという激しい憎悪を芽生えさせる。

そして事件は起きる。1993年12月14日、北村は、Hが東京都日野市の自宅から妻が運転する車で最寄り駅に向かった隙に、以前からHに渡されていた鍵を使いH宅に侵入。室内で就寝中だったHの長女（当時6歳）と長男（同1歳）に対しガソリンをまいて放火し2人を殺害、Hの自宅を全焼させるに至る。

警察は、H夫妻から事情を聞き出し、北村が怨恨を募らせ犯行に及んだものと睨んでいたが、決定的な証拠がなく、なかなか逮捕に踏み切れないでいたところ、事件から2ヶ月後の1994年2月6日、北村が警察に出頭する。捜査が身近に迫ったことを知っての自首で、彼女はその前日まで通常どおり会社に出勤していたそうだ。

東京地裁は「Hが北村を性欲の発散の対象としか考えず、尊厳を侵害し、思いやりがなく、虚言で騙し、心と体をもてあそび、結果として北村の心と体を傷つけた」と認定したうえで、無期懲役を宣告。高裁、最高裁も一審の判決を支持し、2001年7月、刑が確定した。

2021年1月現在、北村受刑囚は収監の身にある。自身が起こした事件を題材とした小説を読み、TVドラマ（2010年3月〜5月、NHK総合で放映）、映画も獄中で鑑賞し、ドラマを観た後は精神的に辛くなり、数日間体調を崩したという（月刊『創』2017年8月号より）。

一方、Hは事件後、会社を退職（実質的な解雇）、妻との間に新たに1男1女を授かったと報じられている。

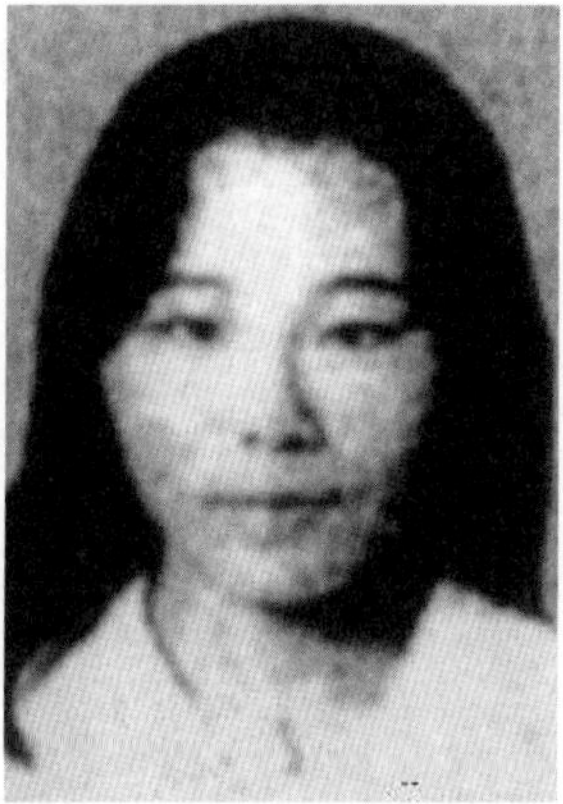

北村有紀恵受刑囚。模範囚として、現在は月に一度刑務所から家族に電話することが許され、面会の制限も大幅に緩和されているという

事件の舞台となった新安郡の塩田

新安塩田奴隷事件

奴隷の島、消えた人々

障害者を島に監禁、タダ働きを強要

２０１４年、韓国で発覚した「新安《シナン》塩田奴隷労働事件」をご存じだろうか。天然塩の産地として有名な新安郡にある離島の塩田に障害者らが送り込まれ、奴隷労働を強いられたうえ賃金も未払いだったことが判明、大きな社会問題となった。

２０１６年に公開された「奴隷の島、消えた人々」は、この事件をモチーフに描かれたサスペンス劇である。

韓国西部の黄海上に浮かぶ1千余りの島から成る新安郡は天日《てんぴ》干しの高品質な天然塩の産地として知られ、その生産量は韓国全体の実に70％を誇る。中でも曽島《チュンド》には韓国最大級の塩田があり、島民の半数以上が製塩業に携わっているという。

映画は、離島の塩田で知的障害者たちが奴隷のように働かされているという噂を聞きつけたテレビ局の女性記者が、カメラマンとともに曽島に出向くところから始まる。取材の結果、知的障害者たちが劣悪な環境で働かされ、賃金も支払われていないことが判明。記者が警察に通報すると同時に、労働者の1人の部屋から見つかった書類をもとに身元を割り出すと、彼が殺人事件の容疑者であることが発覚し、やがて事態は恐ろしい大量殺人へと発展していく——。

殺人事件のくだりは完全なフィクションで、実際の事件は、曽島の塩田で働いていた先天的視覚障害5級のキムさん（事件発覚当時40歳。以下年齢は全て事件発覚時）が、母親に自分が島に閉じ込められた経緯を書き送った1通の手紙から発覚した。

キムさんは、2000年に過度のカード負債を抱えて家出。以来、昼は工事現場で働き、夜はソウルの繁華街、永登浦《ヨンドゥンポ》駅近くで野宿する生活を10年以上も送っていた。

2011年7月、そんな彼にホームレス向けの無料食堂で声をかけてきたのが、自称・職業斡旋業の男（63歳）だ。男の話によれば、寝食の心配のない塩田の仕事があるという。話に乗った彼は、

奴隷の島、消えた人々

2016／韓国　監督：イ・ジスン
知的障害者らが離島の塩田に売り飛ばされていた、2014年発覚の「新安塩田奴隷労働事件」をモチーフに、韓国社会の暗部にメスを入れたサスペンス。

曽島の塩田で1日5時間足らずの睡眠と粗末な食事を与えられるだけで過酷な肉体労働を強いられることになる。

塩田には、キムさんの他にもう1人の労働者がいた。知的障害のあるチェさん（48歳）だ。建設現場で日雇いの仕事をしていた彼は、2008年11月にキムさんとは別の職業斡旋業者の手引きで塩田に連れてこられていた。

2人は、1年のうち3〜9月は朝の7時から夜9時まで塩田で働き、それ以外の時期は稲作や家の工事、さらには塩田所有者のホン（48歳）の家事に追われていた。賃金は一切支払われなかった。

あまりに過酷で理不尽な労働環境に、彼らは3度脱出を試みたが、いずれも住民たちに見つかり、ホンのもとに戻される。と、ホンは角材や鉄パイプで殴る蹴るの暴力を働き、時にはナイフで「また逃げたら殺す」と脅してきたという。

事件を報じるテレビニュース

脱出が不可能と知ったキムさんは、それでもあきらめず、ホンの自宅から紙とペンを持ち帰り母への手紙を書いて隠し持つ。そして、ホンの監視の目が緩んだ2014年1月、村へ髪を切りに行き、隙をみて手紙をポストへ投函。手紙には、無沙汰を詫びる文言に続き、自分が塩田に騙されて売られた経緯、塩田での奴隷のような生活、そして、島を訪れる際には塩を買いに来たよう偽装してほしいなどの注意点が書き綴られていた。

母親から通報を受けたソウル九老《クロ》警察署は、キムさんの注意に従って塩の購入者を偽装して島に潜入し、キムさんとチェさんを無事にホンのもとから救出。塩田の所有者ホンを労働者虐待の罪で、キムさんを斡旋して300万ウォン（約27万円）を受け取っていた斡旋業者と、チェさんを斡旋して100万ウォン（約9万円）を受け取っていた斡旋業者を営利略取・誘引の疑いで逮捕する。

裁判ではホンに懲役3年6ヶ月の実刑、斡旋業者たちにはそれぞれ2年6ヶ月と2年が言い渡された。が、控訴審になるとホンの判決は懲役2年6ヶ月、執行猶

奴隷として過酷な労働を強いられていたキムさん本人と、事件発覚のきっかけとなった彼が母親に出した手紙

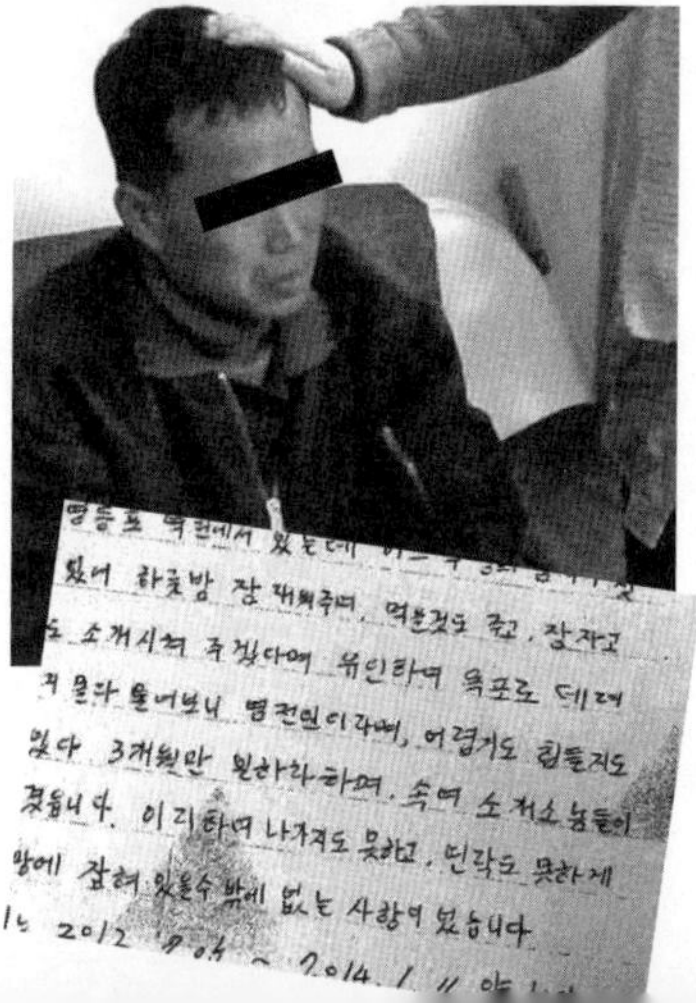

予4年に軽減される。キムさんとチェさんに賃金が支払われなかったにもかかわらず、ドッグフードと見間違うような粗末な食事と、凍死しかねない常識以下の宿舎を裁判所は〝賃金〟とみなしたのである。さらには、障害者である2人が処罰を望んでいないとの嘆願書が捏造され、結果、刑罰が軽くなってしまったという。

当時の朴槿恵《パククネ》大統領は、事件を受けて「本当に21世紀とは思えない衝撃的なことで、再びこのようなことがないよう徹底的にパージする」と発言。また、事件をきっかけに行われた調査では、塩田労働者140人中18人（うち2人が障害者）が賃金未払いで、中には10年間も支払われていない者もいたことが明らかになった。

が、この調査は日付と場所が事前に告知されたものだったため、塩田業者が、知的障害を持つ別の労働者に「警察がおまえたちを収容所送りにしようとしている」と吹き込み、捕まりたくなかったら山に隠れろと指示を出すなどの隠ぺい工作が行われたこともわかっている。よって、前記の調査結果は実態を反映したものとは言えなそうだ。

また、事件は塩田事業者の責任問題にとどまらない。長年、奴隷労働を見て見ぬふりをしてきた地元警察。さらに、メディアのインタビューに「食えるだけ有り難く思え」と答える住民など、根っこには奴隷労働を当たり前と捉える差別的な物の見方もある。ちなみに、このときホンの他に奴隷労働と賃金未払い、暴行の容疑で拘束された塩田所有者の1人は、

新安郡の議会副議長だったという。

さらに、韓国警察庁が新安郡の警察に下した処分は、記録に残らない書面警告のみ。塩田奴隷被害者8人が国と郡を相手取った損害賠償請求訴訟も、国が1人に精神的慰謝料を支払う判決を出しただけで、他7人は棄却されている。

上／劇中では、地元の警察や島の住民が奴隷労働を見て見ぬふりする姿も描かれている。映画「奴隷の島、消えた人々」より
下／「塩田奴隷障害者事件再発防止のための共同対策委員会」は、警察庁の前で加害者に厳重処罰を要求したが、下った判決はあまりに甘いものだった

主犯の塩田事業者に下されたのは、まさかの執行猶予判決

マイティ・ハート 愛と絆

『ウォール・ストリート・ジャーナル』の記者を惨殺したのは誰だ?

FILMS

ダニエル・パール 誘拐殺害事件

事件当時、アメリカの大手新聞社『ウォール・ストリート・ジャーナル』の南アジア局長の職に就いていたダニエル・パール本人（右）と、映画の原作本となったダニエルの妻マリアンヌ・パールの手記。表紙写真が本人

2001年9月11日、アメリカは、イスラム過激派テロ組織アルカイダによる同時多発テロで3千人近い死者と、最低でも100億ドル（約1兆2000億円）と言われる手痛い被害を負った。

報復としてアメリカはアルカイダ勢力を匿《かくま》うタリバン政権に軍事攻撃（いわゆるアフガニスタン紛争）を仕掛けるが、その渦中の2002年1月、パキスタンでテロ組織について取材中の男性ジャーナリスト、ダニエル・パールが誘拐・殺害されるという事件が発生する。

2007年公開の「マイティ・ハート　愛と絆」は、ダニエルの取材に同行していた妻マリアンヌ・パールの同名の手記を映画化した社会派ドラマである。

同時多発テロが起きた2001年、ダニエル・パール（1963年生まれ）は米紙『ウォール・ストリート・ジャーナル』の南アジア局長としてインドのムンバイに居住していた。テロ翌日の9月12日、同じくジャーナリストで身重だった妻マリアンヌ（1967年生まれ）を伴いパキスタンの首都イスラマバードへ。アフガニスタンの戦況を伝えるのが目的だった。

10月、米軍の空爆によりタリバン政権が制圧され大半のメディアが帰国するなか、パール夫妻は引き続き現地に留まる。

事件が起きるのは、それから3ヶ月が経った2002年1月23日のことだ。翌日にインドへの帰国を控えたダニエルは「靴爆弾男」につながる宗教家ジラニ師と仲介者を介してインタビュー取材を約束、そのまま誘拐されてしまう。

ダニエルは慎重な記者だった。劇中でも描か

マイティ・ハート　愛と絆

2007／アメリカ
監督：マイケル・ウィンターボトム
アメリカ同時多発テロ翌年の2002年、パキスタンで起こった米紙『ウォール・ストリート・ジャーナル』記者ダニエル・パールの誘拐・殺害事件を描く。

れるように、事前にアメリカ領事館を訪ねてジラニ師が危険人物かどうか調査、人道主義者であることを確認していた。が、実際のところ、ジラニ師は犯人がダニエルを呼び出すため名前を利用されていただけだった。果たして当日、ジラニ師は約束のレストランに現れず、かかってきた取材場所変更の電話に従ったダニエルは、迎えに来た男に連れ出され、そのままカラチにある掘っ建て小屋に監禁されてしまう。

事件発覚後すぐに、パール夫妻がパキスタンで身を寄せていた、ダニエルの同僚でパキスタン在住のインド人女性記者の自宅に、捜査チームが結集。パキスタン警察のテロ対策捜査官を中心に、ダニエルの同僚やアメリカ領事館の担当官たちが、取材のアポを取り付けたメールや電話の記録から、地道に取材を仲介した者たちを辿っていく。

誘拐から4日後の1月27日、「パキスタンの主権回復を目指す運動組織」からメールが届く。そこには、ダニエルの頭に銃を突きつけた画像、新聞記者を装って我が国に潜入したCIA諜報部員ダニエル・パールを拘束したとの文面、そして彼らの要求が記されていた。

要求の内容について、映画では、①アメリカで拘束されている同時多発テロ犯たちの待

マリアンヌと個人的交流のあったアンジェリーナ・ジョリーが悲劇の妻を演じている。映画「マイティ・ハート　愛と絆」より

遇改善と、②ジェット機、と要約されている。

①は文言どおりだが、②は当時、アメリカが行っていたF—16戦闘機のパキスタンへの輸出禁止を解除せよというものだ。要求は他にもアメリカに拘束されている駐パキスタン・タリバン大使の帰国という項目もあったという。

ダニエルの妻マリアンヌらはパキスタン政府に助けを求めた。が、政府は、同国と犬猿の相手、インドの情報局が起こした犯行と断定、我が国を貶《おとし》めるためにイスラム過激派やパキスタン軍統合情報局（略称ＩＳＩ。パキスタン最大の諜報機関）に罪をなすりつけるつもりだと耳を貸さない。

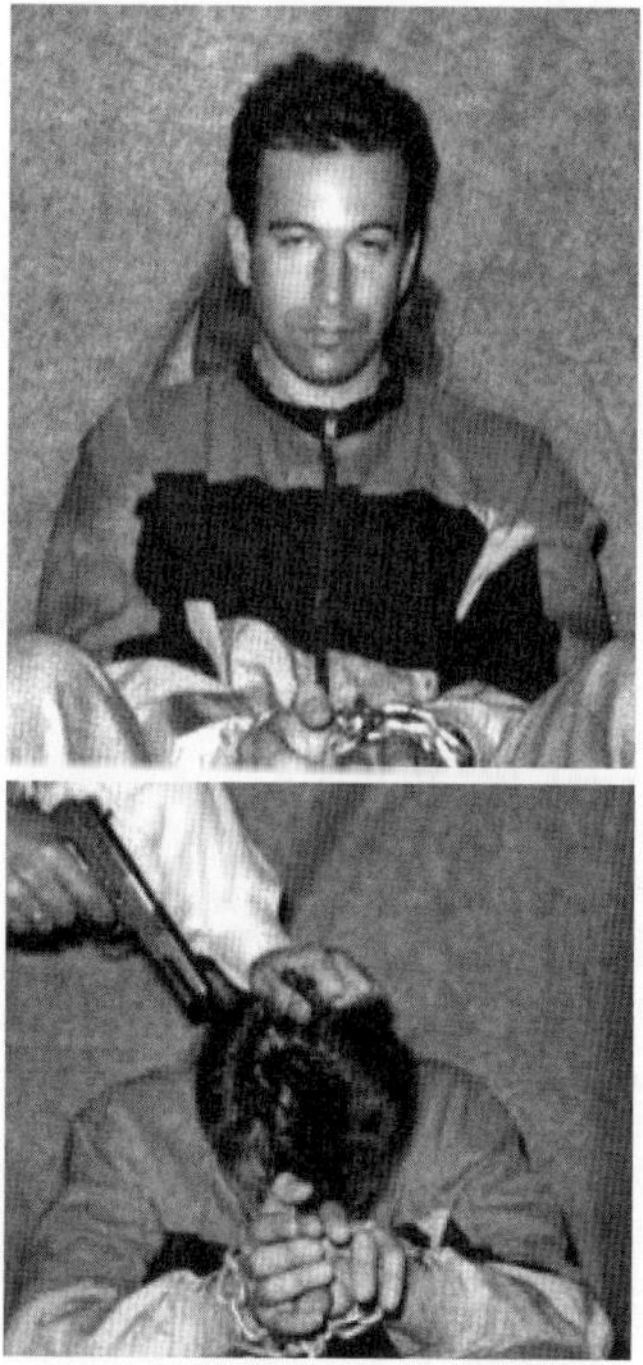

犯人グループから届いたメールに添付されていたダニエル・パールの拘束時の写真

1月30日、犯人グループから24時間以内に要求に応じないと人質を殺害するとのメールが送られてくる。これに対し、ＣＩ

Aはダニエルが当機関とは無関係であると発表。米国務長官は、救出には全力を尽くすが、テロ犯たちの待遇は万全で交渉のしようがなく、他の要求については呑めないとの会見を開く。

いよいよ猶予のなくなった捜査チームだが、ほどなく偽名でダニエルとの仲をつないでいた3人と、その先にいた主犯のハリド・シェイクを確保する。シェイクは、1994年に欧米人誘拐犯としてインドで逮捕されたものの1999年のインド航空ハイジャック事件での人質交換で釈放された経歴を持ち、さらにアメリカ同時多発テロ犯への送金記録もある筋金入りの過激派だった。

ダニエルの居場所を追及する捜査チームに、シェイクは一切知らないと言い張った。そして、事態は最悪の結末を迎える。米『ワシントン・ポスト』に、ダニエルの斬首映像が収められたビデオが送られ、その後、彼の遺体がバラバラに切断されてカラチの墓に埋められていたことが発覚したのだ。

映画は、仲介した3人に25年の懲役刑、シェイクには死刑判決が出て、さらに殺害の実行犯も拘留されたとクレジットされ終わる。

殺害犯に関して、FBIは「静脈照合」によって斬首ビデオに映る殺人者の手の静脈パターンとシェイクが一致したため彼が実行犯だったと断定。しかし、パキスタン当局は、2013年に別の容疑者を逮捕したと発表している。

この事件が不思議なのは、動機が不明な点だ。確かに犯人側からの要求はあったが、頭から不可能な項目ばかりで、戦闘機の輸出解禁など国レベルの話である。そこで囁かれているのが、ＩＳＩの関与だ。

実はシェイクは、ＩＳＩの働きかけで結成された武装組織「ジェイシ・モハメド」の幹部で、パキスタンがインドと領有権を争うカシミールでの秘密工作や、アルカイダとの連携を担ってきた。元ＩＳＩ関係者によれば、事件当時、ＩＳＩはムシャラフ・パキスタン大統領とブッシュ米大統領の会談直後にダニエルを解放し、シェイクも「嫌疑不十分」で釈放するシナリオを描いていたが、ダニエルがアルカイダとＩＳＩのつながりなどパキスタンの国益にかかわる情報を得ていたため、殺害に踏み切ったのだという。

誘拐・殺害事件の主犯とされるハリド・シェイク。斬首ビデオに映った手の静脈と、シェイクの手の静脈が一致したため、ＦＢＩは彼が殺害の実行犯と断定している。シェイクは再審を請求しており、２０２１年１月現在、死刑は執行されていない

殺害の黒幕はパキスタン軍統合情報局!?

マイヤーリング

悲恋の果ての心中か、自殺の道連れか

オーストリア皇太子情死事件の謎

１８８９年１月30日、当時ヨーロッパで一大勢力を誇っていたオーストリア＝ハンガリー帝国の皇太子ルドルフ（当時30歳）が、17歳の男爵令嬢マリー・ベツェラと心中死を遂げるという事件が起きた。事件は、皇室の一大スキャンダルとして広く喧伝され、後に多くの小説や戯曲の題材となる。

１９５７年、オードリー・ヘプバーンがマリーを演じた映画「マイヤーリング」もその一つで、内容は妻子ある皇太子が愛のない結婚生活の中で出会った美少女に惚れ離婚を決意するが、周囲に反対され、2人して覚悟の

マリーを演じたオードリー・ヘプバーン(左)と、皇太子役のメル・ファーラー。当時2人は実際の夫婦だった。映画「マイヤーリング」より

死を迎えるという悲恋の物語だ。が、現実の事件は美しくも哀しいメロドラマとはほど遠い、皇太子の自暴自棄が招いた惨事だったようだ。

ルドルフ王子は、オーストリア＝ハンガリー帝国を統治していたハプスブルク家（ハプスブルク＝ロートリンゲン家）の君主、フランツ・ヨーゼフ1世の長男、つまり世継ぎとして、1858年にオーストリアで生を享けた。

劇中では描かれていないが、自由主義思想の母親エリーザベトは各地に旅行ばかりして我が子の面倒をみず、幼少期、彼を育てたのは祖母だった。しかし、厳格主義の祖母は、ビンタ、冷水を浴びせるスパルタ式で教育し、結果、ルドルフは、暴力的で恐怖心が強く、事あるごとに自分の殻に閉じ籠もるようになる。

そんな息子を見かねた実母が親権を取り戻すのはルドルフが7歳のとき。以降、彼は自由主義のもとで育てられ、成人後も、その思想を受け継いでいく。

これに憤ったのが父親のヨーゼノ1世だ。ヨーゼフは母親とは真逆の絶対的な保守主義派。ルドルフはその思想を時代遅れと反発し、父親の絶対君主ぶりを激しく非難し

マイヤーリング

1957／アメリカ
監督:アナトール・リトヴァク
1889年に起きたオーストリア＝ハンガリー帝国の皇太子ルドルフと男爵令嬢マリー・ベツェラの心中事件を題材にしたクロード・アネの小説『うたかたの恋』(1930年)を映画化。日本では2014年に劇場公開された。

右が17歳で死んだマリー。オーストリアの外交官だったアルビン・フォン・ベツェラ男爵の令嬢。左はルドルフ皇太子本人。死の2年前、28歳時に撮影されたもの

た。それでも、王子としての立場は避けられず、1881年、ベルギー王の次女ステファニーと政略結婚したものの、2年後に娘が誕生する頃から性格の不一致により夫婦仲は冷え切っていく。

ルドルフは酒や女遊びに溺れる。劇中に露骨な描写はないが、貴族専門の娼婦や女優たちと身体の関係を持ち、性病にもかかった（妻にも感染させている）。結婚生活の憂さを晴らした結果と思いがちだが、そうした自堕落な暮らしは独身時代からだった。彼は決して、映画で描かれるような紳士ではなかったのだ。

父親から疎んじられたルドルフに皇太子としての公務はほとんどなく、貴族批判の雑誌に匿名で投稿するなどして日々を送る。世継ぎを期待していた周囲は失望し、彼は政治的にもどんどん孤立していく。

そんな彼の前に現れたのが少女マリー。映画では公園で偶然出会い一目惚れしたことになっているが、ルドルフの従姉の紹介だったことがわかっているだけで、本当のきっかけ

は不明。ただ、妻とは容姿も性格もまるで異なるこの少女に彼は惚れこみ、教皇に妻との離婚を望む文書を送るまでになる。が、当時、王国で皇族の離婚は認められておらず、さらにこの一件が父親にばれ、親子はさらに対立していく。

映画では、結果的にマリーとの恋が成就しなかったことに絶望し、死を選ぶことになっている。が、事はそんな単純ではなかった。

1889年1月28日、ルドルフはマリーを連れて馬車でウィーンの狩猟館「マイヤーリング」に向かう。そこで彼らがどんな時間を過ごしたのかは定かではない。が、2日後の30日午前6時10分、館の執事は2人がいた部屋から2発の銃声を聞くことになる。執事は、施錠されたドアを斧で破って中に入り、部屋のベッドで血まみれになったルドルフとマリーの姿を発見する。傍らに拳銃が落ちていた。

映画は、執事が最初の銃声を聞いた後、ベッドに横たわるヘプバーンが映り、ルドルフ役のメル・ファーラーが彼女に手を伸ばしたところで2発目の銃声が響きジ・エンドとなる。

検視の結果、実際にマリーはルドルフより数時間前に死んでいたことが明らかになった。劇中のとおり、ルドルフがマリーを銃殺した後、自殺を図ったと考えるのが自然だろう。

『お母様、お許しください。愛には逆らえませんでした。ルドルフも同じ思いです、一緒に埋葬してください。生きるより死んだ方が幸せ。あの世のことは、わからないけど、二人で喜んでいくわ』

事件後に見つかったマリーが母親に宛てた遺書の文面からも、実らぬ恋の果ての心中だったことがうかがえる。

ところが、後にルドルフの狩猟友達が語ったところによれば、事件を起こした時点で2人の仲は冷め切っていたという。また、事件の直前、彼らの言い争う声が部屋から漏れていたとの証言もある。これが事実なら、事は心中ではなく、諍いの結果、ルドルフが発作的にマリーを殺し、数時間後に自身も後を追ったとも推測できる。

さらに、事件から94年後の1983年、オーストリア＝ハンガリー帝国最後の皇帝カール1世の妻ツィタ皇后が、事件が情死ではなく暗殺だったとの爆弾告白を行った。曰く、事件の直後、緘口令《かんこうれい》が敷かれたのは、暗殺と知りながらも事件に政府の要人が関係していたためで、また、事件の2日後に室内の片付けを命じられた人間が目撃したところでは、家具がひっくり返されるなど激しい争いの跡が見られ、壁にも弾痕・血痕が著しく付着、銃声は言われるように2発ではなかったそうだ。

事件後に公開されたルドルフの遺体

その真偽はともかく、事件最大の謎は、ルドルフが死を共にする相手として望んだのは、実はマリーではなく別の女性だったのではないかという疑いだ。

前記したとおり、ルドルフは結婚前から館に出入りし、ミッツイ・カスパルという女性にぞっこんだった。彼女は朗らかな性格で、ベッドテクニックもあり、ルドルフは結婚後もミッツイとの関係を続ける。一方、政治的思想の違いから皇室の中で孤立していく過程で徐々に自殺を考えるようになり、マリーと知り合った時期に近い1888年夏、ミッツイに拳銃で撃ち合って死のうと頼み込んでいる。が、彼女は彼の提案を一笑に付したばかりか、その行動を警察に通報。以降、ルドルフは警察の監視下に置かれるようになる。

史実によれば、事件の2日前にもルドルフはミッツイを訪ね、夜中の3時までシャンパンを飲み交わし、別れ際に彼女の額に十字を切った後、マイヤーリングに向かったそうだ。

こうしたことから、ルドルフは最愛のミッツイに心中を断られたため、仕方なくマリーを死の道連れにしたと見る向きも少なくない。

真相は藪の中だ。

皇太子と長年関係のあった女性ミッツイ・カスパル。1907年1月、52歳でこの世を去った

皇太子が本当に愛したのは高級娼婦だった!?

巨大ザメに命がけの闘いを挑む警察署長のブロディ。映画「ジョーズ」より

ジョーズ

12日間で4人が犠牲に

ニュージャージー・サメ襲撃事件

映画監督スティーヴン・スピルバーグの名を一躍世界に知らしめた「ジョーズ」は、平和なビーチを襲う巨大人喰いザメの恐怖と、その退治のため体を張る男たちの死闘を描いたパニック映画の傑作である。

　原作となったのは、アメリカの作家ピーター・ベンチリーが１９７４年に発表した同名小説だ。ベンチリーは、１９６４年、ニューヨーク州のロングアイランドで４千５５０ポンドのホホジロザメを１人の漁師が実際に捕えたニュースからインスパイアされ、小説を書き上げたとされるが、ディスカバリーチャンネルが放映した「実話！映画『ジョーズ』では、1916年にニュージャージー州でホホジロザメが遊泳中の人々を襲い4人の命を奪ったニュージャージー・サメ襲撃事件を元ネタにしたとのこと。実際に同事件の方が映画に増して残酷である。

事件は1916年7月1日、アメリカ東部の大西洋沿岸に位置するニュージャージー州のリゾート地の海岸で起きた。映画で最初の犠牲者は遊泳中の若い女性だが、実際は25歳の男性がサメに襲われ喰い殺されている。

現在では、サメが人を襲う事件も少なくなく、サメ＝獰猛《どうもう》な生き物との認識があるが、当時のアメリカで同様の事件は皆無。海洋生物学者たちは、人を襲う可能性があるホホジロザメは北半球の冷たい海には住めないと考えており、事件発生時、被害者はサメではなく他の生物によって殺されたものと推測していたという。

5日後の7月6日。最初の事件現場から40マイル（約64キロメートル）離れた海岸で、今度はホテルの従業員が遊泳中、サメに襲われた。すぐにライフガードによって救出されたもの

ジョーズ

1975／アメリカ
監督:スティーヴン・スピルバーグ
制作当時、弱冠27歳だったスピルバーグがメガホンをとり、約4千700億ドルの興行収入を得た海洋パニック。サメの襲撃シーンで流れる、ジョン・ウィリアムズによる恐怖をあおる音楽はあまりに有名。

の、従業員は両足を喰いちぎられ、まもなく死亡してしまう。

　劇中では、1人目の犠牲者が出てすぐに、町の警察署長ブロディ（演：ロイ・シャイダー）が海岸を閉鎖して遊泳禁止にしようとするが、市長をはじめとした町の有力者が、町が成り立つ最大の要因である夏の観光による収入がなくなることを理由にこの申し出を拒否。結果、第二の被害が発生する。

　対し実際の事件は、足を失った従業員の無惨な姿を多くの人が目撃していたことに加え、新聞が事件を大々的に報じたことで、シーズン真っ盛りのリゾート地から海水浴客が消え去ってしまい、現地の観光産業はとてつもない損害を受けることになった。

　これで、被害はなくなるはずだった。しかし、サメの襲撃は続く。第三の事件が海ではなく川で発生したのだ。

　7月12日、2回目の襲撃現場から30マイル（約48キロメートル）北にあるラリタン湾にそそぐマタワン川の河口から16マイル（約26キロメートル）遡った上流の桟橋で、近所の少年たちが泳いで遊んでいた。と、突然、1人の少年レスター（当時12歳）が水中に沈み、水

3人目の犠牲者レスター（上／当時12歳）と、彼を救おうとしてサメに命を奪われたフィッシャー（当時24歳）

面が渦を巻き血で真っ赤に染まった。残りの少年たちは慌てて陸に上がり「サメに襲われた」と救助を要請。数人の大人が川の中に入り少年を捜索したが、水が濁って見つからない。

大人たちがあきらめていったん上がろうとしたところを、捜索に加わっていた青年スタンレー・フィッシャー（同24歳）が最後にもう一度確認しようと深く潜ると、川底でサメが少年をくわえているのを発見。フィッシャーは勇敢にもサメに殴りかかり少年をサメの顎から離れさせることに成功したが、すでに少年は死亡。さらに今度は自分自身がサメに襲われてしまう。

フィッシャーは桟橋から他の大人によって救出されたものの重傷を負い酷く出血していた。そこで、車では揺れて危険だからと鉄道で50キロメートル離れた病院に運ばれるが、治療のかいなく息を引き取る。これでサメ襲撃による犠牲者は4人となった。

サメ狩りの達人役ロバート・ショウがジョーズに喰われる衝撃的シーン。映画「ジョーズ」より　

映画公開後、ホホジロザメが乱獲され絶滅の危機に

襲撃事件の起きたマタワン川でサメを捜索する地域住民

映画は、2人目の犠牲者の少年の両親がサメ退治に賞金をかけたことで事態は公となり、アメリカ中から賞金目当てのハンターが海岸に押し寄せ現地が大騒ぎに。事件を仕切る警察署長は、サメの専門家である海洋学者フーパー（演：リチャード・ドレイファス）に協力を仰ぎ一連の被害がサメによるものと断定、改めて海岸閉鎖を訴えるが、利益優先の市長が拒否したことで、また新たな犠牲者が出る。そこで市長は初めてサメによる被害を認識し、サメの退治を許可。ブロディは地元の漁師でサメ狩りの達人クイント（演：ロバート・ショウ）を仲間に加え、人喰いザメに闘いを挑む。

一方、実際の事件では4人が死亡した後、騒ぎを知らずに近くを泳いでいた少年らにもサメが襲いかかり、1人が足に大ケガを負ってしまう。少年は一時、足の切断は免れないと思われたが、奇跡的に回復したそうだ。

2人の死者と1人の重傷者を出したマタワンの住人たちは怒りと復讐心に沸き立ち、人喰いザメに懸賞金をかけ、連日ダイナマイトを川に投げ込むなどしてサメを捜索したが、見つけられない。

襲撃から2日後の7月14日、海上で漁をしていた剥製業者の船の網に体長約2・5メートルほどのホホジロザメがかかった。その場で殺して持ち帰りサメの胃を裂くと、中から人間の骨と思われるものが発見される。このホホジロザメが一連の襲撃事件の犯人であることは間違いないと思われた。

しかし、本来、ホホジロザメは川＝淡水域では生息できない生き物。にもかかわらず、川でサメによる被害が起きたのは、淡水域でも生息可能なオオメジロザメの仕業ではないかとの意見もある。つまり、事件は映画のように1匹のホホジロザメによって引き起こされたものではなく、複数のサメがたまたま同時期に同じ地域で起こしたものというわけだ。

いずれにしろ事件は終息し、世の中に、サメが人を襲う危険な生き物である認識が広まる。ちなみに、「ジョーズ」が大ヒットしたことで、この映画に影響を受け世界中でホホジロザメが乱獲される事態が発生。そのため現在は絶滅の危機にさらされているそうだ。

最初の事件から2週間後に発見されたホホジロザメ

エリカ38

架空の投資話で総額27億円を騙し取った悪女

山辺節子 つなぎ融資詐欺事件

FILMS

2018年9月に他界した樹木希林が初めて企画を手がけた映画「エリカ38」は、60歳を過ぎていながら38歳と偽り色香で男たちに架空の投資話を持ちかけ、巨額の金を騙し取る1人の女性を描いた犯罪ドラマだ。

浅田美代子が演じる主人公渡部聡子（自称エリカ）には実在のモデルがいる。2017年4月、出資法違反によって逮捕された、通称〝つなぎ融資の女王〟こと山辺節子だ。

1955年、熊本県で生まれた山辺は高校時代から男と

山辺節子本人。周囲からは、実年齢より15〜20歳は若く見られていた

駆け落ちするなど早熟な少女だった。19歳のとき、父親に強引に婿養子を取らされ1男1女を授かったものの30歳を前に離婚。33歳で熊本市内の繁華街に高級スナックをオープンする。高価な宝石を身につけ、高級外車を乗り回したばかりか、「原菜つ子」のペンネームで短歌集まで出版できたのは、全て彼女の魅力に惑わされた男たちが金を貢いだからだ。

我が世の春を謳歌していた彼女に転機が訪れるのは50歳の頃。知人の女性経営者から2千万円の手形の裏書を依頼されサインしたところ、手形決済の期日にその女性の会社が倒産してしまったのだ。結果、山辺は2千万円の借金を背負う。

映画では、この女性経営者に紹介された若い男性と愛人関係になり、男に指示されるまま投資詐欺を働くことになるのだが、現実にそのような男性は存在しない。実際の山辺は、元々あちこちから金を借りており、当時の借金総額が約1億円。とても返せる額ではなく、自己破産を選択している。

劇中では描かれていないが、彼女はこの破産をきっかけに詐欺に手を染めるようになる。生活費にも事欠き、ヤミ金に手を出したものの利子も払えない状況。追い込まれた山辺は知人女性に「お金を貸して」とは頼めず、ふと「30万円投資してみない？」と口にする。と、思いがけず、その女

エリカ38

2019／日本　監督：日比遊一
2018年9月にこの世を去った女優の樹木希林が企画、彼女と親しかった浅田美代子を主演に、実際の詐欺事件をモチーフに撮った犯罪劇。

山辺節子と同年代の浅田美代子が主人公を熱演。映画「エリカ38」より

性が金を出してきたのだという。

これに味をしめた山辺は、持ち前のお色気作戦で次々と男たちに近づく。謳い文句は「大企業へのつなぎ融資」「元本完全保証」「配当20％」の3点セットだ。

具体的には、自分はシャープやソニーなど大企業に通じている。名前の通った大企業も銀行から融資を受けているが、審査をパスして金が下りるまでには一定の日数がかかる。その間のつなぎ融資に金を出さないか。元本保証で、配当は20％。つまり1千万を投資したら2００万円儲かる——。

いかにも胡散臭いが、カモの男たちは山辺の口車に乗せられ次々と出資し、彼女の説明どおり20％の配当を受ける。その金は当然ながら新たな客の出資金から調達したもので、配当を怠ると詐欺がバレる危険な自転車操業だった。

面白いように金が集まり出すと、山辺は1億円以上を費やした豪華な自宅を建てる。これがまた客を騙す格好の材料となる。

被害者によれば、本人に会えるまで3ヶ月を要し、面談場所は彼女の邸宅。ここに、さらに山辺の巧みな口説きの話術が加わる。そして、一通りの説明が終わると執拗な勧誘はなし。さらには、この話が表に出るとつなぎ融資を必要としている企業に迷惑がかかる可能性があるから絶対に口外しないでほしいと言う。客にしてみれば、もし詐欺ならどんどん人を紹介してほしいと言うはずなのに、話を広げないでくれと厳命するのは本当の投資案件だからこそ、と考えてしまったようだ。

ちなみに、映画と違い山辺に愛人男性はいなかったが、アシスタント的な2組の夫婦がいた。最初は単なる客だった両夫婦はいつのまにか仲介人となり、彼らが客を連れてくる

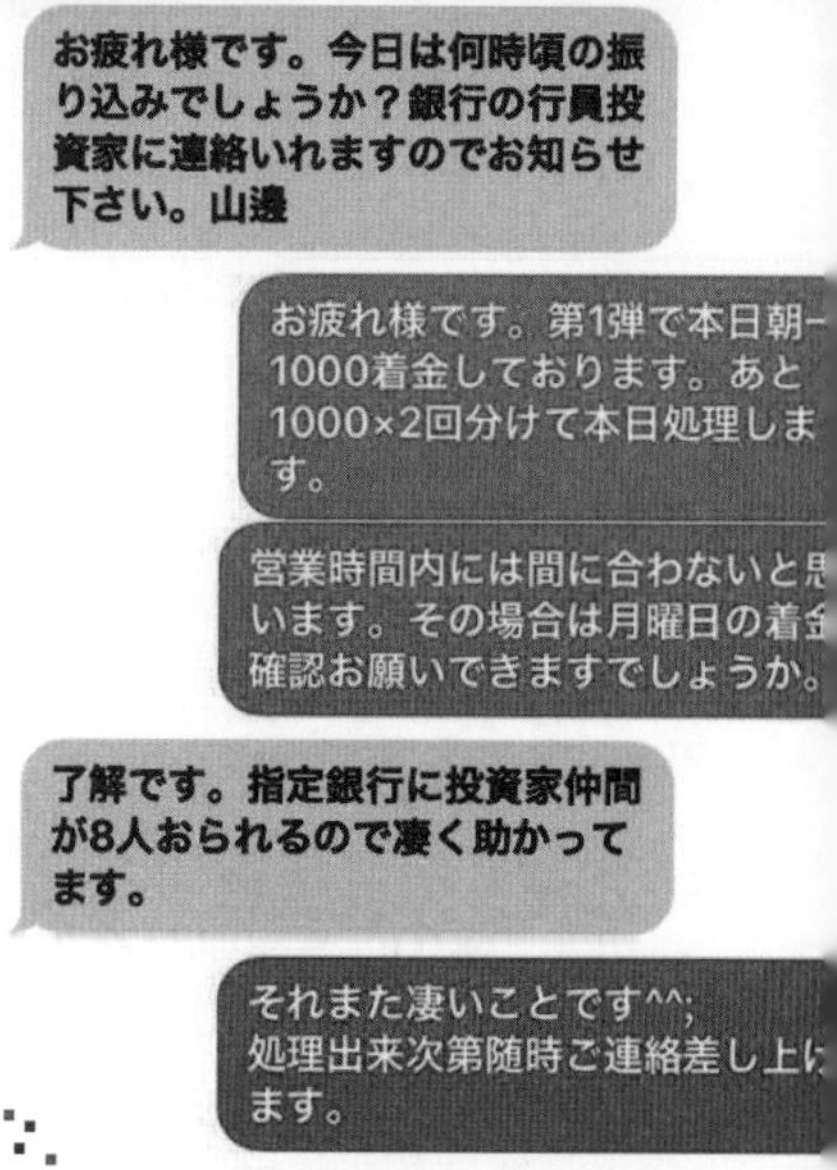
お疲れ様です。今日は何時頃の振り込みでしょうか？銀行の行員投資家に連絡いれますのでお知らせ下さい。山邊
お疲れ様です。第1弾で本日朝
1000着金しております。あと
1000×2回分けて本日処理します。
営業時間内には間に合わないと
います。その場合は月曜日の着
確認お願いできますでしょうか。
了解です。指定銀行に投資家仲間が8人おられるので凄く助かってます。
それまた凄いことです^^;
処理出来次第随時ご連絡差し上
ます。

上／40％の利回りが得られる緊急の融資案件を提示され、3千万円を出資した被害者と山辺のやりとり。下／騙し取った金を注ぎ込んでいたフィリピン人ホストとのツーショット

騙し取った金をフィリピン人ホストに

と、その客の投資額の一部をバックしていたそうだ。

　こうして4億円（7億とも言われる）以上を手にした山辺は、宝石や車、ホストなどに金を注ぎ込んだ。一時はフィリピン人ホストに入れあげコンドミニアムやポルシェを貢ぎ、ホスト家族の生活の面倒までみていたこともあったらしい。

　しかし自転車操業はいずれ破綻する。次第に配当が遅れだし、出資者が不信感を募らせ始めた。中には警察に相談する者もおり、詐欺容疑で当局も動きだす。

　映画で、不審に思った出資者たちが主人公に金を返せと問い詰めるシーンがある。実際に山辺の被害者たちも２０１５年10月、直接、山辺に返金を迫ったのだという。すると彼女は、自分も仲間に裏切られた被害者だと、いけしゃあしゃあと弁明。どころか、これから自分が興すカジノ事業は１ヶ月に平均30億稼げるからと、さらなる投資話までもちかけたというから驚きだ。

　３ヶ月後の２０１６年1月、山辺はかき集めた50万円でタイに高飛びする。逃亡先では38歳と偽り、31歳のタイ人男性と同棲。国際指名手配されていた彼女がその男性の目の前でタイ警察に不法滞在容疑で身柄を拘束されたのは、２０１７年3月30日。そして4月19日、空路輸送中の機内で日本の警察に出資法違反で逮捕となった。直接の証拠となったのは、逃走資金を集めようと焦った山辺が「40％のリターンになるので出資しないか？　急ぎだから銀行振込ＯＫ」と連絡してきたメールや送金記録、また、ある被害者がこっそり録音していた山辺との会話音声だった。

　警察の捜査により、山辺は被害者120人以上からおよそ27億円以上の金を詐取していたことが判明する。しかし山辺は用意周到で、金の受け渡しに履歴が残る振込などは使わず、手渡しを徹底。出資者たちに、自分が出した金の記録も、目的や金額がわからないようにアシスタントに『月日』や『万円』などの単位を省略するよう指示していたため、いまだ被害総額は不明のままだという。

　最終的に、12人から詐取した約1億7千700万円分だけが立件され、2018年4月、山辺節子に懲役7年の実刑判決が言い渡された。収監された山辺は週刊誌の取材に、刑期を終えたら同棲していたタイ人男性と一緒に暮らしたいと答えている。

2017年3月30日、タイの警察に拘束され（上）、4月19日、日本に身柄を送られた（下）

映画「八甲田山」より　©橋本プロダクション、東宝映画、シナノ企画

八甲田山

無謀な計画を敢行し199人が凍死

FILMS

映画「八甲田山」は、世界山岳史上最悪とも言われる１９９人の犠牲者を出した八甲田雪中行軍遭難事件を題材に、雪の恐ろしさと日本の軍隊の理不尽さを描いた作品である。

映画は公開された１９７７年、当時の配給収入記録を塗り替える大ヒットを飛ばしたが、描かれた内容と史実には数多くの相違点が見られる。

八甲田雪中行軍遭難事件

日露戦争直前の１９０２年（明治35年）

1月、日本陸軍が一つの演習を行った。ロシアの艦隊が冬場に津軽海峡、陸奥湾を封鎖し、青森の海岸沿いの列車が不通となった場合、八甲田山系を縦断して青森〜八戸間をソリで物資が運べるかどうか。これを調査するため、青森第5連隊の210人が駆り出され、199人が遭難死する（このうち6人は救出後死亡）。

原因は多々あるが、その最たるものが気象条件だ。演習当日、日本列島は未曾有《みぞう》の寒気団に襲われ、全国各地で観測史上における最低気温を更新していた。山中はマイナス20度以下で、こうした中、青森隊を猛吹雪が襲う。進路も退路も塞がれ、疲労と寒さで隊員が次々と倒れ、出発翌日の1月25日には70人強、26日にはさらに約60人が死亡。最終的に生還を果たしたのはわずか11人しかいなかった。

映画で、部隊の行軍を指揮していた北大路欣也演じる神田大尉は、神成《かんなり》文吉《ぶんきち》大尉（当時32歳）がモデルである。神成は行軍実施の3週間前に責務を任されたのだが、それまで雪中行軍の経験はゼロ。そのため冬山登山の防寒とは言い難い軽装、地図さえ持たず計画を実施する無謀ぶりだった。参加した隊員も岩手と宮城の出身者が大半で、八甲田の豪雪に慣れている者はほとんどいなかった。

八甲田山

1977／日本　監督：森谷司郎
1971年に発表された新田次郎の小説『八甲田山　死の彷徨』を原作に、1902年に起きた八甲田雪中行軍遭難事件の悲劇を描く。映画の大ヒットによりその内容が事実と誤解されがちだが、あくまでフィクションである。
DVD販売元：M3エンタテインメント

左から青森隊の指揮官・神成文吉大尉（演：北大路欣也）、弘前隊の指揮官・福島泰蔵大尉（演：高倉健）、青森隊に同行した山口鋠少佐（演：三國連太郎）。山口は事件の責任を取りピストル自殺したと言われている

さらに、目的地とされた田代新湯という温泉は到底見つけることができないような入りくんだ場所にあり、部隊は誰一人として目的地がどこにあるかもわからないまま前進していたらしい。悲劇は起こるべくして起こったのだ。

生存者の後の証言によれば、極限状態の中で、裸で川に飛び込むなど精神に錯乱をきたす者が続出したらしい。隊を率いた神成大尉も例外ではなく、1月25日には「天は我我を見捨てたらしいッ！」と叫び、この発言でここまで神成を信じてついてきた多くの兵士の士気が下がり、斃《たお》れるものが続出したという。ちなみに、この言葉は劇中で「天は我々を見放した」と表現され、当時、流行語となった。

神成大尉の責任は大きい。が、出発直前、大隊長の山口鋠《しん》（当時47歳）が参加したことで行軍に混乱が生じたのも遭難の要因の一つだ。山口の階級は、大尉・神成より上の少佐。実質的に指揮官が2人となり、意志決定が曖昧となった。一般的には、山口を行軍一向を悲劇に導いた張本人とするのが定説で、映画で山口を演じた三國連太郎も悪役として描かれている。ちなみに、山口は無事に帰還を果たすが、2日後に責任を取りピストルで自殺する（心臓麻痺による死亡説もある）。

一方、別ルートで入山した弘前隊38人は行程を踏破し、全員が無事に帰還している。これは、指揮官、福島泰蔵《ふくしまたいぞう》大尉（映画で高倉健が演じた徳島大尉）が雪中行軍に対する経験と知識が豊富で、天候不良とみるや深さ4メートルの穴を掘り休憩する等、様々な工夫を施したからだといわれる。

映画と史実が最も大きく異なるのは、青森隊と弘前隊が合同で演習を実施したように描かれている点だ。

劇中、高倉健と北大路欣也の両指揮官は上官から「2人とも雪の八甲田を歩いてみたいとは思わないか」と提案され、出発前、2人が「約束の地で会おう」と酒を酌み交わすシーンがある。

しかし、この2人、実際は一度も会ったことがなく、そもそも行軍の目的も異なっ

健さん演じる大尉の人物像は完全な脚色

弘前隊の指揮官・福島（役名は徳島）大尉を演じた高倉健。映画「八甲田山」より　©橋本プロダクション、東宝映画、シナノ企画

極限状態のなか、精神が崩壊した隊員も。映画「八甲田山」より

© 橋本プロダクション、東宝映画、シナノ企画

た。弘前隊の計画は「雪中行軍に関する服装、行軍方法等」の全般にわたる研究の最終段階に当たるもので、3年がかりで実施してきた演習の総決算であった。両隊の間に、事前の情報交換は一切なく、たまたま実施期日が一致しただけなのだ。

ただ、史実によると、弘前隊は行軍途中で青森隊の遭難を知りながら、救助活動を行わなかったとも言われる。これは二次災害を防ぐため福島大尉が下した判断だったようだが、同時に大尉は「この2日間のことは語るべかざる」と部下に緘口令を出しており、結果的に見捨てたも同然との意見も少なくない。

また、映画では高倉健演じる弘前隊の指揮官は、道案内をしてくれた村民にも異例の敬意を払う礼節を重んじる人物に描かれているが、これも事実とは大きく異なる。

行軍の危険性の高さから引き返すことを進言した案内人を叱り飛ばし無理矢理案内をさせたばかりか、八甲田山系の最難関を通過後、小峠付近で疲労困憊の案内人たちを豪雪の中に置き去りにし、部隊だけで行軍を続けたという。このとき2日間、不眠不休で隊を案内した村民は7人。まさに命がけの手助けだったが、弘前隊は別れ際、誰一人ねぎらいの言葉をかけることもなく見捨てたのだ。

結果、7人は自力で村に戻ることになるのだが、中には凍傷にかかり、廃人同様となり若くして亡くなった人もいたようだ。ちなみに事件から30年後、彼ら〝七勇士〟の偉業を讃え、地元（現十和田市）に石碑が建てられている。

未曾有の遭難事件から奇跡的に生還したわずかな軍人も、その大半が重度の凍傷から手足の一部を失ったという。日露戦争が始まるのは、それから2年後の1904年。弘前隊の指揮官・福島大尉はこれに従軍し、1905年1月28日、黒溝台《こっこうだい》会戦において戦死した。享年38。

青森隊の生存者の大半が凍傷により足や手の切断を余儀なくされた

1960年代初期、「コロニア・ディグニダ」が設立された直後の入植者たち。先頭にいるのが、パウル・シェーファー

コロニア

ナチス・ドイツの生き残り、パウル・シェーファーが南米チリに造った犯罪施設

FILMS

2015年公開の映画「コロニア」は、1970年代の南米チリを舞台に、反体制分子としてカルト集団の居留地に監禁された男性ジャーナリストを救出するため、自ら施設への潜入を試みる恋人の女性（演：エマ・ワトソン）の姿を描いた脱出劇だ。

主人公の男女は架空の人物だが、施設はチリの山奥に約35年間実在していた。その名も「コロニア・ディグニダ」。表向き、農業コミュニテ

「コロニア・ディグニダ」という名の狂った楽園

ィを標榜していたものの、本当の顔は児童虐待、強制労働、マネーロンダリング、武器売買、誘拐、殺人など様々な犯罪に手を染め、さらにチリ軍事政権が捕まえた反政府運動家たちの拷問＆処刑場まで備えていた悪の巣窟である。

本作は、幼少期に学校でコロニアのことを学んだ監督のフローリアン・ガレンベルガーが怒りを込めて、その実態を告発した渾身の一作である。

映画で〝教皇〟と呼ばれていたコロニアの絶対的権力者は、パウル・シェーファー（1921年ドイツ生まれ）なる男だ。本人は元ナチス党の親衛隊員を名乗っていたが、実際は青少年団員として野戦病院で働いていたにすぎない。

ドイツが戦争に負けるとシェーファーは福音派の教会に職を求めたが、通っていた少年に性的虐待を働き教会を解雇される。その後、ギターを弾きながらドイツの田舎町を布教して回り、1952年頃、元西ドイツの首都ボン近郊のトロイスドルフに教会と孤児院を設立。戦争未亡人とその子供らを中心に信徒を集め、収入の10%を支払うことを約束させた。シェーファーには人を惹きつける独特のカリスマ性があった

コロニア

2015／ドイツ・ルクセンブルク・フランス
監督：フローリアン・ガレンベルガー
1970年代、南米チリのピノチェト軍事独裁政権下でナチスの残党パウル・シェーファーと結びついた拷問・処刑施設「コロニア・ディグニダ」の実態を描いた衝撃作。

ようだ。
1959年、またも少年2人を性的に虐待した容疑で起訴され、信頼のおける一部信者を連れ中東へ脱出。親交のあったドイツ駐留のチリ大使に連絡を取り、起訴事実を隠したままチリへの亡命に成功する。

1961年1月、チリのサンティアゴに着いたシェーファーは、孤児院で貯めた金で山奥に放置されていた4千400エーカーの牧場を購入。1963年末までに信徒約230人を呼び寄せ、自給自足の生活共同施設「コロニア・ディグニダ(尊厳のコロニー)」を開設する。

そこはナチス・ドイツの強制収容所さながらの隔離施設だった。外界へつながるのは細い1本の砂利道だけ。有刺鉄線に覆われた鉄条網で囲まれ、監視カメラ、サーチライト、見張り塔など厳重な監視設備が配備された敷地内には寄宿舎、集会所、

初期のコロニアの様子

シェーファーは女性を“男性を誘惑する者”とみなし、女性に長時間の強制労働を義務づけたうえ、欲望を抑える薬を飲ませた。映画「コロニア」より

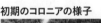

「スプリンター」と名づけたお気に入りの少年たちに囲まれるシェーファー

チャペル、学校、パン工場、家畜小屋、果樹園や小麦、トウモロコシなどの畑、少なくとも1つの飛行機、水力発電所、そしてチリの工事現場に売りさばいて高収益を上げる砂利工場が建ち並んでいた。

住人がドイツ語で会話し、伝統的な農民服で暮らすコロニアは、外からは1940年代のドイツを再現した〝ドイツの飛び地〟に映った。が、中の暮らしは異常を極めた。

シェーファーは、家族ぐるみでやってきた大半の住人を、性別、年齢別に別々の宿舎に住まわせ、それぞれ日に16時間を超える強制労働を課した。住人たちには常に罪悪感を持たせ、懺悔させ、それを赦す儀式を定期的に執り行う。家族のつながりを分断し、教皇たる自分への絶対的な献身感を持たせるための洗脳である。

劇中で描かれる、ヒロインが他の信徒をスパイするよう言いつけられるシーンは事実に即している。シェーファーは住人たちに他メンバーの不正を密告すれば己の罪が赦免されると言い聞かせ、相互監視のシステムを構築していた。

そして、ここでも彼の元来の性的嗜好に歯止めはきかず、好みの少年グループを「スプリンター」と名づけ、常に施設内を引き連れて歩いた。ファスナーは不便だからとウエストがゴムになったショートパンツを穿かせ、その時々で気に入った子にシャワーを浴びさせ、鎮静剤を飲ませてから寝室に連れ込んだ。

一方で、シェーファーは女性を、男性を欲望に駆り立てる〝誘惑者〟と位置づけ、体の線が出ない麻布のだぶだぶの服を着せ髪をまとめさせた他、セックスを悪魔の行為と説き、成人住人に性欲を抑える薬まで飲ませている。

それでも恋に落ちる男女がいれば、結婚の許可を求める男性に別の歳を取った女性をあてがった。子供が産まれた場合はすぐに母親から引き離し、病院の看護師に世話をさせる。さらに、チリの貧しい家から子供を養子に引き取り、時には誘拐まで働きコロニアの人口を保ち続けた。

まさに悪魔としか言いようがないが、シェーファーは外交能力も持ち合わせていた。敷地の一角に送迎バス付きの病院を建設。チリの貧しい人たちを無料で治療し、病院で子供を産んだ家庭には毎月粉ミルクを送った。結果、周囲には慈善団体として受け入れられ、州から補助金が出ていたそうだ。

映画の舞台である1973年9月、軍事クーデターによってピノチェト将軍が政権を奪取すると、シェーファーは軍の闇の仕事を請け負うようになる。「左翼狩り」で逮捕された市民や活動家をコロニアの地下室で拷問・殺害したのだ。ある統計によれば、クーデタ

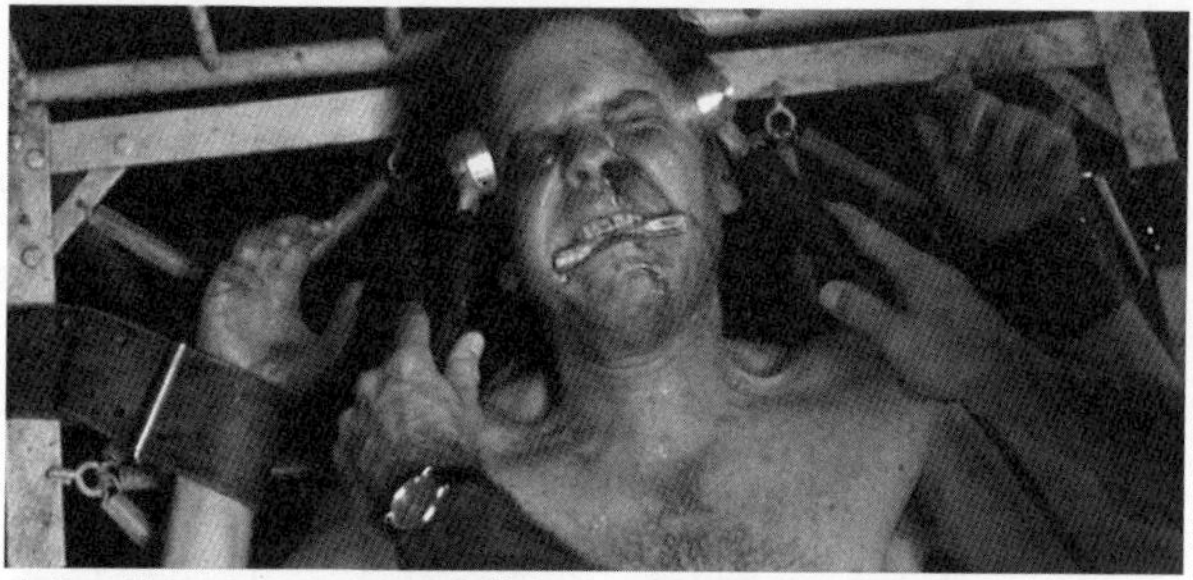

宿舎の地下には、チリの国家警察から依頼された拷問室があり、政治犯たちを尋問・処刑していた。映画「コロニア」より

ー勃発から年末までの4ヶ月で少なくとも4万5千人以上が逮捕され、1千500人以上が殺害されたという。

ピノチェトの政敵を排除する目的で設置された秘密警察（DINA）の元隊員は、コロニアにはサリンなどの化学兵器工場もあったと証言している。さらに、シェーファーは数十人の男性から成る軍組織を編成。軍事戦術や武術の訓練を受けさせるとともに、機関銃や自動小銃などの武器を蓄え、手榴弾や機関銃を生産する工場まで作ったそうだ。

劇中で、ヒロインの恋人が地下室で電気ショックによる拷問を受けていたシーンも事実に近い。1975年、反ピノチェトの兵士だったルイス・ピーブルズ（2019年8月現在71歳、現精神科医）は逮捕・拘留されたコロニアで、映画と同じように鉄のベッドに裸で固定され、こめかみ、足首、太股、喉、胸、肛門、生殖器に電線を貼り付けられ6時間にわたり通電を受けたのだという。

最終的に彼は釈放されたが、コロニア内で何人が拷問され、殺害されたのかはわかっていない。かつての住人の1人は、シェーファーの命令で35人の政治犯が乗ったバスを敷地内の樹林帯に放置し、宿舎に戻ろうとしたとき、森の中でマシンガンの音が鳴り響くのを聞いたという。また、別の元住人は、政治犯だけが拷問・殺害されたわけではなく、シェーファーの虐待を嫌がった子供や、反抗的な者、さらには気にくわないという理由だけで拷問・殺害された住人も少なくなかったと証言している。

映画はヒロインと恋人が施設を脱出。最後に、脱出に成功した住人はたったの5人だけだったとクレジットされる。最初に逃げ出したのは、ヴォルフガング・ミューラーだった。1957年、両親に呼ばれて12歳でコロニアにやってきた彼は、監禁と虐待に耐えきれず脱出を試みるも3回失敗し、ようやく1966年に成功。なんとか山を越えてアルゼンチンからドイツへ渡った。当然、彼はコロニアのことを告発したが、逆に事実無根の中傷と提訴され、犯罪者の汚名を着せられてしまう(後に無実が判明し、名誉回復)。

翌1967年、施設を脱出した1人の少年の告発を受け、チリ政府はコロニア視察へ乗り出す。が、シェーファーが子

シェーファーは音楽好きで、少年たちに聖歌をよく歌わせていたそうだ

供たちの聖歌隊とドイツ料理で歓待すると、当局はまんまと騙され、少年たちの主張には根拠がないと判断する。

続いて、拷問を受けた後に釈放されたルイス・ピーブルズが1977年、国際的人権団体アムネスティ・インターナショナルに提訴。ドイツ政府がピノチェト政権に調査を要請するも、シェーファーは政府だけでなくチリの司法内にも協力者を作っていたため、調査は立ち消えとなる（その後、何度か調査を要請するも拒否に遭う）。

ようやくコロニアにメスが入るのは1990年。ピノチェトに代わり、反軍事政権諸党連合を母体とする新政府が発足してからだ。新政府当局は、コロニアの非営利慈善団体としての地位を取り消し、病院への州資金を遮断、財政監査を開始する。

コロニア側は抗議集会などで反撃に出たが、1996年初め、12歳のチリの少年が内緒で母親に「ここから出して」と書いたメモを手渡したことで一気に事が動く。

少年は、地元チリの学生を18歳までコロニアで預かる「寄宿学校プログラム」の生徒だった。母親が危険を冒して彼を救出、病院に連れていくと、医師は彼の体を診てレイプされたことを確認する。

地元の警察がシェーファーの言いなりであることを知っていた母親は、反ピノチェト側だった国家警察長を頼り告発。結果、1996年8月、ついにシェーファーに児童虐待容疑の逮捕状が発行される。が、11月に国家警察がコロニアに足を踏み入れたときにシェーファーの姿はなく、いつ逃げ出したのか誰も知らなかったという。一方、住人たちは抵抗せず、警察に、戦車やロケットランチャー、地対空ミサイルを含む大量の武器、数多くの墓、地下室や地下トンネルなどを案内したという。

この捜索で、施設内から10歳で誘拐されたチリ男性が見つかった。男性は電気ショックで拷問されたうえ、毎日、静脈注射と12〜15種類の薬で精神と運動能力を制限され、31年間、コロニアに監禁されていたそうだ。驚くべきは、当初4千400エーカーだったコロニアの敷地が、3万2千エーカーにまで拡張していたことだ。基本は土地の買収だったが、土地の持ち主が拒否した場合は汚い手口が使われた。例えば、修道女が運営していたある教会の場合、コロニア側は動物を盗み、水を止め、銃を撃ち、僧と乱交している修道女の偽造ビデオを流し、最後には修道女の家を放火して土地を手に入れたという。

1997年5月、コロニアを利用していた26人の少年から性的虐待の証言が得られたことで、2004年、シェーファーと、虐待に荷担していた幹部26人に逮捕状が出る。

8年近く失踪していたシェーファーは、2005年3月にアルゼンチン国内で発見された。チリに引き渡され2006年に児童への性的虐待で懲役20年の実刑が確定。2010年4月、サンティアゴ市内の刑務所で心不全により88歳で死亡した。また、シェーファーの右腕だったハートマット・ホップは、2011年にドイツに逃げ、現在も逮捕されていない。

近年になり、コロニア内で政治犯に対し細菌兵器の生体実験が行われていたこと、さらに悪魔的な人体実験で「死の天使」と言われたナチス強制収容所の医師ヨーゼフ・メンゲレが一時、居住していたことが明らかになった。

また、コロニア住民の中には、戦争犯罪調査から逃れるためにチリにやってきた元ナチス隊員も存在し、親衛隊やゲシュタポ（ナチス・ドイツの秘密警察）のメンバーだった者たちが、チリの秘密警察に拷問方法を教えていたこともわかっている。

ちなみに、「コロニア・ディグニダ」は1991年に「ビジャ・バビエラ」と改名。現在は、観光用のドイツ村として営業している。

8年間の逃亡後、〝教皇〟シェーファー拘束

8年間、逃げ回ったシェーファーは2005年にアルゼンチンで身柄を拘束。懲役20年が下されたが、5年後の2010年に死去

主人公の運送会社社長を演じた長瀬智也（右）と大手自動車メーカーの販売部課長役のディーン・フジオカ。映画「空飛ぶタイヤ」より

空飛ぶタイヤ

欠陥車を放置し2人が死亡

FILMS

三菱リコール隠ぺい事件

池井戸潤の同名小説を原作とした映画「空飛ぶタイヤ」は、トラックのタイヤ脱輪により死亡事故を起こした町の運送会社の社長が、自社の無実を証明すべく、「整備不良」として事故の責任をなすりつけた大手自動車メーカーに闘いを挑む社会派ドラマだ。

題材となったのは2002年に発生した三菱自動車工業製大型トラックの脱輪による死傷事故、同社によるリコール隠し事件だが、その結末は映画とは異なり、あまりにも理不尽かつ悲劇的である。

映画の冒頭で描かれる事故は２００２年１月10日、神奈川県横浜市瀬谷区で発生した。同区の中原街道を走行していた大型トラックの左前輪タイヤが突然外れ、ベビーカーを押し歩道を歩いていた母子を直撃、当時29歳の母親が死亡、４歳の長男、１歳の次男が軽傷を負った。このトラックを所有していたのが、映画に登場する「赤松運送」のモデルになった神奈川県綾瀬市の運送会社で、当時55歳のK氏（長瀬智也扮する主人公のモデル）が社長を務めていた。

トラックの製造会社である三菱自動車工業（以下、三菱自工。２００３年よりトラック・バス部門が三菱ふそうとして分社化。劇中の「ホープ自動車」のモデル）は、事故の原因がハブ（ホイールを固定する部品）の整備ミスと主張、国土交通省がそれを受け入れたことで、社長K氏は事故の加害者として窮地に追い込まれる。

映画はこの後、社長自らが過去の似たような事故を調べたり、ホープ自動車に再調査を申し入れたり、また同社社員の内部告発などから、

空飛ぶタイヤ

2018／日本／監督：本木克英
『半沢直樹』『下町ロケット』などで知られるヒットメーカー池井戸潤の同名小説を映画化。実際に起きたタイヤ脱輪死傷事故と大手自動車メーカーのリコール隠しをテーマに、事故を起こした運送会社の社長である主人公が、自社の無実を証明すべく巨大企業の闇に挑む。
DVD販売元：松竹

事故がハブの構造自体に原因があり、同社が製品の欠陥を長年隠ぺいしていたことが判明する。

しかし、実際の経緯は少々複雑だ。時系列で説明しよう。

三菱自工の隠ぺいが発覚したのは２０００年6月、運輸省（現・国土交通省）自動車交通局に同社社員から匿名の通報が入ったことがきっかけである。内容は、１９７７年から約23年間にわたり、大型・中型トラックのみならず一般の乗用自動車に至るまで数多くの不具合情報（計18件約69万台）が寄せられていたにもかかわらず、運輸省に報告していない事実を告発するものだった。

自動車会社に限らず、世のメーカーは、自社商品の設計や製造段階を原因とする不具合が発覚した場合、国へ届け出て商品を回収、無料で修理する義務がある（これをリコールと言う）。が、そのためには莫大な費用が必要。三菱自工はその金を惜しみ、クレームを無視、問題を隠し続けていたのだ。

告発を受けて、警視庁交通捜査課が三菱自工本社や工場を家宅捜索、リコール隠しの証拠を得たが、実際にそれが原因で起きた事故で判明したものは、ブレーキの欠陥によりパジェロがワゴン車に追突、ワゴン車に乗っていた2人が首に2週間の怪我を負った人身事

事故現場に立てられた犠牲者の母親の墓標

故のみ。下った罰は同社副社長の書類送検と数十万の罰金という極めて軽いものだった。

　このリコール隠しで、三菱自工は信頼を失い販売台数が急減する。にもかかわらず同社は、クラッチやハブに起こる欠陥を改善しなかったばかりか、寄せられる苦情を自社に責任なしと無視し続けた。

　その結果、起きたのが前述の脱輪死傷事故だ。三菱自工から整備不良と責任をなすりつけられたK氏に対する世間のバッシングは容赦なく、「人殺し」などの中傷ビラが家の壁に貼られたり、無言電話などの嫌がらせが相次ぐ。K氏は身を隠すのが精一杯で、映画の主人公のように独自で無罪を晴らす気力などあろうはずもなかった。

脱輪した事故トラックの左前タイヤ。つままれている部分がハブが外れた場所

　整備不良が原因なら、社長であるK氏が逮捕されてしかるべきだ。が、事故から時間が経っても彼が拘束される気配はなく、そのうち様相が変わってくる。タイヤが外れるなど、ほぼありえないこと。事故の原因は、トラックの構造上の問題ではないのか——。

　世間の怪しむ声は正しく、K氏の会社に整備不良を裏づける証拠は何もなかった。そして真実は暴かれる。2003年、神奈川県警は事故を起こした三菱自工製トラックのタイヤのハブの厚みが他社製に比べて薄く、断裂しやすい構造だったことを突き止めたのだ。

こうして、事故は三菱自工の責任にあることが判明する。2004年3月、同社（当時は三菱ふそう）は製造者責任を認めて国交省にリコールを提出、2000年時を上回る約74万台のリコール隠しが白日の下にさらされる。2ヶ月後の5月、同社前会長や常務ら7人が道路運送車両法違反、及び業務上過失致死傷で逮捕。横浜検察庁は、このうち5人と三菱自工を法人として起訴した。

ちなみに劇中、主人公が自社の潔白を晴らすきっかけとなる富山の運送会社のエピソードも実際の事故がもとになっている。映画では、脱輪事故より前に同じホープ自動車のトラックで事故を起こし、同社の元整備担当者がプロペラシャフト（車の回転軸）の欠陥が原因として報告書にまとめ、国交省に提出したことになっているが、実際の事故は母子死傷事故9ヶ月後の2002年10月19日深夜に発生。鹿児島県内の運送会社に勤めていた当時39歳の男性が運転する三菱自工製の冷蔵貨物車が、山口県熊毛郡熊毛町（現・周南市）の山陽自動車道熊毛インターチェンジ付近の道路脇に激突、車が大破し男性が死亡した。

山口県警は事故の原因がプロペラシャフトの脱落にあるとみて、整備不良と車両欠陥の両面から捜査を行っていたが原因は不明のままに終わり、死亡した男性を道路交通法違

事件は大々的に報じられた

反容疑で被疑者死亡のまま送検。しかし2004年、山口地検は、事故は欠陥を抱えていたプロペラシャフトが破断し、それがブレーキ系統を破壊したことによって引き起こされたと断定、男性を不起訴にするとともに、業務上過失致死の容疑で、前出の三菱ふそう前会長ら4人を逮捕した。

劇中、事故により取引先を失い経営危機に陥った赤松運送は、ホープ自動車に家宅捜索が入り自社の潔白が証明されたことで倒産を免れる。が、現実にはK氏が経営していた運送会社は事故後ほどなく廃業を余儀なくされている（その後のK氏の消息は不明）。

一方、悪質なリコール隠しと、それが原因の死亡事故を起こした三菱自工（三菱ふそう）は、起訴された前会長らに禁固1年6ヶ月～2年、執行猶予3年の判決が言い渡された。その後、同社はドイツの自動車メーカー「ダイムラー」グループの傘下に入ったことで徐々に業績を回復させたが、2016年4月、三菱自工が軽自動車4車種の燃費試験に使うデータを恣意的に改ざんしていたことが発覚。

三菱の隠ぺい体質が何ら変わっていないことが明らかとなった。そして、この一連の事件において、映画では全く触れられていない事実がある。

横浜の脱輪事故の後、死亡した女性の遺族である母親が三菱自工に対し550万円の損害賠償を請求する民事訴訟を起こした。その後、母親の代理人を務める弁護士が独断で請求額を1億6千550万円に増額し、同時に自身の報酬額も2千110万円に変更する。

2007年9月、最高裁が下した判決は、当初の請求額である550万円の支払い命令。弁護士はこの金を含めた670万円を母親から自身の口座に振り込ませて、自分の提示する報酬額に足りないことを理由に、母親に1円たりとも賠償金を渡さなかった。

2010年6月、横浜弁護士会はこの弁護士に対して業務停止6ヶ月の懲戒処分を下したが、賠償金が遺族に返却されたかどうかは不明である（当の弁護士は2011年に死去）。

2016年、燃費データの改ざんが発覚

2016年4月、燃費データ改ざんが発覚した三菱自動車工業の名古屋製作所に立ち入り検査に入る国交省の担当者

第5章

戦争の悪夢

ヒトラーと戦った22日間

看守の親衛隊員を11人殺害し、600人が正面ゲートを突破

劇中で描かれる脱走シーン。中央が蜂起のリーダー、アレクサンドル・ペチェルスキー（通称サーシャ）を演じたコンスタンチン・ハベンスキー（脚本・監督も兼任）。映画「ヒトラーと戦った22日間」より

第二次世界大戦期、ヒトラー率いるナチス・ドイツは、ユダヤ人を根絶やしにする目的で「絶滅収容所」を建設。日々大量のユダヤ人を列車で輸送してはガス室で虐殺していた（いわゆるホロコースト）。

絶滅収容所として広く知られるのはアウシュヴィッツだが、他に5ヶ所存在し、そのうちの一つがポーランド東部のソビボル収容所だ。

２０１８年公開の「ヒトラーと戦った22日間」は、20〜30万人が虐殺されたこのソビボルで、１９４３年10月に起きた収容者の大量

ソビボル絶滅収容所
ユダヤ人大脱走事件

脱走事件を映画化した作品である。ナチス親衛隊員の看守が銃を乱射するなか、約600人の収容者が脱出を図り、半数がフェンスの外に出ることに成功したが、終戦まで生き延びられたのは50人に届かなかった。

1933年、ドイツ国首相に就任したヒトラーは、以前から信奉していた「優生学」（生物の遺伝構造を改良することで人類の進歩を促そうとする運動。ナチス・ドイツにおいては、金髪碧眼のアーリア人が世界を支配する「優生民族」で、ユダヤ人ら「劣等民族」は排除すべきとする思想）にのっとり、ロマ族（ジプシー）を含むドイツの少数民族、そして精神障害者、先天性の聾唖者、盲目者などの身体障害者に強制断種手術（精管や卵管の切除）を実施する。

ドイツ国内のユダヤ人が強制収容所に収監されるのは1938年からだが、当時は国外移住の条件を呑めば収容所から釈放されるケースが大半。第二次世界大戦開始直前に限ると、強制収容所の囚人は刑事犯か政治犯のドイツ人で占められていた。

しかし、1939年にドイツがポーラン

ヒトラーと戦った22日間

2018／ロシア
監督:コンスタンチン・ハベンスキー
第二次世界大戦時、20〜30万人のユダヤ人がナチス・ドイツによって虐殺されたソビボル絶滅収容所で発生した大規模脱走事件を描く戦争ドラマ。タイトルの「22日間」は、ソ連軍人で脱出計画のリーダーだったアレクサンドル・ペチェルスキーが、収容されてから作戦を実行するまでの期間を示している。

ドに侵攻、第二次世界大戦が始まると事情は違ってくる。ポーランドには200万人以上のユダヤ人が暮らしており、全て国外移住させるのは物理的に不可能。ヒトラーはユダヤ人を強制居住区「ゲットー」に隔離し、強制労働に就かせるよう方針を変更する。

さらに1941年6月、ドイツがソ連に侵攻すると、ゲットーのユダヤ人の東方送りが検討されるも戦線に行き詰まり、思うように事は運ばない。業を煮やしたヒトラーは、ついにユダヤ人の殲滅を決定する。通称「ラインハルト作戦」だ。当時、ナチスの国家保安本部長官だったラインハルト・ハイドリヒのファーストネームに由来するこの計画のために建設されたのが絶滅収容所だった。

映画の舞台となるソビボル収容所は、労働収容所が併設されたアウシュヴィッツやルブリン強制収容所とは異なり、大量殺戮のみを目的とした施設だ。あまりひと気がなく、森に囲まれて発見されにくく、かつ鉄道が通っているため、絶滅収容所の立地条件にうってつけだった。建設開始は1942年3月。4月中旬までに40人のユダヤ人女性を使ったガス室のテストを終了し、5月から本格的に稼働し始める。

収容所はソビボル駅の向かいに建つ3つの建物から成り、第1収容区は収容所の日常作業を行う労役組に入れられた収容者の住居用バラックと厨房や作業場で、第2収容区は犠牲者の衣服や荷物を収納する倉庫。第3収容区はガス室と遺体の処分に使用されていた。

管理するのはナチ党親衛隊（通称ＳＳ）20〜30人と、ウクライナ人の男性警備員120

人ほど。施設全体を見下ろす監視塔には看守が常駐し、怪しい動きがあればすぐに機関銃が火を吹いた。万が一、脱走者が出ても敷地は鉄条網に覆われた高い塀に囲まれ、その外側には地雷原が広がっていた。

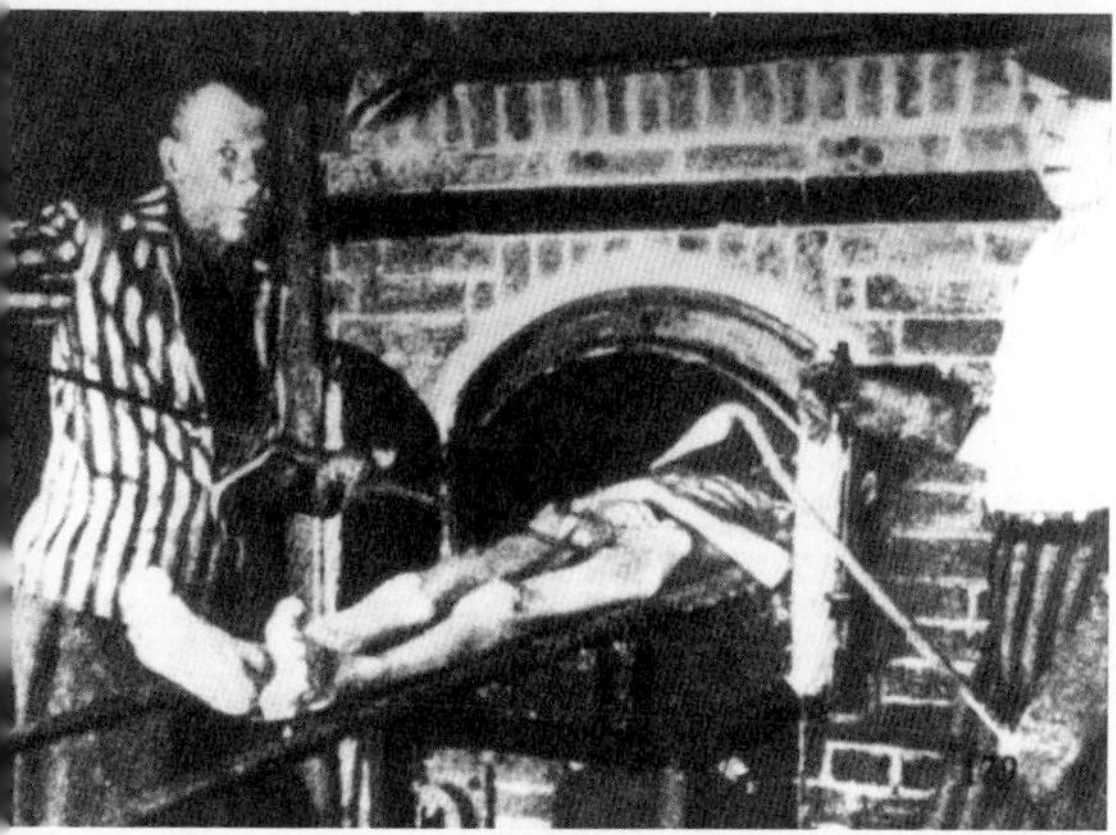

ペチェルスキーが任に就いていた「ゾンダーコマンド」は延命のため、ユダヤ人の死体処理などを担っていた収容者を指す。写真はダッハウ強制収容所の火葬場で撮影されたもの

ポーランド各地のゲットーから貨物列車でソビボル収容所に着いたユダヤ人たちは、まず、仕事場に行く前に入浴して消毒を受けなければならないと説明された。男性の列、女性と子供の列に分けて並ばされ、第2収容区で荷物を預け、服を脱ぎ、髪の毛を刈られ、「天国の道」と名づけられた通路を歩いて第3収容区へ。彼らがシャワー室と思い込んでいたガス室に400人が一度に詰め込まれ、一酸化炭素ガスで窒息死。遺体は「ゾンダーコマンド」と呼ばれたユダヤ人労役者がガス室から引き出し、焼却処分した。ユダヤ人の〝処分〟だけを考え建設されたソビボルでは、列車を降りた人間が灰になるまでたったの2

時間しかかからなかったという。

ソビボルでは第3収容区で働く200人のゾンダーコマンドの他、料理人・材木工・電気工・仕立屋・靴屋・清掃などの作業人に加え、親衛隊の世話係など約600人ほどのユダヤ人労役者が第1収容区で暮らしていた。

上／脱出計画の発案者レオン・フェルトヘンドラー。下／脱出グループを率いた〝サーシャ〟ことアレクサンドル・ペチェルスキー。彼が脱走を実行したのは収監されて22日後のことだった

しかし、労役者たちの運命も親衛隊員の気分一つで変わってくる。ある収容者は、縫い付けられたズボンの裾の中にネズミを入れられ、身動きした途端に殴り殺された。また、ある痩せた収容者は大量のソーセージとビールを摂らされ、吐いた口に親衛隊員の放尿を受けた。他にも、収容者が死ぬまで大型犬を襲わせたり、女性収容者が犬と獣姦させられた例もあったという。親衛隊員にとって、収容者は殺すまでの遊び道具に過ぎなかったのだ。

そんな絶望的な生活のなか、最初に脱走を計画したのが1943年初めに収監されたユダヤ系ポーランド人レオン・フェルトヘンドラー（1910年生まれ）だ。ガス室送りを免れ、列車で送られてくるユダヤ人を降ろす駅作業人に就いていた彼は、ある日、駅に到

着したユダヤ人男性に「収容所が閉鎖され収監者は皆殺し」というメモを手渡される。男は、ベルゼック絶滅収容所の元ゾンダーコマンドだった。

自らの運命を悟ったフェルトヘンドラーは、他の収容者と脱走を目的とした秘密組織を編成するが、そんな大それた計画が簡単に進むはずもない。

1943年9月27日、ユダヤ人弁護士を父親に持つソ連の軍人アレクサンドル・ペチェルスキー（通称サーシャ。1909年生まれ）がソビボルに送られ、ゾンダーコマンドの任に就いた。

フェルトヘンドラーは彼に脱走計画を打ち明け、仲間に誘う。が、サーシャはすぐには首を縦に振らなかった。以前収監されていたミンスクの強制収容所で4回脱走を試みて全て失敗、多くの仲間を失った過去があったからだ。

収監12日目、閉鎖された別の収容所から死体の山が送られてきた。この様子を見てサーシャは決意する。脱走を試みなければ、ソビボルも同じ運命を辿るのみ。彼はフェルトヘンドラーのグループに参加、組織のリーダーとして具体案を口にする。親衛隊員の看守を全員殺害し正面ゲートから塀の外に出る——。無謀な計画だが、他に手段はなかった。

脱走の準備が進む10月13日、一つの事件が起こる。組織の女性メンバーであるセルマに乱暴を働こうとした親衛隊員を、男性メンバーがとっさに殺してしまったのだ。

ライヒライトナー所長の右腕で、大量虐殺の中心的役割を担ったグスタフ・ワーグナー（中央）

死体はなんとか隠したものの、いつ事が発覚してもおかしくない極めて危険な状況に、サーシャは脱出を翌日と決める。所長のフランツ・ライヒライトナーと、その右腕で悪名高きグスタフ・ワーグナーが休暇で収容所にいないことがわかっていたのも決断の大きな要因だった。10月14日16時、作戦は決行された。組織のメンバーたちが靴や洋服の作業場に１人ずつ親衛隊員を誘い込んでは斧やナイフで殺害、武器を奪っていく。が、11人を殺したところで日頃からサーシャを目の敵にしていた看守のカール・フレンツェルが異変を察知。咄嗟にサーシャは、警報を鳴らして集まった収容者に脱走を促す。

果たして６００人の収容者たちが一斉に走り出して門を突破。親衛隊の銃撃と収容所の周囲に設置されていた地雷原により次々と殺されていく。それでも３００人ほどが脱出に成功したが、その後、ナチスによる大規模捜査によって１７０人以上が捕えられ、ドイツが正式に降伏する１９４５年5月8日まで生き延びた者はたったの47人（うち女性10人）だった。

サーシャは無事に生きて終戦を迎え、ソ連やポーランドから功績を称えるメダルを受賞。

1945年に出した回顧録が本作をはじめ、いくつかの映画やドラマの原作になった。死亡したのはソ連崩壊前年の1990年。享年80だった。

フェルトヘンドラーも脱走に成功しポーランドに隠れていたが、1945年4月6日、右翼テロ活動家のポーランド人に殺害されこの世を去った。享年35。

また、親衛隊員に犯されそうになった女性セルマは、収容者男性のハイムと森の中に逃げ込み、脱出に成功。2人は戦後結婚してアメリカに移住、2人の子供を授かった。ハイムは2003年に86歳で、セルマは2018年に96歳でこの世を去っている。

一方、ソビボル絶滅収容所は脱走事件後まもなく閉鎖。所長のライヒライトナーは1944年1月、パルチザンによって殺害されたが、ワーグナーはニュルンベルク裁判で死刑判決を下されたものの、偽名を使ってブラジルへ逃亡。1980年10月、サンパウロの自宅の風呂場で自殺した。

生きて終戦を迎えた脱走者はたったの47人

脱走翌年の1944年、ハイム家に集まった生存者たち。後列左から3人目がハイム、4人目が後にハイムと結婚するセルマ。右端の脱走立案者フェルトヘンドラーは写真が撮られた翌年に殺害された

ヘロルトを演じたマックス・フーバッヒャー（中央）。映画「ちいさな独裁者」より

ちいさな独裁者

偶然入手したナチス将校の軍服の威光で囚人を大量虐殺

第二次世界大戦末期、偶然入手したナチス将校の軍服の威光で多数の敗残兵を指揮下に治め、彼らと共に収容所を不当に支配、多くの囚人を虐殺し〝エムスラントの処刑人〟の異名を取った若きドイツ軍兵士がいる。ヴィリー・ヘロルト。映画「ちいさな独裁者」は彼が犯した蛮行をほぼ史実どおりに描いた作品で、軍服を権力のモチーフに、その魔力的パワーにしがみつき利用する人間の醜さ、相手の人格とは別にそれに盲従する人間の愚かさ、弱さを映し出している。

エムスラントの処刑人、ヴィリー・ヘロルト

劇中では一切説明されないが、本作の主人公ヘロルトは１９２５年９月、ドイツ東部のケムニッツに近い小さな町に、屋根ふき職人の息子として生まれた。煙突掃除の見習いとして働いた後、１９４３年９月、ドイツ国防軍に徴兵され、空挺兵としてイタリアにおけるアンツィオの戦い（１９４４年１月〜６月）、モンテ・カッシーノの戦い（１９４４年１月〜５月）などに従軍。この激戦の中で上等兵に昇進した。

その後、彼の部隊はドイツ本土へ移動、ドイツ＝オランダ国境からほど近いグローナウを巡る戦いに加わる。が、連合軍とソ連軍の攻勢により、すでにドイツの敗戦は濃厚。軍規違反を承知で勝手に戦線を離れる兵士も少なくなく、ヘロルトも脱走を決意する。ドイツ降伏２ヶ月前の１９４５年３月、19歳のときだ。

映画は、極度の餓えに苦しみながら無人地帯をベントハイムの方角へさまようヘロルトの姿から始まり、その途中で起きる、彼の運命を決定づける偶然のエピソードを再現する。

脱走から数日、ヘロルトは道ばたに捨てられた１台の軍用車両を発見する。車内には大量の荷物が残されており、箱の１つを開けたところ、勲章や将校の位を示す記章の入った

ちいさな独裁者

2017／ドイツ
監督：ロベルト・シュヴェンケ
「RED レッド」や「ダイバージェント」シリーズなどハリウッドで活躍するロベルト・シュヴェンケ監督が母国ドイツに戻り、第二次世界大戦末期、偽りの権力のもと、大量虐殺を行ったドイツ兵ヴィリー・ヘロルトの実話を映画化した戦争サスペンス。原題の"Hauptmann"とはドイツ語で「大尉」の意。

真新しい空軍大尉の軍服が収められていた。

これを着用したとき、ヘロルトが自ら大尉になりすますつもりだったかどうかはわからない。が、ほどなく、若い敗残兵に「大尉殿！」と呼び止められたことで彼の決意は固まる。敗残兵より、部隊からはぐれたので指示が欲しいと請われたヘロルトは、自分の指揮下に入るように命令。その後も道中で出くわした兵士の一団を配下に治めていく。終戦間際のドイツには、数千人の敗残兵たちがさすらっていた。

劇中、ヘロルトが検問所で身分を証明する書類の提出を求められるのも本当のエピソードだ。映画のとおり、彼は憲兵による書類提示の要請を断固拒否。怪しいとして取り調べを受け、そこで制服が示す階級を証明できなかったにもかかわらず、あまりにも堂々とした振る舞いに、取り調べの担当将校はヘロルトを空軍大尉と信じて疑わず、シュナップスを注いで歓迎したという。

こうして〝偽りの権力〟を手中にしたヘロルトは、一時80人の兵士を従えるまでになり、このうち12人の中心メンバーは最後まで行動を共にする。ちなみにヘロルトは劇中で配下の兵士の軍隊手帖に「特殊部隊H」と架空の組織名を記入するが、実際には自らの部隊を「ヘロルト戦闘団」「ヘロルト衛兵隊」などと名乗っていたそうだ。

実際のヘロルト。童顔ながらその残虐性は常軌を逸していた

1945年4月12日、ヘロルトらの一行はエムスラント収容所アシェンドルフ湿原支所に到達する。当時、ナチスはドイツ北西部のエムスラントに15ヶ所の収容所を建設、うち6ヶ所にドイツ国防軍の脱走兵や政治犯、不服従や不品行を咎められていた兵士を収容していた。アシェンドルフ湿原支所もその一つである。

同収容所の収容人数は本来1千人だったが、連合軍・ソ連軍の進撃に伴い、他の収容所から囚人が移送され、3千人にまで膨れ上がっていた。混乱の中で収容所の秩序は失われ、ヘロルトらの到着2日前には、囚人150人が脱走するという不祥事も発生していた。そこで、ヘロルトは収容所所長や地元党組織の幹部らに「総統（ヒトラー）は自分に全権を与えた」と語り、野戦裁判所を設置して秩序の回復を図ると宣言。すでに事態を収拾する能力を失っていた収容所側は正式な書面がなかったにもかかわらず、彼の言葉を鵜呑みにした。

かくして、劇中でも描かれる即決裁判による処刑が始まる。まずは対空砲

一晩で98人の囚人を処刑

囚人自らに墓穴を掘らせ無慈悲に処刑を実行する劇中シーン。映画「ちいさな独裁者」より

で数人を殺害した後、囚人に長さ7メートル、幅2メートル、深さ1・8メートルの大きな穴を掘らせ、その前に30人を並ばせて高射機関砲を一斉掃射、穴に落ちた彼らに向けて手榴弾を投げ込んだ。これが3回繰り返され、夜明けまでに殺された囚人は98人。さらに翌日、には囚人を溺れさせたり、八つ裂きにするなどして74人を殺害。ハロルトの狂気は映画より度を越していた。

4月19日、イギリス空軍が兵舎屋を爆破、収容所を完全に破壊すると、ヘロルトらは殺戮を続けながらパーペンブルクという小さな町に向かい、そこで連合国軍の到着に備えて家に白旗を掲げていた農夫を逮捕して絞首刑に。また、スパイ容疑で5人のオランダ人を逮捕し、数分間の裁判の後、墓穴を掘らせ全員を射殺した。彼らはヘロルトらが手にかけた最後の犠牲者である。

その後、ヘロルトらは連合国軍から逃れるべく後退を続けていたが、4月28日、ついにドイツ軍事警察によって逮捕・拘束される。30日、ヒトラーが自決。その3日後、ヘロルトらは海軍軍事裁判所で裁かれたものの、劇中のように「私のしたことはナチス党員として正しい選択でした」という主張が通り無罪。その後、映画は多くの屍が折り重なる林を歩くヘロルトを映し出すが、現実に下った判決は、釈放する代わりに、ナチス最後の抵抗を試みるヴェアヴォルフ作戦へ参加せよというものだった。しかし、ヘロルトはその命令に従わず、敗戦まで身を隠していた。

映画のエンドロールで「ヘロルトはイギリス軍に捕まり、1946年、イギリスの裁判で処刑された」と流れる。

詳細はこうだ。ヘロルトは裁判後、ヴィルヘルムスハーフェンに潜伏、煙突清掃員として働いていた。が、1945年5月23日、食パン1斤を盗んだとして現地に進駐していたイギリス海軍が逮捕。その後の取り調べで、ヘロルトが多数の戦争犯罪を犯したことが明らかになった。そこで、イギリス軍はヘロルトと彼が率いた敗残兵たちを集め、アシェンドルフ湿原支所跡にて犠牲者の遺骨を掘り返すように命令、195人分の遺骨を回収させた。1946年8月、イギリス軍はオルデンブルクにてヘロルトと敗残兵ら14人を裁くための軍事裁判を開設。ヘロルトは尋問に対して「なぜ収容所の人々を撃ったのか、自分でもよくわからない」とシラを切ったが、8月29日に下った判決は死刑。その3ヶ月後の11月14日、他6人の敗残兵とともにギロチンで処刑された。まだ21歳の若さだった。

1946年8月、裁判で死刑判決が下され、その3ヶ月後、斬首刑に処された（「1」の札を付けているのがヘロルト）

狂った血の女

ファシズムに運命を狂わされたイタリア映画のスター

FILMS

オズワルド・ヴァレンティ&ルイザ・フェリーダ処刑事件

戦前のイタリア映画界を代表する俳優で実質的な夫婦だったオズワルド・ヴァレンティ(右)とルイザ・フェリーダ

映画「狂った血の女」は第二次世界大戦下のイタリアを舞台に、実在の俳優オズワルド・ヴァレンティと女優ルイザ・フェリーダの出会いから死までを描いた実録歴史ドラマだ。

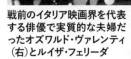

名優と美貌の女優として活躍し、実質夫婦として暮らしていた2人はなぜ処刑されなければならなかったのか。それは、ファシズムに狂わされた運命のせいと言うよりない。

映画はムッソリーニ政権下の1936年から始まる。オズワルド

（1906年生まれ）は1928年に映画「ハンガリーのラプソディ」で俳優デビュー、以降さほど注目を浴びる活躍はなかったが、アレッサンドロ・ブラゼッティ監督の「パルマ伯爵」（1937）に主演したことで一躍スターの座につく。一方、ルイザ（1914年生まれ）は1935年に端役でスクリーンデビュー。1940年にオズワルドと共演したことで恋仲となり、男児を出産する（産後4日で死亡）。

劇中では、ルイザを女優として見出したゴルフィエロ・ゴフレディなる新進監督が重要な役割を果たしているが、彼は架空の人物。一説では「地獄に堕ちた勇者ども」「ベニスに死す」などで知られる名匠ルキノ・ヴィスコンティの若き日々をモデルにしたと言われる。

・ドイツのポーランド侵攻により第二次世界大戦が勃発。1924年よりイタリアで独裁体制を敷いていたムッソリーニは当初、中立の立場を取っていたが、ドイツの優勢が明らかになった1940年6月に参戦する。戦時下においてもオズワルドとルイザの活躍は目覚ましく、1940年〜1942年までの3年間で約30本の映画に出演、チネチッタ（1930年代に建設されたローマ郊外にあるヨーロ

1939年9月1日、ナチス

狂った血の女

2008／イタリア・フランス
監督：マルコ・トゥリオ・ジョルダーナ
ムッソリーニ政権下のイタリアで、共演映画で観客を魅了した実在の男優オズワルド・ヴァレンティと美貌の女優ルイザ・フェリーダが戦争犯罪で処刑されるまでを描く。ルイザをイタリアの人気女優モニカ・ベルッチが演じている。

2人が共演した1942年の映画「眠れる森の美女」

ッパ最大級の撮影所）を代表する映画人として名を馳せる。

しかし、1943年7月、連合軍がシチリアに上陸するとイタリアはほとんど抵抗できず、ムッソリーニは解任。ローマでの映画制作は困難となり、オズワルドとルイザはヴェネツィアに活動拠点を移す。

1944年3月、かねてよりファシズムを支持していたオズワルドは、イタリアが無条件降伏しムッソリーニが幽閉された1943年9月、同国を新たにファシズムで支配する政権として設立されたイタリア社会共和国（通称サロ共和国）の海軍「デチマ・マス師団」の中尉に就任する。これは同師団を率いていたユニオ・ヴァレリオ・ボルゲーゼ（劇中にも登場する）からの強い要請によるもので、ボルゲーゼには人気スターのオズワルドとその妻ルイザを師団の看板に利用する目的があった。

イタリア社会共和国は幽閉後のムッソリーニを首相とするドイツの傀儡政権だった。軍隊を組織していたとはいえ、ドイツが劣勢になると自ずと崩壊への道を突き進む。国内各地では多くのパルチザンも蜂起していた。

　1945年4月20日、オズワルドとルイザはミラノのパルチザンの部隊に降伏する。自分たちがファシズムに荷担したことは事実だが、特筆すべき戦争犯罪に加わったわけではない。処されても、せいぜい数年の懲役刑と踏んでいたに違いない。しかし、ごくごく簡素に済まされた裁判では、2人がデチマ・マスが犯した多くのパルチザンに対する拷問・殺害に関わったとして死刑が言い渡される。何より彼らがファシズムの広告塔の役目を果たしていたことを重視した見せしめのような判決だった。

　彼らが崇拝していたムッソリーニが処刑され、その遺体がミラノのロレート広場に逆さ吊りにされた翌日の4月30日、オズワルドとルイザの銃殺刑執行。アドルフ・ヒトラーが愛人エヴァ・ブラウンと自決したのも同じ日である。

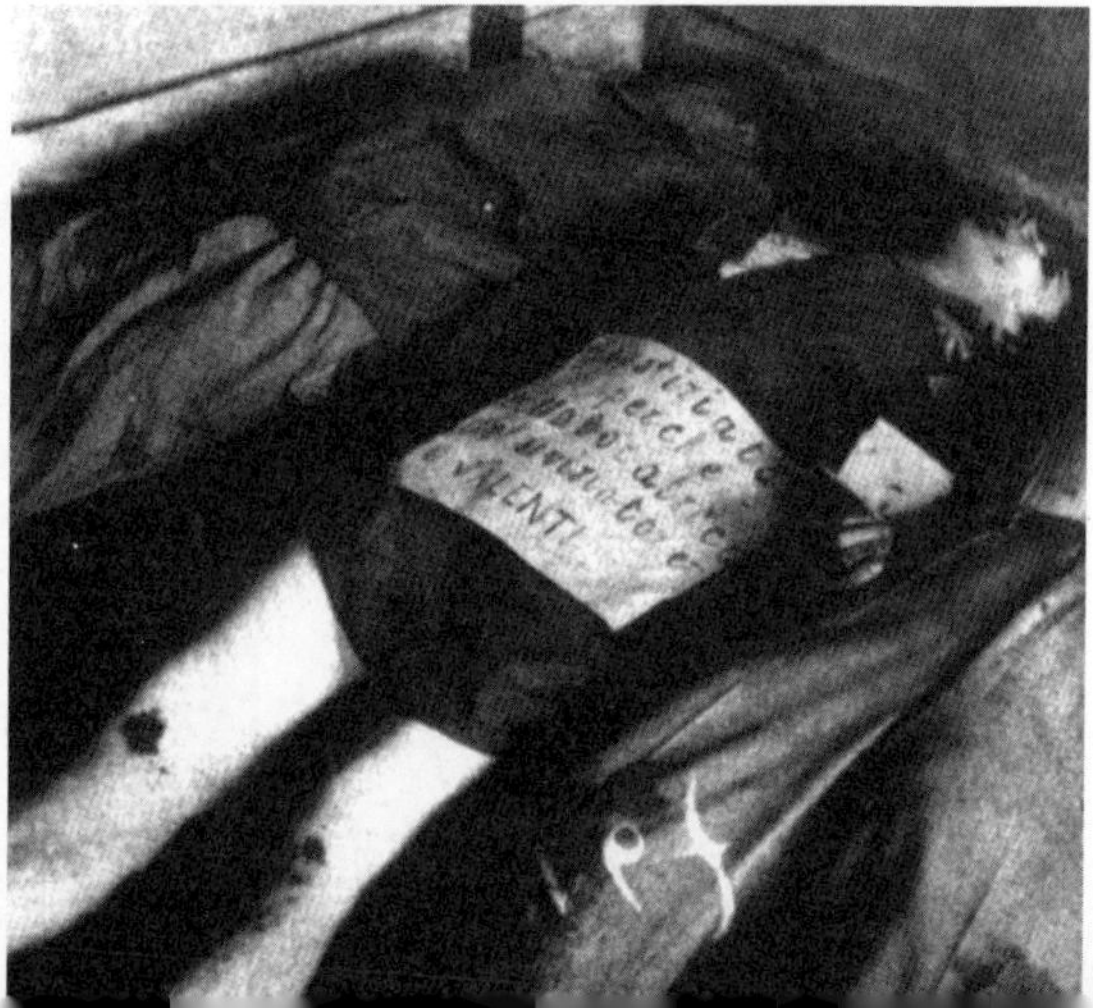

処刑されたオズワルド（左）とルイザの遺体。このときルイザは妊娠中だった

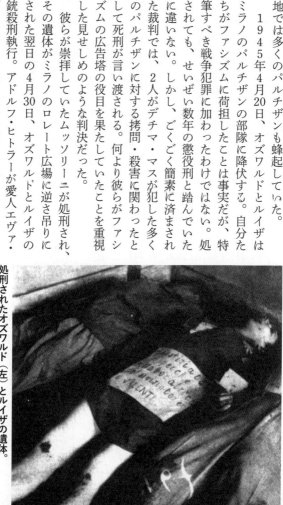

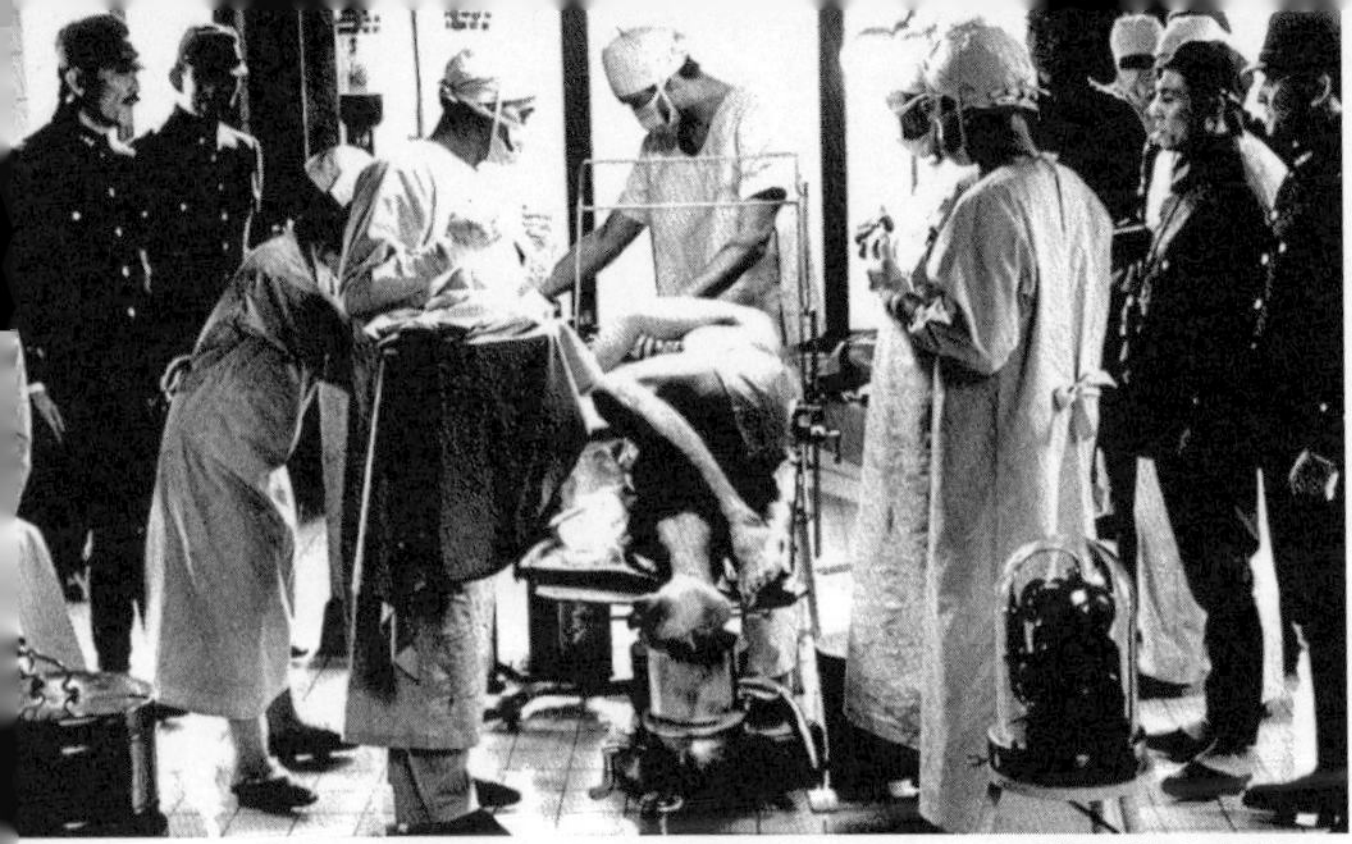

映画「海と毒薬」で
描かれる解剖シーン

海と毒薬

捕虜の米兵8人が死の実験台に

FILMS

九州大学生体解剖事件

「海と毒薬」は、遠藤周作の同名小説を熊井啓監督が映画化した社会派ドラマである。人道を無視した残酷極まる実験に参加した青年医師2人（奥田瑛二&渡辺謙）の目を通して問われる生命の尊厳。この衝撃作の題材となったのが、劇中で「F市の大学病院」と称される九州大学の生体解剖事件だ。太平洋戦争末期に行われた米軍捕虜に対する人体実験は、まさに戦争が生み出した狂気の産物と言えるだろう。

1945年5月、九州方面を爆撃するため飛来したアメリカ陸軍航空隊のB－29が日本の戦闘機によって撃墜され、米兵12人が囚われの身になる。

九州を統括していた西部軍司令部は、裁判を行うことなく12人の搭乗員のうち8人を死刑とすることにしたが、これを知った九州帝国大学（現・九州大学）医学部の外科部長の石山福二郎教授（劇中で田村高廣が演じた橋本教授のモデル）が、「医学発展のため」という名目で、彼らを生体解剖の実験台に使うよう提言。軍がこれを認めたため、8人は何の説明を受けることなく、九大に送られる。このとき米兵たちは収容先が病院だったため「健康診断が受けられる」と、医師たちに感謝していたという。

生体解剖は同年5月17日から6月2日の17日間、石山教授の指揮のもと、同大の医師や西部軍参謀が立ち会って実施された。実験の目的は、新しい手術方法の確立、不足する代用血液の開発、結核の治療法の確立、人間の生存に関する探求の4つで、これを達成するために、次の5つの手術が施されることになった。

▼肺の切除手術
▼心臓の停止実験
▼その他の脳や肝臓などの臓器等の切除
▼血管へ海水を注入する実験

海と毒薬

1986／日本／監督:熊井啓
1957年に発表された遠藤周作の同名小説を原作に、太平洋戦争末期に大学病院で行われた米軍捕虜への臨床実験における若き医師の葛藤を描く。第37回ベルリン国際映画祭・銀熊賞（審査員グランプリ部門）受賞。第60回キネマ旬報ベスト・テン日本映画第1位。

心臓摘出、海水注入、頭蓋骨切開

▼どれだけ出血すれば人間が死ぬかを見るための手術

1人目の被験者はエーテル麻酔で眠らされた後、健康な右肺を全摘出された。続いて2人目の被験者にも同様の手術を行ったところ、両名ともに大量出血で死亡。その後、医師団は遺体から胃や腸、肝臓、膀胱、心臓などの臓器を切除し、標本にしたという。

3人目の被験者には、心臓摘出の実験手術が施された。狙いは、生きている間に心臓を取り出すことが可能か、いかに素早く摘出できるかだった。被験者の米兵が心臓摘出後に死亡したことは言うまでもない。4人目は、肝臓を全摘出され激しい出血で死亡。医師団は前回の解剖では採取しなかった甲状腺や睾丸などを遺体から摘出、標本にしたそうだ。

捕虜となった米兵。このうち8人が残虐非道な人体実験の犠牲となった

次の実験は、脳がテーマだった。麻酔で眠らせた被験者をうつ伏せで寝かせ、後頭部の皮膚を剥がし、頭蓋骨を医療用ノコギリで切開。脳の内部を剥き出しにしたうえで、小脳をかき分け、脳橋部が観察された。頭蓋から大量に失血した被験者は当然のように死亡したが、執刀医の石山教授はその後、首を切り落として脳漿の標本を採ったという。

石山教授は捕虜を使い、疑似血液の実験も行っている。生体解剖が行われたのは、日本の敗戦が色濃くなっていた時期。軍部が視野に入れていた本土決戦が現実となれば1千万人ほどの死傷者が出るとみられ、人血に代わる血液の開発が急がれていたのだ。そこで石山教授は、代用血液として海水が使用できるとの仮説を提唱。海水なら海に囲まれた日本では入手しやすく、米兵捕虜に対する一連の生体解剖でも、失血で危篤状態に陥った被験者の意識を回復させるため海水注入が試された。が、結果は全て失敗だった。

この狂気に満ちた解剖実験の最中、15人の医学部関係者、西部軍参謀が立ち会っており、その内容に疑問を感じる者もいたらしい。が、当時の医学界の権威であった石山教授に逆らえる者は誰一人としていなかった。つまり、生体解剖は石山の研究テーマの実践であり、捕虜は彼の学術的野心の犠牲になったのである。

生体解剖の指揮、執刀を行った九州帝国大学の石山福二郎主任外科部長。逮捕翌日に自殺

一連の実験が戦争犯罪に該当することは

関係者も認識していたのだろう。敗戦により事件の発覚を恐れた西部軍司令部と九大医学部陣は、8人の捕虜の死を広島の原爆によって死亡したように隠ぺい工作を行った。

しかしGHQに届いた一通の英文の匿名投書によって、事が発覚。石山教授をはじめとした九州大学関係者14人、西部軍関係者11人が逮捕される。

そして裁判。1948年8月、横浜軍事法廷は、生体解剖をして死亡させたこと、死体を冒涜して丁寧に埋葬しなかったこと、虚偽の報告と情報妨害などの罪で5人に絞首刑（軍関係者2人、九大関係者3人）、4人を終身刑、14人に3年から25年の重労働の判決を下す。

綿密な調査でGHQが至った事件の結論は、以下のとおりだ。捕虜に困った西部軍司令部の佐藤吉直大佐が小森軍医に相談し、石山教授に持ちかけ実行された。

しかし小森軍医は1945年6月の空襲で死亡、首謀格の石山教授が逮捕翌日の1946年7月14日に土手町刑務所で自殺したことから詳細は定かではない。なお、石山教授は取り調べで「全て捕虜の命を救うためだった」と生体解剖については一切否定し続

実験が行われた九州帝国大学医学部解剖実習室

けていたが、残された遺書には「いっさいは軍の命令、責任は余にあり」と記されていたという。

絞首刑の5人を含め有罪となった23人がその後、朝鮮戦争による対日感情を配慮したアメリカの恩赦により、その大半が釈放されたのは、映画で最後に示されるとおりだ。

原作者の遠藤周作は、本作品を書くため、九州大学病院に見舞い客を装って潜り込んでいる。そのとき、屋上で手すりにもたれて雨にけぶる町と海を見つめ、「海と毒薬」という題が浮かんだという。果たして、小説は大きな評価を得て数々の文学賞を受賞。遠藤は続編の執筆を考える。が、作品発表後、この小説が加害者を断罪しようとするものと捉えた事件関係者から抗議の手紙が送られ、遠藤は大きなショックを受け続編を断念したと言われている。

1948年3月～8月、横浜軍事法廷で実施された裁判の様子。
5人に絞首刑、立ち会った医師・軍関係者など18人に有罪判決が下った

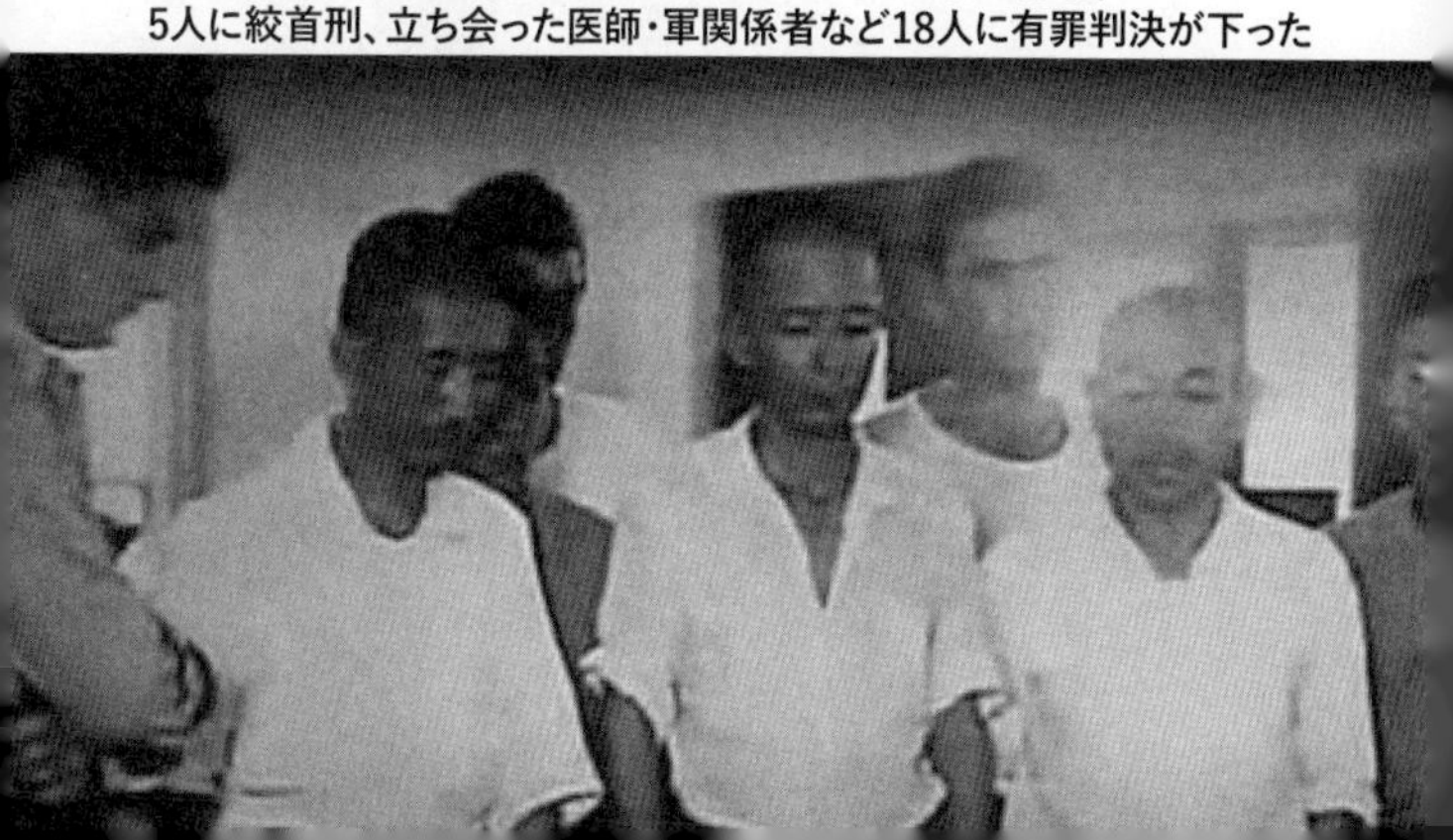

オペレーション・フィナーレ

きっかけはユダヤ人少女の何気ない一言だった

アドルフ・アイヒマン捕獲作戦

ナチス高官時のアドルフ・アイヒマン本人（左/1942年撮影）と、演じた名優ベン・キングズレー。映画「オペレーション・フィナーレ」より

アドルフ・アイヒマン。第二次世界大戦時、数百万のユダヤ人を絶滅収容所へ輸送する際の責任者だったナチス・ドイツ高官である。アイヒマンは戦後、アルゼンチンで逃亡生活を送っていたが、1960年に逮捕、イスラエルに移送され、裁判を経て処刑される。

2018年のアメリカ映画「オペレーション・フィナーレ」は、モサド（イスラエル諜報特務庁）が秘密裏に実行したアイヒマン捕獲作戦の一部始終を史実に基づいて描いた歴史サスペンスだ。

独裁者アドルフ・ヒトラーをはじめ側近の宣伝相ゲッベルス、親衛隊隊長ヒムラー、ナチスの実質ナンバー2ゲーリングら、敗戦時に自ら命を絶った多くのナチス幹部とは異なり、アイヒマンは戦後、偽名で正体を隠し、西ドイツ、イタリアで逃亡生活を送った後、1950年7月、43歳でアルゼンチンのブエノスアイレスに渡った。当時のアルゼンチンはナチズムに傾倒していたファン・ペロンの独裁政権下にあり、ナチス残党の格好の受け入れ先となっていた。

アイヒマンはリカルド・クレメントの偽名を使い、工員やウサギ飼育農家作業員などの職に就く傍ら、1952年夏、ドイツにいた妻ヴェラ、長男クラウス、次男ホルスト、三男ディーターをブエノスアイレスに呼び寄せ、再び家族で暮らし始める。

映画は、長男クラウスと、ブエノスアイレスに暮らすドイツ系ユダヤ人の少女シルビア・ハルマンが知り合う1955年頃から始まる。このときクラウス19歳、シルビア14歳。2人はやがて交際する仲となるが、あるときクラウスが自分は現在、叔父と暮らしており、死んだ父はアドルフ・アイヒマンという名だと漏らす。

シルビアはこれを何気なく、父ロザー・ハルマンに告げる。ロザーはドイツ在住時、ナチス

オペレーション・フィナーレ

2018／アメリカ
監督:クリス・ワイツ
元ナチス親衛隊将校アドルフ・アイヒマンの逃亡生活を追跡し、逮捕へと繋げたモサド(イスラエル諜報特務庁)の活躍を描く。日本では2018年10月、Netflixで独占配信された。

の暴行により視力を失い、1940年、アルゼンチンに移住。以来、ブエノスアイレスのユダヤ人コミュニティで反ナチの立場を取り続けていた。彼は、娘の話を聞き直感する。クラウスが現在暮らしているという叔父こそがアイヒマンに違いない、と。

そこで、ロザーは娘を説得し、クラウスの自宅を訪ねさせる。家の場所と、アイヒマンの存在を確かめるためだ。劇中でも描かれるとおり、このときシルビアは実際にアイヒマンと対面し言葉を交わしている。むろん、彼女にその相手がアイヒマン本人と判別できるはずはなかったが、娘の報告を聞いた父ロザーは、この男こそがアイヒマンだと確信した。

1957年、ロザーから西ドイツの検事フリッツ・バウアーに手紙で情報が寄せられる。バウアーは、ホロコーストに関与し、いまだ裁かれていないナチス関係者を追及する「ナチ・ハンター」と呼ばれる活動家の1人で、彼はこれをすぐさまモサドに報告した。

ナチの残党狩りを任務の一つとしていたモサドにとって、ア

アイヒマン逮捕のきっかけを作ったシルビア・ハルマン（左）と父親のロザー。親子はその後、アルゼンチン国内で非難にさらされ、ロザーは1974年死去。シルビアはアメリカに渡り2021年1月現在も存命

イヒマンの名はあまりに大きく、捕獲のための綿密なプランが練られる。モサドの長官イサル・ハルエルが出した命令は、アルゼンチンでアイヒマンを生け捕りにしイスラエルに移送、裁判を受けさせることだった。前述のとおり、当時のアルゼンチンは親ナチ国家。どんなに小さな失敗も許されず、作戦実行には極めて慎重を要した。

劇中では時間の経過がわかりにくいが、モサドはバウアーから情報が寄せられてまもなく工作員をアルゼンチンに派遣。アイヒマンの息子クラウスの行動を追うなど2年の歳月を要して、ついにクレメントを見つけ出す。確信を得たハルエル長官は、部下のラフィ・エイタンをリーダーに、ピーター・マルキン、女医のハンナ・エリアンら11人で実行グループを編成、1960年2月、ブエノスアイレスへ。クレメントに「E」というコードネームを付け、彼が本当にアイヒマンなのか、最終確認に入る。

断定の決め手となったのは、クレメントが、アイヒマンの結婚記念日（3月11日）に、花屋で妻に贈る花束を買ったことだった。この行動により100％の確信を得た部隊は1960年5月11日夜、ついに行動に出る。

逮捕・拘束の経緯は映画と史実とは少し異なるようだ。劇中では、路上で立ち往生した車を何人かで直しているように見せかけながら、クレメントが仕事帰りに最寄りのバス停から自宅に帰る途中、映画の主人公であるピーター・マルキンが飛びかかり首を絞め上げ車に押し込むことになっている。が、実際には車に身を潜めていた作戦チームの数人が、クレメントに一斉に襲いかかったそうだ。

その後、彼らは現場から3マイル（約4・8キロ）離れた隠れ家にクレメントの身柄を連行し、本人に自分がアイヒマンであるかを問い詰める。ここも、劇中では当初、否定したクレメントが、アイヒマンの親衛隊隊員番号を尋問担当者がわざと間違えたことに苛立ち正体を明かすことになっているが、実際は幾つかの質問を投げかけた後、「あなたの最初の名前は？」と聞いたところ、あっさり「アドルフ・アイヒマン」と答えたという。

また、その後、姉をナチスに殺されたマルキンがアイヒマンと長い時間会話を交わすシーンも、関係者の話では事実とは異なり、アイヒマンと接触していたのは主に作戦リーダーのエイタンだったという（マルキンの姉が収容所で殺害されたのは事実）。

いずれにせよ、アイヒマンは隠れ家に約10日間監禁

右／ピーター・マルキン本人。1976年にモサド引退。晩年は画家としても活動した。2005年3月、77歳で死去。中／作戦を仕切ったラフィ・エイタン本人。アイヒマン逮捕後も数々の工作活動に従事。2019年3月、92歳でこの世を去った。左／医者として作戦に随行したハンナ・エリアンの晩年の写真。2011年、88歳のとき自ら命を絶った

された後、5月21日、イスラエルに移送される。このとき、チームは一か八かの一大作戦を敢行している。

アルゼンチン独立（1810年5月25日）の150周年記念式典に参加していたイスラエル政府関係者の帰国に合わせ、彼らを自国まで運ぶイスラエル国営エル・アル航空の乗務員に全員がなりすましたのだ。アイヒマンにも乗務員の制服を着せたうえで女医のエリアンが麻酔の注射を打ち、泥酔状態と見せかけアルゼンチンの税関をくぐり抜けた。さらには、本物のエル・アル乗務員を1人ブエノスアイレスに残し、搭乗名簿と食い違いが生じないようにすることも忘れなかったという。

5月25日、イスラエルのダヴィド・ベン＝グリオン首相はアイヒマン確保を発表。電撃的なニュースとして世界を駆け巡る。

8ヶ月間の審理を経て絞首刑に

1961年4月18日、エルサレムで裁判に臨むアイヒマン。万が一に備え被告席は防弾ガラスで囲まれていた

アイヒマンの裁判は1961年4月11日から始まり12月15日の死刑判決で結審。翌1962年6月1日未明、絞首刑が実行された。享年56。

ハンバーガー・ヒル

兵士が"挽き肉"にされた丘

FILMS

この戦闘で、米軍は死者70人以上を出す想定外の損害を受けることに。（実際の写真）

ベトナム937高地泥まみれの死闘

1980年代後半、アメリカでは「プラトーン」「フルメタル・ジャケット」など、ベトナム戦争を扱った映画が数多く作られた。本作「ハンバーガー・ヒル」もその一つで、1969年5月、ベトナム中部の937高地で繰り広げられた米軍と北ベトナム軍の死闘をドキュメンタリータッチで描き、戦争の悲惨さを痛烈に訴えた。

米軍は最終的に勝利するものの、

10日間の戦いでの死亡者は、想定外の70人以上。敵も味方も簡単に〝挽き肉〟にされてしまう戦闘状態から、９３７高地は「ハンバーガー・ヒル」と呼ばれた。

ベトナム戦争が泥沼化していた１９６９年、北ベトナムはベトコンによるゲリラ戦を展開、アメリカに必死の抵抗を示していた。

そこで米軍は、ベトコンが使用していた連絡通路〝ホーチミン・ルート〟の壊滅を目的に「アパッチ・スノー作戦」を計画。その作戦の一つとして、北ベトナム軍の重要な戦略要衝地点だった南ベトナム・アシャウ渓谷の９３７高地への攻撃を企てる。

作戦に駆り出されたのは、アメリカ陸軍が誇る第１０１空挺師団の下部組織、ブラボー中隊、チャーリー中隊など4隊。総勢６００人もの兵力をもってすれば制圧は時間の問題と思われた。

しかし、米軍は予想外の激しい抵抗を受け、作戦開始の１９６９年5月10日から数日間で多くの死傷者を出す。９３７高地にいたのは少人数のゲリラではなく、装備も補給も充実した北ベトナム正規軍。彼らは空からの攻撃を想定、塹壕で待ち受け、さ

ハンバーガー・ヒル

1987／アメリカ
監督:ジョン・アーヴィン
ベトナム戦争最中の1969年5月、南ベトナムのアシャウ渓谷にある丘、ドン・アプ・ビア＝通称937高地で米軍第101空挺師団と北ベトナム軍との間で繰り広げられた攻防戦を、戦闘に参加した若き米軍兵士14人の視点から描く反戦映画。

らには隙間なく火線を配置していた。加えて９３７高地が急斜面で、うっそうと背の高い植物が生い茂っていたことから、米軍は思わぬ苦戦を強いられる。

5月18日、米軍は本格的に９３７高地頂上部の攻略を試みる。北ベトナム軍は台地の上から米軍を見下ろす形で銃撃してくる。少し登っては撃たれてずり落ち、泥のぬかるみに浸かる。ジャングルと泥と銃撃。全てが兵士の敵だった。

膠着状態がまる2日続いた後の5月20日、米軍は総攻撃をかけ、一気に台地の上に向かって突撃する。腕を吹き飛ばされ朦朧とした意識で内容を繰り返し無線に話し続けている者、目をやられ、空をかくようにして手を振り回す者。現場はまさに地獄絵図だった。それでも結局、米軍は頂上を制圧する。補給路を断たれ、台地の上に孤立していた北ベトナム側が屈したのだ。しかし、アメリカ軍の犠牲はあまりにも大きかった。戦闘での死者は72人、負傷者３００人以上。映画の14人の主人公たちも生き残った者は3人しかいなかった。一方、北ベトナム軍も６００人以上の死者を出している。

映画の最後に「WELCOME TO HAMBURGER HILL」と書かれた紙が木に打ち付けられているシーンが出てくるが、実際にも同じような貼り紙は他にも何枚かあり、その中には「HAMBURGER HILL」に続き、「Was it worth it?」＝「この戦いに何の価値が？」と書き加えられているものもあったという。戦闘に参加した兵士自身が、ハンバーガー・ヒルを

攻略する目的も意義も見出していなかったのだ。
　ちなみに、この戦闘はAP通信の記者が現地で取材、米軍の大きな損害を報道したことで、アメリカ国内で厭戦感情がより高まるきっかけとなった。が、アメリカはその後も目的の見えない戦争を続け、最終的にベトナムから撤退するまでにはさらに4年、1973年1月まで待たなければならない。

攻撃開始9日目、急斜面を滑り降りてくる兵士。頂上付近を攻めあぐねる膠着状態が続く（実際の写真）

「レッド・ウィング作戦」決行9日前の2005年6月18日に撮影された作戦参加者たち。このうち約半数の19人が戦死した

ローン・サバイバー

米軍特殊部隊「ネイビー・シールズ」創設以来最大の惨事

FILMS

アメリカが世界に誇る海軍特殊部隊「ネイビー・シールズ」。1962年の創設以来、ベトナム戦争、レバノン内戦、湾岸戦争などで輝かしい戦績を挙げてきたが、2005年のアフガニスタン紛争における「レッド・ウィング作戦」で同部隊は19人の戦死者を出す史上最大の損害を被る。

2013年公開の「ローン・サバイバー」は、この作戦でただ1人生還を果たした元隊員マーカス・ラトレルの手記『アフガン、たった一人の生還（原題＝ローン・サバイバー）』を原作とした実録戦争映画である。

参加者19人が戦死した悪夢の「レッド・ウィング作戦」

2001年9月11日発生のアメリカ同時多発テロの首謀者として、米政府は、アフガニスタンの9割を実効支配していたタリバン政権に、ウサマ・ビン・ラディンとテロ組織アルカイダの引き渡しを求めた。が、タリバン政権が要求に応じなかったため、アメリカの主導するNATO（北大西洋条約機構）軍はアフガニスタンを一斉攻撃、同政権を崩壊させる。以降、国連の主導によるアフガニスタン復興と治安維持が行われ、ようやく2005年9月に国家議会選挙の開催が決定する。が、選挙の妨害を狙った旧タリバン勢力の活動が活発化。その中心を担っていたのが150人ほどの武装勢力を率いるアフマド・シャーだった。米軍は、このシャーを排除するため「レッド・ウィング作戦」を立案。10チームで編成されていたネイビー・シールズのチーム10を現地に派遣する。

作戦が決行されたのは2005年6月27日未明。第160特殊作戦航空連隊の2機の大型輸送ヘリがサウテロ山の南斜面へ向かった。1機が地上にいるかもしれない敵におとり攻撃を行っている間に、もう1機から偵察チームがロープで降下する。目標の村まで1・5マイル（約2・4キロ）の場所だった。

偵察チームのメンバーは、リーダーのマイケル・マーフィ大尉（当時29歳）、アックス

ローン・サバイバー

2013／アメリカ
監督:ピーター・バーグ
アメリカ海軍の特殊部隊ネイビー・シールズ創設以来最大の惨事と言われたアフガニスタンでの「レッド・ウィング作戦」を映画化。唯一の生存者マーカス・ラトレル執筆の手記『アフガン、たった一人の生還』が原作。

ことマシュー・アクセルソン第二級下士官（同29歳）、ダニー・ディーツ二等航海士（同25歳）、そして海軍病院軍団所属のマーカス・ラトレル（同30歳）の4人。彼らは歩いて目標地に向かい、双眼鏡で村の様子が覗ける場所にまで接近した。と、ほどなく部下を引き連れた耳たぶのない男、シャーが見つかった。マーフィ大尉は狙撃が可能と判断するも、山岳地帯のためか本部との通信ができず、いったん見晴らしの良い場所に出て一夜を明かす。

翌日、4人が目を覚ますと、アフガニスタン人の羊飼い3人が眼前に立っていた。映画では老人1人に少年2人の3人組だが、実際は老人2人に少年1人。マーフィ大尉はとりあえず彼らの身柄を拘束し、本部の指示を仰ごうとしたが、やはり無線が通じず、処遇に迷う。米軍が「交戦規定」により、非戦闘民に手を出さないことをタリバンが熟知したうえで村人をおとりに使うことがあるのは、マーフィ大尉もよく理解していた。彼らもタリバンの手先である可能性は否めない。が、武器を持たない羊飼いを攻撃しては交戦規定に違反する。処遇に困ったマーフィ大尉は最終的に、自分たちの存在をタリバンに通報されるとわかっていながら3人を解放、すぐに退却した。

果たして、彼らはそれから1時間もしないうちにロケットランチャーや機関銃、自動迫撃砲で武装したシャーの部隊30〜50人に襲われてしまう。

激しい砲火に包まれ、負傷しながらサウテロ山北側の峡谷に追いやられていく4人。途中、何度も前線本部に無線と衛星電話で応援を依頼しようとするが通じない。

胸を撃たれ死を覚悟したマーフィ大尉は、通信状況の良い広場に出て救助要請を成功させる。が、通話中に背中から撃たれ絶命。ほどなく応援部隊を乗せて救助に駆けつけた大型輸送ヘリ2機も、1機はロケットランチャーで撃墜され、乗っていたネイビー・シールズのチーム10のメンバー8人と、特殊作戦航空連隊8人の、16人全員が死亡。残る1機は前線基地に引き戻ってしまう。

実際の偵察チーム。上／左から、リーダーのマイケル・マーフィ大尉、マシュー“アックス”アクセルソン。下／左から、ダニー・ディーツ、マーカス・ラトレル

絶望的な状況のなか、偵察隊の3人は必死に逃げ惑うが、アックスとディーツはタリバンの銃弾を受け死亡する。本作監督のピーター・バーグは、検視報告書とラトレルの証言を参考に死亡状況を劇中で再現しており、アックスが死の間際に「(奥さんの)シンディに愛していると伝えてくれ」と言ったのも事実のまま描いている。が、ディーツは映画と違い、実際は複数の銃弾を浴びてラトレルの腕の中で息を

膝を吹き飛ばされるも、村民に助けられたただ1人命拾い

唯一、生き残ったラトレルは現地の村人モハマド・グラブに助けられる。映画「ローン・サバイバー」より

引き取ったという。

また、応援の輸送ヘリに搭乗していたチーム10のエリック・クリステンセンとスティーブ・ライヒ少佐は撃墜後も命があったところを、タリバンに銃殺されていたそうだ。

唯一生き残ったラトレルは、銃撃で膝が吹き飛ばされ、骨盤が割れ、手と背中も負傷、ヘリがやってきたことも撃墜されたことも知らず、戦闘が終わるまでひたすら隠れていた。そこを偶然パシュトゥン人（アフガニスタンの最大民族）の村人モハマド・グラブが発見、家に連れ帰り介抱したことで命を助けられる。

劇中にあるように、自宅にラトレルを匿っていることをタリバンに知られたグラブは、「おまえだけでなく家族や親戚たちを殺されたくなければアメリカ人を渡せ」と脅されたものの、これを突っぱねた。彼は、2千年以上も前から伝わる「パシュトゥンの掟＝いかなる代償が伴おうと、敵から逃げる者を守り抜け」を貫き通したのだ。

ただ、タリバンがグラブの家を攻撃してラトレルを絞殺しようとしたところを、グラブの息子がラトレルにナイフを渡し逆に攻撃者を刺殺して難を逃れる劇中シーンはフィクションだ。実際には、ラトレルはグラブの家にずっと匿われていたわけではなく、グラブの案内で村の家々や洞窟を移動、攻撃を受けた4日後に米陸軍のレンジャー部隊とアフガニスタン特殊部隊に救出されている。

その後ラトレルは、映画の原作となる手記を執筆。怪我が完治しないうちにイラク戦争に従軍し2007年に退職。2010年、「ローン・サバイバー財団」を立ち上げ、戦争で負傷した退役軍人のサポートを行っている。

一方、ラトレルを救出したグラブは旧タリバン勢力の暗殺リストに加えられ、2014年には従兄弟が殺され、自身の家も砲撃を受けた。ラトレルとはしばらく交流を持っていたものの最終的に仲違いし、現在は、米テキサスの難民アパートで妻と7人の子供とともに暮らしているそうだ。また、アフマド・シャーは2008年にパキスタン警察によって殺害されている。

映画制作前、アメリカで再会したラトレル（左）とグラブ。グラブはラトレルを助けてからタリバンに命を狙われ続け、家も仕事も奪われた挙げ句、2016年にアメリカに逃亡した

殺害されたリチャード・デイビス本人。享年25

告発のとき

軍の仲間4人が戦友を刺殺し遺体を燃やした理由

リチャード・デイビス殺害事件

２００７年公開の「告発のとき」は、アメリカ軍人リチャード・デイビス殺害事件を題材に戦争の狂気を描いたドラマだ。

両親ともに軍人だったリチャードは高校卒業後、陸軍に入隊したが、休暇中の２００３年、戦友４人に殺される。なぜ、彼は仲間に命を奪われなければならなかったのか。トミー・リー・ジョーンズ演じる父親は息子の死を隠す軍部を向こうに回し、真相を追及する。

劇中でリチャードは純粋な白人として描かれ

ているが、実際はベトナム帰還兵で元軍警察勤務だったラニー・デイビス（1945年生まれ）と、衛生兵だったフィリピン系アメリカ人レメディオズの子供として、1978年、ドイツの米軍基地で生まれた。

ハーフだったことで学生時代はイジメを受け、高校卒業後の1998年に米陸軍に入隊。リチャードに言わせると、軍は学校より安全な場所だったという。

入隊後、ボスニアとクウェートで治安維持活動に就いた後、2003年3月に勃発したイラク戦争に従軍。ここでリチャードは今まで見たことのない、死体がゴロゴロ横たわる凄惨な現場を目の当たりにする。

同年4月11日、彼の所属する第3歩兵師団第15連隊の歩兵戦車がバグダッド東側の〝待ち伏せ路地〟と呼ばれた交差点に差しかかったときだ。ビルの屋上で狙いを定めるイラク狙撃兵を見つけた隊員が砲弾を発射すると、周囲の建物という建物から一斉に銃声が鳴り響き、15連隊めがけて弾丸やロケット弾が降り注がれた。

戦車や装甲車内が熱くなる中で、リチャードらも反撃。爆弾を仕込んだベストを着た敵の自爆テロ要員をビルから排除するなどしながら、市街地で5時間にも及ぶ戦闘を繰り広げた。

告発のとき

2007／アメリカ
監督：ポール・ハギス
2003年、イラク戦争に出兵していた軍人が仲間4人に殺害された実際の事件をもとに、戦争がもたらす狂気を描く。

結果、米軍は勝利したものの、この戦闘で100人のイラク人が戦死。ある兵士は「足や肉だけがあった」と語り、米軍の戦車にはステーキ状の肉片が張り付いていたそうだ。

　リチャードらの次の任務は、ロケット弾や爆薬などを満載した30台ほどのトレーラーの警備だった。自爆覚悟の車が突っ込んでくれば、容赦なく撃ちまくる。車を運転していたのは男ばかりではなく、女も、時には子供の場合もあったそうだ。

　こうした地獄を見て、リチャードは精神に異常をきたす。劇中で描かれる、戦闘でハイテンションになったリチャードがイラク人捕虜の傷口に自分の指を突っ込む異常な行動（後に父ラニーが息子の携帯電話に残っていた動画で確認する）も事実に即しており、実際にリチャードは捕虜になったイラク人の肩口の傷を触り、内側に手を入れたことがあったそうだ。

　同年5月1日、米ブッシュ大統領が「大規模戦闘終結宣言」を行い、イラクの自由作戦は連合軍の圧倒的勝利で終わるが、リチャードらはバグダッドに残って治安維持活動に従事。そ

イラク戦争では米兵4400人以上が死亡したが、出兵した兵士の少なくとも20%がPTSDに罹患していると米退役軍人省は発表している（実際の写真）

左／トミー・リー・ジョーンズ（中央）が失踪した息子の行方を追う父親を演じている。映画「告発のとき」より。 右／リチャードの姿が最後に目撃されたストリップ・バー「プラチナム・クラブ」

の間に彼は凶暴化し、周囲から孤立していく。

後の父ラニーの証言によれば、このころ家への電話は2回あった。5月5日は様子に変わりはなかったが、20日の電話では「僕をここから出して」と懇願、誰も信用できないと泣いていたそうだ。

そして7月16日の朝、ラニーのもとに軍から電話が入る。72時間の休暇を与えられ、米ジョージア州のベニング基地に戻ったリチャードが、期限を過ぎても戻らない。すなわち「無許可離隊」である、と。

ラニーは8月になっても息子の捜索をしてくれない軍に腹を立て、仕事を放り投げ自らベニング基地に出向き、あらゆる部署に息子の捜索を訴えた。が、願いは聞き入れられず、リチャードの銀行口座の出金状況さえ教えてもらえなかった。

映画では、事件は地元警察の女性警官（演：シャーリーズ・セロン）の協力によって解決することになっている。しかし、実際は警察も非協力的だった。そこでラニーは、地元の国会議員に電話で直訴。その議員が国防総省のラムズフェルド国

加害者4人のうち2人に終身刑が

リチャードを殺害した4人。左から、ジェイコブ・バーゴイン、アルベルト・マルティネス、マリオ・ナバレット、ダグラス・ウッドコフ

防長官に連絡し、国防総省がリチャードの失踪事件を軍に調査するよう命令したことで、事が動き出す。

11月に明らかになった事件の経緯は以下のとおりだ。

7月14日、休暇を祝おうとリチャードは隊の仲間だったマリオ・ナバレット、アルベルト・マルティネス、ジェイコブ・バーゴイン、ダグラス・ウッドコフの4人と酒を飲み、深夜にストリップ・バーに繰り出した。

解放感も手伝いリチャードは泥酔し、ダンサーたちに卑猥なヤジを投げかける。他の4人も騒ぎまくり、ほどなく彼らは店を追い出される。

この後、5人は車で走り出したが、バーゴインとナバレットはリチャードに文句を言いながら彼を殴り続け、ベニング基地に近い森で停車。外に出て揉み合っているうち、マルティネスがナイフでリチャードを刺し始めた。と、ナバレットとバーゴインも代わる代わる犯行に荷担。ウッドコフはやめろと言いながら、その様子を見ていたのだという。

その後、4人はコンビニで購入した液体オイルを動かなくなったリチャードの体にかけ、火をつける。後に、警察が4人の証言を得て遺体を捜索した際には、動物に荒らされバラバラになった遺体の一部しか回収できなかったそうだ。

2004年2月、4人に判決が下った。バーゴインは証言と引き換えに自発的過失致死罪を認め20年の実刑。ナバレットとマルティネスは殺人、暴行、及び他人の死の隠ぺいで終身刑。ウッドコフには5年の保護観察が言い渡された。

犯行動機に関し、劇中ではリチャードだけがＰＴＳＤ（心的外傷後ストレス障害）を発症、仲間の手に負えなくなったため殺害に至ったように描かれている。が、他の4人も同じ疾患を患っていた可能性は高い。実際、バーゴインはイラク駐留中に自殺を試み、軍医にも「殺人及び自殺」思考のあるＰＴＳＤと診断されていたそうだ。

また、軍は証拠がないため不問に付したが、ある連隊員が、マルティネスとナバレットがイラク人少女をレイプしたことをリチャードが軍に報告しようとしていたと証言。これが殺害と関連するかどうかは不明だが、確かなのは戦争が人を狂わせるという事実だろう。

リチャードの遺影を持つ両親。父ラニー(右)は肺ガンで2009年に死去。享年60

鉄人文庫

映画になった驚愕の実話

2021年2月15日　第1刷発行

編　者　鉄人ノンフィクション編集部
発行人　稲村 貴
編集人　尾形誠規
発行所　株式会社 鉄人社
〒162-0801 東京都新宿区山吹町332 オフィス87ビル 3F
TEL 03-3528-9801　FAX 03-3528-9802
http://tetsujinsya.co.jp
デザイン　細工場
印刷・製本　新灯印刷株式会社

ISBN978-4-86537-204-5　C0176

本書へのご意見、お問い合わせは直接、小社までお寄せくださるようお願いします。